Psychisch kranke Straftäterinnen

Frankfurter kriminalwissenschaftliche Studien

Bd./Vol. 74

PETER LANG
Frankfurt am Main · Berlin · Bern · Bruxelles · New York · Oxford · Wien

Katja Melzer

Psychisch kranke Straftäterinnen

Frauen im Maßregelvollzug

PETER LANG
Europäischer Verlag der Wissenschaften

Die Deutsche Bibliothek - CIP-Einheitsaufnahme

Melzer, Katja:

Psychisch kranke Straftäterinnen : Frauen im Maßregelvollzug / Katja Melzer. - Frankfurt am Main ; Berlin ; Bern ; Bruxelles ; New York ; Oxford ; Wien : Lang, 2001
(Frankfurter kriminalwissenschaftliche Studien ; Bd. 74)
Zugl.: Frankfurt (Main), Univ., Diss., 2001
ISBN 3-631-38310-X

D 30
ISSN 0170-6918
ISBN 3-631-38310-X

www.peterlang.de

Inhaltsverzeichnis

A. Einleitung 1

I. Historische Entwicklung 2

II. Das heutige Maßregelsystem 8

III. Die freiheitsentziehenden Maßregeln 10

1. Gemeinsame Voraussetzungen freiheitsentziehender Maßregeln 10

2. Unterbringungsvoraussetzungen der Maßregeln nach §§ 63 und 64 StGB 12

a) Die Unterbringung in einem psychiatrischen Krankenhaus (§ 63 StGB) 12

b) Die Unterbringung in einer Entziehungsanstalt (§ 64 StGB) 13

IV. Vollstreckung und Vollzug der Maßregeln 16

1. Vollstreckung 16

2. Vollzug 16

3. Folgeentscheidungen während des Vollzugs 17

V. Reformbewegung der Allgemeinpsychiatrie und der forensischen Psychiatrie 18

B. Aufgabenstellung 21

I. Untersuchungsansatz 21

II. Untersuchungsziel 24

III. Erfassungs- und Untersuchungsmethode 26

IV. Erhebungsinstrument 28

V. Statistische Auswertung 28

C. Ergebnisse 28

I. Methodische Vorbemerkung 29

1. Darstellung der nach §§ 63 und 64 StGB untergebrachten Patientinnengruppen 29

2. Hochrechnung auf die Gesamtzahl 29

3. Vergleichsgruppen 29

4. Eingruppierung der Diagnosen 30

II. Gesamtzahl der untergebrachten Patientinnen ... 30
1. Zur (Maßregel-)Kriminalität von Frauen ... 30
2. Die in die Untersuchung einbezogenen Frauen ... 32
III. Demographische Daten ... 34
1. Staatsangehörigkeit ... 34
2. Alter ... 36
3. Familienstand ... 38
4. Mutterschaft ... 41
5. Familienstruktur ... 42
a) Geburtsstatus ... 42
b) Heimaufenthalte ... 42
c) Geschwisteranzahl ... 43
6. Psychische Erkrankungen in der Primärfamilie ... 45
7. Straftaten in der Primärfamilie ... 46
8. Sozialstatus der Primärfamilie ... 47
9. Ausbildung ... 49
a) Schulausbildung ... 49
b) Berufsausbildung ... 52
10. Intelligenzquotient ... 53
11. Mißhandlungen und sexueller Mißbrauch ... 56
a) Mißhandlung in der Primärfamilie ... 56
b) Mißhandlungen in der Sekundärfamilie ... 57
c) Sexueller Mißbrauch in der Primärfamilie ... 57
d) Sexueller Mißbrauch in der Sekundärfamilie ... 57
e) Mißhandlungen und sexueller Mißbrauch ... 58

IV. Psychiatrische Daten 58
1. Krankheitsbeginn 59
a) Alter bei Krankheitsbeginn 59
b) Erstdiagnose 59
2. Behandlung 60
a) Ambulante Behandlung 60
b) Stationäre Behandlung 62
3. Suizidversuche 64
V. Forensische Daten 68
1. Vordelikte 68
2. Verurteilungen 71
VI. Aktuelle Unterbringung 73
1. Rechtsgrundlage 73
2. Unterbringung 76
a) Unterbringungseinrichtung 77
b) Unterbringungssituation 78
c) Ausblick 88
3. Unterbringungsgutachten 89
a) Erstellung des Gutachtens 90
b) Inhalt des Gutachtens 96
4. Unterbringungsurteil 101
a) Spruchkörper 102
b) Exkulpationsgrad 103
c) Gleichzeitig verhängte Haftstrafe 106
d) Besonderheiten 108
5. Unterbringungszeiten vor der Maßregel und deren Anrechnung 114

6. Unterbringungsdelikt 118
a) Alkoholeinfluß 120
b) Brandstiftungsdelikte 121
c) Eigentumsdelikte bei nach § 64 StGB untergebrachten Patientinnen 127
d) Geständnis 128
e) Alter bei Unterbringungsdelikt 129
f) Vergleichsstudien 130

7. Unterbringungsdiagnose 134
a) Aktuelle Diagnose 134
b) Gutachtendiagnose 139

8. Behandlung 139
a) Medikamentöse Therapie 139
b) Sonstige Therapien 142
c) Arbeits- und Beschäftigungsmaßnahmen 145

9. Aus- und Fortbildungsmöglichkeiten 148
a) schulische Förderung 148
b) berufliche Förderung 150

10. Lockerung 151
a) Zuständigkeit für Lockerungsentscheidungen 153
b) Lockerungsformen 153
c) Besonderheit 156
d) Urlaube 157
e) Hospitalisierungsschäden 158

11. Außenkontakte 160

12. Entlassung 161
a) Dauer der aktuellen Unterbringung 162
b) Strafvollstreckungskammer 164
c) ambulante Nachsorge 167

D. Zusammenfassung ... 169

I. Vergleichsuntersuchungen ... 169

1. Unterschiede zwischen § 63 StGB und § 64 StGB Patientinnen ... 169

2. Unterschiede zwischen nach § 63 StGB untergebrachten Frauen und Männern ... 171

II. Versuch einer Zusammenfassung der Gesamtsituation ... 172

III. Stellungnahme zur Zweispurigkeit ... 173

1. Zweispurigkeit im weiteren Sinn ... 173

2. Zweispurigkeit im engeren Sinn ... 175

a) Unterbringungssituation bei gleichzeitig angeordneter Strafe und Maßregel ... 176

b) Behandlung bei gleichzeitig angeordneter Strafe und Maßregel ... 177

E. Forderungen ... 179

I. Maßregelvollzug allgemein ... 179

II. Frauenspezifische Forderungen ... 180

F. Literaturverzeichnis ... 181

A. Einleitung

Denn die einen sind im Dunkeln
Und die andern sind im Licht
Und man siehet die im Lichte
Die im Dunkeln sieht man nicht
(Bertolt Brecht: Dreigroschenoper)

Die vorliegende Arbeit widmet sich der Situation der im Maßregelvollzug untergebrachten Frauen.

Ziel der Untersuchung war zunächst, die ungeklärte Gesamtsituation[1] der in der Bundesrepublik Deutschland untergebrachten Maßregelpatientinnen aufzuhellen und darzustellen. Damit sollte die bestehende Lücke geschlossen werden.

Dazu wurden in 35 Unterbringungseinrichtungen im gesamten Bundesgebiet Datenerhebungen vorgenommen und ausgewertet.[2] Hierbei wurde nach der Rechtsgrundlage der Unterbringung - d.h. nach § 63 StGB (Unterbringung in einem Psychiatrischen Krankenhaus) und § 64 StGB (Unterbringung in einer Entziehungsanstalt) - differenziert, um eventuelle Unterschiede dieser Patientinnengruppen aufzuzeigen. Darüber hinaus wurden die über weibliche Maßregelpatientinnen gewonnenen Erkenntnisse mit Daten von männlichen Maßregelpatienten, weiblichen Straftäterinnen des Justizvollzugs und Zahlen der Allgemeinbevölkerung verglichen und Unterschiede analysiert.

Weiteres Ziel war es, anhand der gewonnenen Daten eventuelle Besonderheiten und Mangelzustände der Unterbringung im Maßregelvollzug aufzuzeigen. Ausgehend von der Hypothese, dass aufgrund der geringen Anzahl der im Maßregelvollzug untergebrachten Frauen[3] für diese eine Sondersituation bestehen könnte, wurde die Praxis des Maßregelvollzugs im Bezug auf die weiblichen Patientinnen im besonderen, daneben aber auch die sich für den Maßregelvollzug im allgemeinen ergebenden Probleme aufgegriffen.

Die sich hieraus ergebenden Forderungen werden am Ende der Datenauswertung zusammengefaßt dargestellt.

---

[1] Zum Stand der Literatur zur Unterbringung psychisch kranker Straftäterinnen siehe S. 21

[2] Siehe hierzu S. 27

[3] Zu den Unterbringungszahlen von psychisch kranken Straftäterinnen siehe S. 25

Aufgrund einiger Untersuchungsergebnisse mußte darüber hinaus die Frage nach der Befürwortung des bestehenden Systems von Strafen- und Maßregeln im allgemeinen und der Konstellation der gleichzeitigen Verhängung einer Haftstrafe neben einer Maßregel im besonderen aufgeworfen werden. Diese Fragen sind vor allem deswegen von Bedeutung, da das zur Zeit bestehende System weder das einzig denkbare Modell darstellt noch seine Rechtfertigung in der Strafrechtsgeschichte findet.

I. Historische Entwicklung

Das heute im Strafgesetzbuch fest verankerte System der Maßregeln war im Reichsstrafgesetzbuch von 1871 noch nicht vorgesehen. Das damalige RStGB enthielt als einzige Sanktion die Bestrafung des Täters.

Strafe setzte damals und setzt heute noch die Vorwerfbarkeit des geahndeten Verhaltens, d.h. die Schuld des Täters voraus. Handelte der Täter ohne Schuld, so hatte nach dem RStGB eine Verurteilung zu unterbleiben, eine andere - strafrechtliche - Möglichkeit der Einflußnahme auf den Täter bestand nicht.

Das Erfordernis der Schuld als Voraussetzung einer Bestrafung geht von dem Grundsatz aus, dass der mündige Mensch für sein Tun und Lassen die Verantwortung trägt und auch in der Lage ist, seine Handlungen auf normgerechtes Verhalten zu beschränken und abweichendes Verhalten zu unterlassen.

Dem Umstand, dass diese Fähigkeit dem Täter fehlen könne, hat das Strafgesetzbuch von 1871 nicht Rechnung getragen. War nun die Schuldfähigkeit des Täters, z.B. infolge einer krankhaften seelischen Störung, einer tiefgreifenden Bewußtseinsstörung, wegen Schwachsinns oder einer anderen seelischen Störung zum Zeitpunkt der Tat aufgehoben und bedurfte es einer Sicherung der Allgemeinheit vor diesem Täter, so gab das ursprüngliche RStGB keine Möglichkeit zur Hand, diesen Konflikt aufzulösen. War folglich ein Täter für seine Handlung nicht verantwortlich, d.h. nicht schuldfähig, so konnte rechtmäßigerweise keine Strafe ausgesprochen werden. Das Bedürfnis der Sicherung der Allgemeinheit hatte aus strafrechtlicher Sicht zurückzutreten.

Ob im konkreten Einzelfall tatsächlich die Sicherung der Allgemeinheit vor dem schuldunfähigen aber für die Allgemeinheit gefährlichen Täter zurücktrat oder aber mit polizeilichen Eingriffsbefugnissen reagiert wurde, kann an dieser Stelle dahinstehen.[4] Festzustellen bleibt, dass die konsequente Anwendung des Schuldprinzips (keine Strafe ohne Schuld, d.h. keine strafrechtliche Reaktions-

---

[4] Zu den polizeilichen Eingriffsbefugnissen siehe Baur, Der Vollzug der Maßregeln der Besserung und Sicherung nach §§ 63 und 64 StGB in einem psychiatrischen Krankenhaus und einer Entziehungsanstalt, S. 15.

möglichkeit bei schuldunfähigen Tätern) unter der Geltung des RStGB Probleme aufwarf und es einer Lösung dieser Probleme bedurfte.

Doch obwohl bereits Franz von LISZT in seiner Antrittsrede an der Universität Marburg im Jahre 1882[5] u.a. einen Denkanstoß zu einem erweiterten Rechtsfolgensystem gegeben hatte und die darauffolgenden Diskussionen zu dem Reformentwurf von Carl STOOSS von 1892 geführt hatten[6], fanden die Maßregeln der Besserung und Sicherung in Deutschland erst Jahrzehnte später durch die Nationalsozialisten in Form des „Gesetzes gegen gefährliche Gewohnheitsverbrecher und über Maßregeln der Sicherung und Besserung vom 24.11.1933" Eingang in das StGB.[7] Der strafrechtlichen Reaktionsmöglichkeit der Strafe wurde eine weitere, die der Anordnung von Maßregeln, zur Seite gestellt. Das Strafrecht konnte nunmehr nicht mehr nur auf vergangene schuldhafte Taten reagieren (Strafe - Schuld - Vergangenheit), sondern schuldunabhängig auch eine zukünftige Sicherung der Allgemeinheit erreichen (Maßregel - Gefährlichkeit - Zukunft).

Das Gewohnheitsverbrechergesetz von 1933 und die Maßregeln der Sicherung und Besserung der §§ 42ff RStGB wiesen gegenüber den früheren Entwürfen nationalsozialistische Besonderheiten[8] auf und wurden von den Nationalsozialisten im Sinne ihrer Rassenhygiene und Herrschaftsideologie der Starken und Gesunden genutzt, was insbesondere durch die Einführung der Maßregel der Kastration (§ 42 k RStGB) zum Ausdruck kam.[9] Neben der Maßregel der Entmannung sah das Reichsstrafgesetzbuch die Unterbringung in einer Heil- und Pflegeanstalt, in einer Trinkerheil- oder Entziehungsanstalt, in einem Arbeitshaus sowie die Sicherungsverwahrung und die Untersagung der Berufsausübung vor.[10] Die ebenfalls eingeführte Reichsverweisung wurde bereits 1934 wieder aus dem Strafgesetzbuch gestrichen.[11]

---

[5] Bei dieser Antrittsrede handelt es sich um die Marburger Programmschrift „Der Zweckgedanke im Strafrecht" von 1882 (Marburger Programm), in der v. Liszt seine Vorstellungen über die erweiterten Aufgaben des Strafrechts darlegt und auch seine Ansichten zu einer weiteren Rechtsfolge neben der Strafe erörtert.

[6] Carl Stooß versuchte 1893 durch seinen Entwurf das zweispurige System, d.h. die Maßregel neben der Strafe als Reaktion auf rechtswidriges Verhalten, im schweizerischen Strafgesetzbuch zu verankern. Siehe Schultz, Das Erbe Franz v. Liszts und die gegenwärtige Reformsituation in der Schweiz, ZStW 81, 787.

[7] Zu den Maßregeln der „Sicherung und Besserung" im Nationalsozialismus siehe Leonhardt/Foerster, Forensische Psychiatrie im Nationalsozialismus, R&P 1996, 163.

[8] Zu den Besonderheiten siehe Baur, Der Vollzug der Maßregeln der Besserung und Sicherung nach §§ 63 und 64 StGB in einem psychiatrischen Krankenhaus und einer Entziehungsanstalt, S. 22.

[9] Kammeier, Maßregelrecht, S. 103; Hanack, Leipziger Kommentar, Vor § 61, Rdnr. 6.

[10] Müller, Das Gewohnheitsverbrechergesetz vom 24. November 1933, S. 1.

[11] Naucke, Strafrecht, § 3, Rdnr. 29.

Doch trotz der Einführung des Systems der Maßregeln durch die Nationalsozialisten kann die Einführung des Maßregelrechts im ganzen nicht als nationalsozialistisches Unrecht angesehen werden, wurde auch von der Rechtsprechung und Lehre nach dem Zusammenbruch des Nationalsozialismus nicht als solches verstanden und bis auf einige Veränderungen beibehalten.[12] Lediglich die Maßregel der Entmannung sowie die seit 1941 eingeführte Todesstrafe für Gewohnheits- und Sittlichkeitsverbrecher wurden von dem Alliierten Kontrollrat aufgehoben.[13]

Ansonsten blieb das System der Maßregeln neben der Rechtsfolge der Strafe nach einigen Modifizierung und Ergänzungen[14] auch nach dem Zweiten Weltkrieg bis Ende der 60er Jahre in seiner alten Form bestehen.[15]

Auch im Zuge der großen Strafrechtsreform von 1969 (1. und 2. StrRG) wurde das System von Strafe und Maßregel weiterhin beibehalten. Vornehmliche Gründe hierfür waren zum einen die Sorge, dass bei einem einspurigen System die limitierende Funktion des Schuldstrafrechts zu Lasten des Bürgers zerstört werden könne, wenn die Strafe zu sehr an präventiven Bedürfnissen orientiert werde, zum anderen wurde in der Möglichkeit der Einführung eines reinen Maßregelrechts für alle Täter die Gefahr gesehen, dass eine „totale Behandlung" zu einer totalitären Handhabung der Staatsgewalt gegenüber seinen Bürgern führe.[16]

Dennoch hat das Maßregelrecht durch diese Reform bedeutende Veränderungen erfahren.[17] So wurde im Rahmen des 2. StrRG vom 4.7.1969 ein neuer Allgemeiner Teil des Strafgesetzbuchs geschaffen, in dem die Maßregeln neu gestaltet wurden und sich im dritten Abschnitt unter dem sechsten Titel in Form der Paragraphen §§ 61 bis 72 StGB wiederfanden.

---

[12] BVerfGE 2, 118; Roxin, Strafrecht, S. 3.

[13] Etzel, Die Aufhebung von nationalsozialistischen Gesetzen durch den Alliierten Kontrollrat 1945-1948.

[14] Zu den Ergänzungen siehe Hanack, Leipziger Kommentar, § 61, Rdnr. 4.

[15] Das zweispurige System wurde in der ehemaligen DDR nicht fortgeführt. Zwar wurde es nach Kriegsende zunächst noch beibehalten, das StGB der DDR von 1969 sah die Maßregeln jedoch nicht mehr vor. Die Unterbringung psychisch kranker Rechtsbrecher erfolgte zwischen 1969 und 1989 im Rahmen der allgemein-psychiatrischen Unterbringung. Mit dem Tag der deutschen Vereinigung am 03.10.1990 wurde auf dem Gebiet der ehemaligen DDR der Maßregelvollzug wieder eingeführt. Siehe hierzu Leygraf, Psychisch kranke Straftäter, S. 2; Lammel, Ausgangspunkt und Praxis der Rückkehr zum Maßregelvollzug, in: Festschrift für Wilfried Rasch, Die Sprache des Verbrechens, S. 245.

[16] Hanack, Leipziger Kommentar, Vor § 61, Rdnr. 7; Horstkotte, Tendenzen in der Entwicklung des heutigen Strafrechts, S. 14.

[17] Jescheck beschreibt das System der Zweispurigkeit als durch die Strafrechtsreform verbessert; Jescheck/Weigend, Lehrbuch des Strafrechts, Allgemeiner Teil, S. 85.

Inhaltlich wurde das ursprünglich impermeable System von Strafe und Maßregel im Bereich der freiheitsentziehenden Maßregeln der §§ 63, 64 StGB[18] durch die Einführung des Prinzips des Vikariierens[19] (§ 67 StGB) abgemildert.[20] Diese Einführung bedeutete, dass bei einer in demselben Urteil neben einer Freiheitsstrafe angeordneten Maßregel eine (nunmehr nur noch teilweise[21]) Anrechnung der Zeit des Vollzugs der Maßregel auf die Strafzeit erfolgt (§ 67 IV StGB).[22]

Weiterhin wurde das Maßregelsystem stärker an dem Bemühen orientiert, mit der Anordnung nur wirklich gefährliche Täter zu treffen.[23] So wurde z.B. die Möglichkeit einer Aussetzung zur Bewährung zugleich mit der Anordnung der Maßregel geschaffen (§ 67 b StGB) und richterliche Kontrollpflichten bei der Vollstreckung eingeführt (§ 67 e StGB).

Durch die Reformgesetze hat das Maßregelrecht auch eine formelle Veränderung erfahren. So hat der Gesetzgeber den sechsten Titel des StGB von „Maßregeln zur Sicherung und Besserung" in „Maßregeln zur Besserung und Sicherung" umgestaltet, um schon durch die vorrangige Stellung des Maßregelziels der Besserung den eindeutigen Schwerpunkt der Maßnahme deutlich zu machen.[24]

Doch auch diese Veränderungen vermochten die Kritiker des Systems nicht zu überzeugen.[25] Diese hielten nach wie vor ein Strafsystem mit besonderen Ausgestaltungen für psychisch Kranke innerhalb eines einheitlichen Strafensystems für die bessere und in der Praxis einfacher durchzuführende Variante.[26] Insbesondere wurde die Maßregel der Sicherheitsverwahrung in einem System neben

---

[18] Das Prinzip des Viikarierens von Strafe und Maßregel gilt bei der Maßregel der Sicherungsverwahrung nicht. Siehe hierzu Fischer, Trödle/Fischer, § 67, Rdnr. 2.

[19] Von Vikar = Stellvertreter.

[20] Müller-Christmann, Die Maßregeln der Besserung und Sicherung, JuS 1990, 801.

[21] Seit dem 23. StÄG vom 13.04.1986 wird der Maßregelvollzug nicht mehr voll auf die Strafe angerechnet, sondern nur soweit, bis zwei Drittel der Strafe durch die Anrechnung erledigt sind.

[22] Zum Prinzip des Vikariierens siehe Marquardt, Dogmatische und kriminologische Aspekte des Vikariierens von Strafe und Maßregel.

[23] Zur Rückläufigkeit dieser Tendenz siehe Fischer, Tröndle/Fischer, Strafgesetzbuch, Vor § 63, Rdnr. 3.

[24] Hanack, Leipziger Kommentar, Vor § 61, Rdnr. 22; Venzlaff/Schreiber, Der Maßregelvollzug –Stiefkind der Strafrechtsreform?, in: Bergener, Psychiatrie und Rechtsstaat, S. 189.

[25] Siehe zu den Kritikern: Jescheck, Lehrbuch des Strafrechts, S. 88; Hanack, Leipziger Kommentar, Vor § 61, Rdnr. 8, § 66 Rdnr. 7ff.

[26] Dreher, Die Vereinheitlichung von Strafen und sichernden Maßregeln, ZStW 65, 481; Dünnebier, Die Durchführung der Zweispurigkeit bei den freiheitsentziehenden Maßregeln im Entwurf 1960 eines Strafgesetzbuchs, ZStW 72, 32; Heinitz, Der Entwurf des Allgemeinen Teils des StGB vom kriminalpolitischen Standpunkt aus, ZStW 70, 1.

der Strafe kritisiert und als „Etikettenschwindel“ beschrieben.[27] Darüber hinaus wurde von den Kritikern des zweispurigen Systems das Nebeneinander von Strafen und Maßregeln angegriffen.[28]

Inwiefern diese Kritik ihre Berechtigung findet, wird später anhand der eigenen Untersuchungsergebnisse erörtert.

Exkurs zur Zweispurigkeit:

Um mit dem Begriff der Zweispurigkeit arbeiten zu können, ist erläuternd ist zu sagen, dass in der Literatur unter diesem Stichwort unterschiedliche Aspekte angesprochen und behandelt werden.

1. Es wird unter der Fragestellung der Zweispurigkeit erörtert, **ob dem Strafrecht generell** die Aufgabe der Verhängung von Maßregeln zuteil werden soll oder dies nicht dem Verwaltungsrecht zugeordnet werden soll. Auch diese Fragestellung findet sich in zwei Sichtweisen.

   Einerseits wird eine Zuständigkeit der Maßregelanordnung durch die Strafgerichte mit dem Hinweis darauf verneint, dass dem Strafrecht allein repressive Aufgaben zugeordnet seien (Strafe – Schuld – Vergangenheit), es sich bei den Maßregeln jedoch um eine präventive Aufgabe (Maßregel – Gefährlichkeit – Zukunft), also eine Aufgabe der polizeilichen Gefahrenabwehr handele und damit dem Strafrecht systemfremd sei[29] (Frage nach der *formellen* Zuständigkeit).

   Andererseits wird die Frage nach der Zuständigkeit des Strafrechts unter dem Wesensgehalt der freiheitsentziehenden Maßregeln betrachtet und dabei die Maßregeln als „personenrechtliche Fürsorgemaßnahmen“ verstanden (Frage nach der *inhaltlichen* Zugehörigkeit). Ausgehend von dieser Ansicht seien diese Maßnahmen dem (Sozial-) Wohlfahrtsrecht und nicht dem Strafrecht zuzuordnen.[30]

2. Weiterhin wird unter der Frage der Zweispurigkeit die **Ausgestaltung eines strafrechtlichen Reaktionssystems** für schuldfähige und schuldunfähige Täter erörtert. Hierbei stehen sich die Möglichkeit einer einheitlichen Re-

---

[27] Die Bezeichnung als „Etikettenschwindel“ wurde durch Kohlrausch bereits 1924 geprägt und meint die fehlende Unterscheidbarkeit der Freiheitsstrafe von der Maßregel der Sicherheitsverwahrung, die sich sowohl in den damaligen Vorschlägen als auch heute nicht wesentlich unterscheiden. Kohlrausch, Sicherungshaft, ZStW 44, 33.

[28] Zu den einzelnen Kritikpunkten siehe Hanack, Leipziger Kommentar, Vor § 61, Rdnr. 13 ff.

[29] Müller-Dietz, Grundfragen des strafrechtlichen Sanktionssystems, S. 71; von Hippel, Reform der Strafrechtsreform, S. 35ff..

[30] Mayer, Strafrechtsreform für heute und morgen, S. 54, 119ff..

aktionsweise für alle Täter und die einer differenzierenden Ausgestaltung gegenüber.

Die Vertreter einer einheitlichen Reaktionsweise[31] stellen bei der Verhängung einer Sanktion nicht mehr auf die Schuld ab, sondern wollen allein den Strafzweck der Sicherung und Besserung für alle Täter eingreifen lassen. Die Reaktion auf delinquentes Verhalten soll insgesamt in einem System der sozialen Hilfen bestehen und wird daher in diesem Zusammenhang als „einspuriges System" bezeichnet.[32]

Demgegenüber steht das - gegenwärtig geltende - System, in dem Maßregeln und Strafen angeordnet werden können. In Abgrenzung zu dem gerade beschriebenen einspurigen Reaktionssystem handelt es sich in diesem Zusammenhang bei der Frage der Zweispurigkeit um die abstrakte Möglichkeit der Gerichte, eine Strafe, eine Maßregel oder Strafe und Maßregel zusammen aussprechen zu können.[33] In diesem Zusammenhang werden alle drei der eben genannten Möglichkeiten des Gerichts unter den Begriff der Zweispurigkeit gefaßt, nur so ist eine Abgrenzung zur eben genannten einspurigen Reaktionsweise sinnvoll.

Zur Verdeutlichung könnte man diese unterschiedlichen Ansichten als *abstrakte*, einspurige oder zweispurige Reaktions*möglichkeit* des Straf*rechts* bezeichnen.

3. Nach anderer Ansicht[34] tritt die Zweispurigkeit nur dann in Erscheinung, wenn der gerichtliche **Ausspruch Schuldstrafe und Maßregel tatsächlich zusammen** verhängt und anordnet, was nur bei einem vermindert schuldfähigen Täter der Fall sein kann. Danach wird in dieser Begriffsverwendung von einer Einspurigkeit gesprochen, wenn nur eine Strafe verhängt (Schuldfähigkeit) oder wenn mangels Schuldfähigkeit nur eine Maßregel angeordnet wird. Hingegen wird von einer Zweispurigkeit dann gesprochen, wenn Strafe und Maßregel tatsächlich zusammentreffen, beide gleichermaßen Folge sind.

   Zur Verdeutlichung könnte man diese Differenzierung als die Einspurigkeit bzw. Zweispurigkeit der *konkreten Reaktion* bezeichnen. Die Einspurigkeit kommt hiernach bei voll schuldfähigen und gänzlich schuldunfähigen Tätern zur Anwendung, die Verminderung der Schuldfähigkeit hat die Zweispurigkeit zur Folge.

---

[31] Siehe hierzu Hanack, Leipziger Kommentar, Vor § 61, Rdnr. 8, m.w.N..

[32] Naucke, Strafrecht, § 3, Rdnr. 24, 38. Zur weiteren Diskussion über ein einspuriges Maßregelsystem unter humanitären Gesichtspunkten siehe unter dem Stichwort „défense sociale" Melzer, Die neue Sozialverteidigung.

[33] Schwind, Kriminologie, S. 2.

[34] Schmidt, Das Prinzip der Zweispurigkeit und seine teilweise Durchbrechung im Entwurf 1962, S. 4, 168.

4. Eine weitere Ansicht[35] beschreibt die **Ein- bzw. Zweispurigkeit** anhand des **Zwecks** von Strafe und Maßregel und deren **Begrenzungsmöglichkeiten**. Nach dieser Auffassung haben sowohl die Strafen als auch die Maßregeln den gleichen Strafzweck, nämlich den der Prävention. Daher sei das Strafgesetzbuch mit seinem System der Strafen und Maßregeln einspurig angelegt, die Zweispurigkeit ergebe sich lediglich aus der unterschiedlichen Begrenzung der Sanktionen.[36] Während sich im Zusammenhang mit der Strafe die Begrenzung aus der Schuld ergebe, d.h. die staatliche Strafgewalt durch das Maß an Schuld eine Einschränkung erfahre, erfolge eine Begrenzung bei der Maßregel anhand der – weniger begrenzenden – Verhältnismäßigkeit.

Die dargestellten Fragestellungen und Ansichten werden in der vorliegenden Arbeit im Zusammenhang mit einigen der gefundenen Untersuchungsergebnisse ebenfalls erörtert. Der Klarheit halber wird in der eigenen Analyse die unter dem **Punkt 1** beschriebene Fragestellung als Frage nach einer **„strafgerichtlichen Zweispurigkeit“**, die in **Punkt 2** festgelegte Fragestellung als Frage nach der **„Zweispurigkeit im weiteren Sinn“**, die unter dem **Punkt 3** vertretene Ansicht als **„Zweispurigkeit im engeren Sinn“** bezeichnet.

Die unter **Punkt 4** vertretene Ansicht wird in der nachfolgenden Analyse nicht weiter überprüft. Es handelt sich hierbei zwar um eine nachvollziehbare und - ausgehend von der in dieser Ansicht vertretenen präventiven Vereinigungstheorie, welche ihrerseits durch das Schuldprinzip bzw. die Verhältnismäßigkeit beschränkt wird - in sich stimmige Definition, hält aber die Einspurigkeit einerseits und die Zweispurigkeit andererseits nicht für unterschiedliche Konzeptionen zur Reaktion auf Taten schuldfähiger und schuldunfähiger Täter. Diese Ansicht liefert lediglich eine andere Sichtweise der Begriffe der Ein- und Zweispurigkeit, ohne darunter unterschiedliche Sanktionskonzepte zu verstehen, und eignet sich daher als Alternativüberlegung bei Problemen im bestehenden System nicht.

II. Das heutige Maßregelsystem

Ziel der Maßregeln ist es, den gefährlichen Täter - unabhängig von seiner Schuld - zu bessern und die Allgemeinheit vor diesem Täter zu sichern.[37] Die Anordnung der Maßregel ist eine spezialpräventive Gefahrenabwehrmaßnahme, d.h., es wird nicht an vergangene Tatschuld, sondern an die künftige Gefährlichkeit des Täters angeknüpft. Daran ändert auch das vom Gesetzgeber ausdrücklich hervorgehobene Ziel der „Besserung“ des Täters nichts. Eine „Besserung“ des Täters hat das Strafrecht nur insoweit zu interessieren, als es der

---

[35] Roxin, Strafrecht, S. 54 ff..

[36] Roxin, Strafrecht, S. 65.

[37] Lackner, Lackner, Strafgesetzbuch,, § 61 Rdnr. 2.

Vorbeugung weiterer Straftaten dient. Ein weitergehender Versuch der zwangsweisen „Besserung“ eines Täters ohne das Interesse der öffentlichen Sicherheit, sozusagen als „humaner Akt“, ist rechtswidrig.[38]

Das Reaktionssystem der Maßregeln ist in den §§ 61 bis 72 StGB geregelt, § 61 StGB enthält einen abschließenden Katalog der einzelnen Maßregeln.

§ 61 StGB:

Maßregeln der Besserung und Sicherung sind:

1. die Unterbringung in einem psychiatrischen Krankenhaus,
2. die Unterbringung in einer Entziehungsanstalt,
3. die Unterbringung in der Sicherungsverwahrung,
4. die Führungsaufsicht,
5. die Entziehung der Fahrerlaubnis,
6. das Berufsverbot.

Die Anordnung der Maßregeln der Besserung und Sicherung erfolgt durch das erkennende Gericht, welches auch über die Anlaßtat entscheidet und die Maßregel in Form eines Urteils ausspricht.

Entgegen den Vorschriften zur Strafe, wonach sich diese in der Regel nach dem zur Tatzeit geltenden Gesetz richtet (§ 2 I StGB)[39], wird bei der Anordnung einer Maßregel gem. § 2 IV StGB die zum Zeitpunkt der Entscheidung geltende Gesetzeslage zugrunde gelegt. Ein Verstoß gegen das Rückwirkungsverbot i.S.d. Art. 103 II GG soll nach umstrittener Ansicht des BGH nicht gegeben sein, da es sich bei Maßregeln nicht um Strafen handele.[40] Hintergrund der Anordnung der zum Zeitpunkt der Entscheidung geltenden Maßregel solle die Annahme sein, dass zum Schutz der Allgemeinheit und für die Behandlung des Täters stets die „modernste“ Maßregel die adäquate Maßregel sei.[41] Die darin innewohnende Gefahr wird folgendermaßen beschrieben: „Der Täter, dem eine Maßregel droht, muß sich das Maß an Güte, aber eben auch das Maß an Härte gefallen lassen, das der Gesellschaft zur Zeit der Verurteilung gerade richtig scheint“[42].

---

[38] Hanack, Leipziger Kommentar Vor § 61 Rdnr. 20; BVerfGE 22, 219.

[39] Unter Berücksichtigung der Besonderheiten der Absätze 2 und 3 des § 2 StGB.

[40] Tröndle, in Tröndle/Fischer, Strafgesetzbuch, § 1, Rdnr. 4, m.w.N., auch BGHSt 24, 103, Naucke, Gesetzlichkeit und Kriminalpolitik, JuS 1989, 861.

[41] Müller-Christmann, Die Maßregeln zur Besserung und Sicherung, JuS 1990, 801.

[42] Naucke, Tendenzen in der Strafrechtsentwicklung, S. 27; Baumann, Strafrechtsreform ohne Gesamtparlament?, ZRP 1974, 78; Naucke, Strafrecht, § 3, Rdnr.5 ff.

III. Die freiheitsentziehenden Maßregeln

Freiheitsentziehende Maßregeln sind die in § 61 Nr.1-3 StGB aufgeführten Maßnahmen. So kann die Unterbringung in einem psychiatrischen Krankenhaus (§ 63 StGB), in einer Entziehungsanstalt (§ 64 StGB) oder die Sicherungsverwahrung (§ 66 StGB) angeordnet werden. Die Unterbringung in einer sozialtherapeutischen Anstalt ist als Maßregel nicht möglich, sondern nunmehr ausschließlicher Gegenstand des Strafvollzugsrechts (Vollzugslösung).[43]

Während das 2. StrRG als Kernstück des Maßregelrechts die Unterbringung bestimmter Tätergruppen in einer sozialtherapheutischen Anstalt vorsah (§ 65 a.F. StGB[44]), wurde diese Sanktionsmöglichkeit durch das StVollzÄnderG vom 20.12.1984 aufgehoben.[45] Da die „Maßregellösung" für nicht realisierbar gehalten wurde, wurde der sogenannten „Vollzugslösung" der Vorzug gegeben und die Angliederung sozialtherapeutischer Anstalten an den Strafvollzug beschlossen.[46] Somit ist die Möglichkeit der sozialtherapeutischen Behandlung dem Maßregelsystem entzogen und zum alleinigen Gegenstand des Strafvollzugsrechts (§§ 9, 123-126 StVollzG) geworden.[47] [48]

1. Gemeinsame Voraussetzungen freiheitsentziehender Maßregeln

Trotz unterschiedlicher Ausgestaltung und Zielsetzung der einzelnen Maßregeln sind folgende Voraussetzungen für die Anordnung aller Maßregeln unabdingbar:

Vorliegen einer rechtswidrigen Tat (Anlaßtat)

Die Begehung einer rechtswidrigen Tat, die, unbeschadet der Frage nach einer Verurteilung zur Strafe, in der gesetzlich vorgeschriebenen Form der Strafprozeßordnung festgestellt werden muß.

Verhältnismäßigkeit

Der Grundsatz der Verhältnismäßigkeit ist im Maßregelrecht durch § 62 StGB ausdrücklich normiert und Ausdruck des verfassungsrechtlichen Übermaßverbotes. Der tief in die Grundrechte einschneidende Eingriff, der von einer freiheitsentziehenden Maßregel ausgeht, kann nur gerechtfertigt sein, wenn die

---

[43] Fischer, in Tröndle/Fischer, Strafgesetzbuch, Vor § 63, Rdnr. 1.

[44] § 65 StGB a.F. siehe Anhang.

[45] BGBl. 1984, I, 1654.

[46] Lackner, in Lackner, Strafgesetzbuch, § 63, Rdnr. 2.

[47] Lackner, in Lackner, Strafgesetzbuch, Vor § 63, Rdnr. 2.

[48] Im Bereich der Freiheitsstrafen „soll" ab 1998 und „muß" ab 2003 eine Verlegung von Sexualstraftätern vom Strafvollzug in eine sozialtherapeutische Anstalt erfolgen. Siehe hierzu Rotthaus, Schwind/Böhm, Strafvollzugsgesetz, , § 9 StVollzG, Rdnr. 1, 1a.

Gefahr, die vom Täter ausgeht, so groß ist, dass ein solcher Eingriff im überwiegenden Interesse der Allgemeinheit geboten ist.

Künftige Gefährlichkeit des Täters (Gefährlichkeitsprognose)

Entsprechend der kriminalpolitischen Zielsetzung der Maßregeln (spezialpräventive Gefahrenabwehr) ist die Frage nach der zukünftigen Gefährlichkeit des Täters im Hinblick auf die Begehung weiterer erheblicher Straftaten von höchster Bedeutung für die Anordnung der Maßregel. Wichtig hierbei ist die Erwartung/Gefahr einer erheblichen Straftat. Zur Anordnung der Maßregel sind an die Gefährlichkeitsprognose qualifizierte Anforderungen zu stellen. Zukünftige Delikte der Kleinkriminalität oder Bagatelldelikte reichen für eine Anordnung nicht aus, die zu erwartenden erheblichen Straftaten müssen zumindest Taten mittlerer Kriminalität zum Inhalt haben.[49] Wird die Erheblichkeit der künftigen Straftat auch je nach Maßregel unterschiedlich gewichtet und bereitet dies durch ihre Unbestimmtheit in der Praxis Probleme[50], so ist sie doch unabdingbar für die Anordnung einer Maßregel. Wie bereits erwähnt, hat das rechtmäßig angewandte Strafrecht keinen Anspruch auf Besserung von Tätern, wenn eine Sicherung der Allgemeinheit nicht erforderlich ist.[51]

Prozessual ist den freiheitsentziehenden Maßregeln gemein, dass, wenn mit der Anordnung einer Maßregel zu rechnen ist, gemäß § 246a StPO der Hauptverhandlung ein Sachverständiger hinzuzuziehen ist.

Im übrigen haben die freiheitsentziehenden Maßregeln der §§ 63, 64, 66 StGB jeweils weitere eigene Unterbringungsvoraussetzungen. Die Darstellung der einzelnen Unterbringungsvoraussetzungen wird sich im Folgenden auf die §§ 63 und 64 StGB beschränken, da sich zum Zeitpunkt der Untersuchung keine Frau in einer Maßregel nach § 66 StGB befunden hat.[52]

---

[49] Fischer, in Tröndle/Fischer, Strafgesetzbuch, § 63, Rdnr. 8; BGH, NStZ 1995, 228; BGHSt 27, 246; BGH, R&P 1999, 36; 90.

[50] Zur Problematik der Auslegung des Begriffs der Erheblichkeit siehe Scheuble, Der Begriff der Erheblichkeit als Voraussetzung der freiheitsentziehenden Maßregeln der Besserung und Sicherung der §§ 63, 64, 66 StGB, S. 1.

[51] Pollähne, Maßregelvollzug zwischen Psychiatrie und Strafvollzug, in: Weigand, Der Maßregelvollzug in der öffentlichen Diskussion, S. 38.

[52] Statistisches Bundesamt Wiesbaden, Fachserie 10, Reihe 4.2, 1998.

2. Unterbringungsvoraussetzungen der Maßregeln nach §§ 63 und 64 StGB

a) Die Unterbringung in einem psychiatrischen Krankenhaus (§ 63 StGB)

Die vom Täter begangene Anlaßtat muß nach dem Gesetzeswortlaut des § 63 StGB im Zustand der Schuldunfähigkeit (§ 20 StGB) oder verminderten Schuldfähigkeit (§ 21 StGB) begangen worden sein. Zu beachten ist hierbei, dass die Anlaßtat nicht erheblich zu sein braucht, es bezüglich der begangenen rechtswidrigen Tat lediglich der Beachtung des Verhältnismäßigkeitsgrundsatzes des § 62 StGB bedarf.[53]

Nach § 20 StGB ist Schuldunfähigkeit eines Täters gegeben, wenn eine von § 20 StGB erfaßte psychische Verfassung vorliegt, die normgemäßes Handeln zum Zeitpunkt der Tat ausschließt und so den Täter entschuldigt.[54]

Methodisch setzt § 20 StGB für einen Schuldausschluß eine Verbindung von Ursache und Wirkung voraus. So muß im ersten Schritt das Vorliegen einer der vier aufgezählten Tatbestandsmerkmale des § 20 StGB (Ursache) gegeben sein, und im zweiten Schritt muß diese psychische Verfassung die Unrechtseinsichts- oder Steuerungsfähigkeit des Täters zur Tatzeit ausgeschlossen haben (Wirkung).[55]

Auf die Fähigkeit der Unrechtseinsicht und auf die Steuerungsfähigkeit des Täters stellt auch § 21 StGB ab. Liegen die Voraussetzungen der §§ 20 oder 21 StGB bei Begehung der rechtswidrigen Tat vor, so kann § 63 StGB nur angeordnet werden, wenn die Gesamtwürdigung des Täters und seiner Tat zu einer für den Täter negativen Gefährlichkeitsprognose führt. D.h., es müssen vom Täter künftig erhebliche rechtswidrige Taten zu erwarten sein, welche ebenfalls - wie auch schon die Anlaßtat - Folge des psychischen Zustandes sind. Nur der Zusammenhang zwischen Anlaßtat, Psyche des Täters und drohenden rechtswidrigen Symptomtaten rechtfertigen die Maßregel. Die Wahrscheinlichkeit künftiger Straftaten muß im Sinne eines gesteigerten, überwiegenden Grades der Möglichkeit gegeben sein.[56] Das Merkmal der „Erheblichkeit" wurde in § 63 StGB eingeführt, um weiteren Unterbringungen wegen zu befürchtender „Kleinsttaten" vorzubeugen.

---

[53] Fischer, in Tröndle/Fischer, Strafgesetzbuch, § 63, Rdnr. 2a.

[54] Tröndle, in Tröndle/Fischer, Strafgesetzbuch, § 20, Rdnr. 3.

[55] Blau, Schuld und Gefährlichkeit des psychisch abnormen Täters, in: Blau/Kammeier, Straftäter in der Psychiatrie, S. 1.

[56] Volckart, Maßregelvollzug, S. 7.

So war seit der Einführung der Maßregel 1933 eine große Anzahl von Personen für viele Jahre wegen Bagatelltaten untergebracht worden.[57] Hierbei war Unterbringungsgrund nicht die Erwartung schwererer, sondern die Verhinderung weiterer – im Bereich der Kleinkriminalität liegender - Taten. Dem Rechtsstaatsprinzip halten jahrelange Unterbringungen wegen Bagatelldelikten jedoch nicht stand.[58]

Als letzte Unterbringungsvoraussetzung muß der Täter für die Allgemeinheit gefährlich sein. Dies ist der Fall, wenn die zu erwartenden Taten geeignet sind, den Rechtsfrieden der Allgemeinheit so empfindlich zu stören, dass sie nicht mehr hingenommen werden können.[59] Maßgeblicher Zeitpunkt für diese Gefährlichkeitsprognose ist die Aburteilung. Liegt zu diesem Zeitpunkt keine Allgemeingefährlichkeit mehr vor, muß die Anordnung unterbleiben.[60]

Liegen die genannten Voraussetzungen vor, so hat das Gericht die Unterbringung anzuordnen (möglicherweise unter Aussetzung nach § 67b StGB), ein Ermessen besteht nicht. Bei vermindert Schuldfähigen ist die Unterbringung nur neben der Strafe möglich.[61]

b) Die Unterbringung in einer Entziehungsanstalt (§ 64 StGB)

Die Unterbringung in einer Entziehungsanstalt ist eine Maßregel, bei welcher der Schwerpunkt ganz auf dem Heilzweck liegt. Durch § 64 II StGB wird versucht, diesem Zweck gerecht zu werden, indem die Anordnung bei Aussichtslosigkeit ausgeschlossen wird. Das Bundesverfassungsgericht[62] hat die Möglichkeit der Unterbringung in einer Entziehungsanstalt noch weiter eingeengt; es hat § 64 StGB als insoweit nichtig erklärt, als diese Vorschrift die Anordnung auch dann vorsieht, wenn eine hinreichend konkrete Aussicht des Behandlungserfolges nicht besteht. Das BVerfG führt aus, dass es Zweck der Behandlung sei, den Süchtigen zu heilen oder doch für eine gewisse Zeitspanne vor dem Rückfall in die akute Sucht zu bewahren.[63] Vor diesem Hintergrund dürfe eine Anordnung nach § 64 StGB oder deren Vollzug nicht erfolgen, wenn sich ergeben habe, dass keine hinreichend konkrete Erfolgsaussicht besteht. Die

---

[57] Fabricius/Wulff, Der Fall Paul L. Stein, Psychiatrisches Lebenslänglich nach einem Pelzdiebstahl, R&P 1984, 15; BVerfG, NJW 1995, 3048; Kruis, Die Vollstreckung freiheitsentziehender Maßregeln und die Verhältnismäßigkeit, StV 1998, 94; Venzlaff/Schreiber, Der Maßregelvollzug – Stiefkind der Strafrechtsreform, in: Bergener, Psychiatrie und Rechtsstaat, S. 189.

[58] Volckart, Maßregelvollzug, S. 10.

[59] Lackner, in Lackner, Strafgesetzbuch, § 63, Rdnr. 7.

[60] Fischer, in Tröndle/Fischer, Strafgesetzbuch, § 63, Rdnr. 11.

[61] Fischer, in Tröndle/Fischer, Strafgesetzbuch, § 63, Rdnr. 15.

[62] BVerfGE 91, 1.

[63] BVerfGE 91, 1.

Anordnung ohne hinreichend konkrete Erfolgsaussicht sei als verfassungswidriger Eingriff in die Grundrechtsposition des Betroffenen zu werten. Die in § 64 Abs. II StGB normierte Unterlassung der Anordnung bei Aussichtslosigkeit einer Entziehungskur wird als nicht ausreichend angesehen.

Nach dem BVerfG bedarf es demnach für die Unterbringung in einer Entziehungsanstalt einer hinreichend konkreten Aussicht eines Behandlungserfolgs, welche in der Hauptverhandlung positiv festgestellt werden muß. Geht man davon aus, dass zum Zeitpunkt der Hauptverhandlung der Erkenntnisstand noch relativ gering ist, erscheint die fundierte Darlegung einer konkreten Erfolgsaussicht als praktisch kaum durchführbar. Was dem Schutz vor verfassungswidrigen Grundrechtseingriffen dienen soll, könnte danach leicht dazu führen, dass einem therapiefähigen Täter der „Heilzweck" der Maßregel versagt bleibt.[64]

Als anerkannte Voraussetzung der Anordnung des § 64 StGB muß ein Hang, d.h. eine den Täter treibende oder beherrschende Neigung, Drogen (im weiteren Sinne) im Übermaß zu sich zu nehmen, vorliegen.[65] Der Grad einer psychischen Abhängigkeit muß vorliegen, einer physischen Abhängigkeit bedarf es nicht.[66] Übermaß bedeutet, dass der Täter die Droge in einer Dosis konsumiert, dass deren Wirkung ein Rauscherleben hervorruft oder intensiviert, so dass er das gesundheitlich verträgliche Maß überschreitet und seine Arbeits- und Leistungsfähigkeit herabgesetzt ist.[67]

Unabdingbare Voraussetzung einer Anordnung dieser Maßregel nach § 64 StGB ist das Zusammenspiel von Hang und Anlaßtat oder Rausch und Anlaßtat. Nur wenn der Hang oder der Rausch für die Tat ursächlich war, greift § 64 StGB ein.[68]

Im Gegensatz zu § 63 StGB kann die rechtswidrige Tat im Zustand des § 20 oder § 21 StGB begangen worden sein, zwingende Voraussetzung ist dies für

---

[64] Bereits an dieser Stelle wird die Problematik, ob man sich bei der Frage der **„Zweispurigkeit im weiteren Sinn"** (siehe hierzu den Exkurs zur Zweispurigkeit) eines einheitlichen Reaktionssystems bedienen, oder es bei der zur Zeit bestehenden Regelung belassen soll, deutlich. Festzustellen ist, dass bei einem einheitlichen, behandlerischen System der Heilzweck nicht gefährdet wäre.

[65] Fischer in Tröndle/Fischer, Strafgesetzbuch, § 64, Rdnr. 3.

[66] Lackner, in Lackner, Strafgesetzbuch, § 64, Rdnr. 2; BGHSt, R&P 1998, 157.

[67] Fischer, in Tröndle/Fischer, Strafgesetzbuch, § 64, Rdnr. 3.

[68] Fischer, in Tröndle/Fischer, Strafgesetzbuch, § 64, Rdnr. 5.

die Anordnung des § 64 StGB jedoch nicht.[69] Das bedeutet, dass auch voll schuldfähige Täter in einer Entziehungsanstalt untergebracht werden können, wenn die übrigen Anordnungsvoraussetzungen vorliegen.[70]

Auch für die Verhängung des § 64 StGB muß eine Gefährlichkeitsprognose erstellt werden. Während jedoch für § 63 StGB rechtswidrige Taten „zu erwarten" sein müssen, stellt § 64 StGB auf die „Gefahr" künftiger Taten infolge des Hangs ab.

Gefahr i.S.d. § 64 StGB meint einen geringeren Grad der Wahrscheinlichkeit als die Erwartung in § 63 StGB, eine abstrakte Abgrenzung dieser beiden Voraussetzungen, welche in der Praxis handhabbar wäre, ist tatsächlich jedoch nicht möglich.[71]

Auch für diese Maßregel müssen „erhebliche" Taten zu erwarten sein, bloß lästige oder geringfügige Taten rechtfertigen die Unterbringung nicht.[72] Die Anforderungen an die Erheblichkeit werden im Hinblick auf die begrenzte Höhe der Maßregel[73] (§ 67d I StGB) im Gegensatz zur unbegrenzten Maßregel nach § 63 StGB weniger streng angelegt.[74]

Bei Vorliegen der Voraussetzungen ist die Anordnung der Unterbringung in einer Entziehungsanstalt zwingend und geht auch der im Vollstreckungsverfahren vorgesehenen Sonderregelungen der §§ 35, 36 BtMG vor.[75]

---

[69] Rasch, Voraussetzungen der Unterbringung nach § 64 StGB aus psychiatrischer Sicht, Gründe für die Bestimmung der Vollstreckungsreihenfolge gemäß § 67 StGB; § 67 d V StGB, R&P 1991, 109. A. A. Volckart, Maßregelvollzug S.13. Dieser führt nachvollziehbar an, dass die Annahme einer vollen Schuldfähigkeit und die einer – zumindest – psychischen Abhängigkeit, als Anordnungsvoraussetzung einer Maßregel nach § 64 StGB, gleichzeitig nicht festgestellt werden können, da bei Vorliegen einer psychischen Abhängigkeit zumindest von einer verminderten Schuldfähigkeit ausgegangen werden müsse.

[70] Fischer, in Tröndle/Fischer , Strafgesetzbuch, § 64, Rdnr. 5.

[71] BGH, NStZ 1994, 30 mit Anmerkung Müller-Dietz, NStZ 1994, 336.

[72] Volckart, Maßregelvollzug, S. 14.

[73] Die Höchstfrist der Maßregel nach § 64 StGB kann bei gleichzeitiger Anordnung einer Haftstrafe und dem Vorwegvollzug der Maßregel verlängert werden. Zu der umstrittenen Berechnung der Höchstfrist siehe OLG Frankfurt, NStZ 1993, 453; OLG Hamm, StV 1995, 89.

[74] Lackner, in Lackner, Strafgesetzbuch, § 64, Rdnr. 5.

[75] Lackner, in Lackner, Strafgesetzbuch, § 64, Rdnr. 7.

IV. Vollstreckung und Vollzug der Maßregeln

1. Vollstreckung

Nach rechtskräftiger Anordnung einer Maßregel kommt es zur Vollstreckung der gerichtlich ausgesprochenen Maßnahme. Hierbei geht es um die Durchsetzung strafgerichtlicher Verurteilungen, zu denen auch die Maßregeln der Besserung und Sicherung gehören. Der Vollzug selbst ist nur ein Teil der Vollstreckung, diesem sind eine Vielzahl von Vollstreckungsentscheidungen vor-, nach- und zwischengeschaltet.

Das Maßregelvollstreckungsrecht ist in den §§ 67ff StGB und in den §§ 449ff StPO geregelt, wobei die Normen der StPO die Vollstreckung sämtlicher Strafurteile und nicht nur die der Maßregelvollstreckung regeln.

2. Vollzug

Im Bereich des Maßregelvollzugsrechts hat der Bund von seinem Regelungsrecht nach Art. 74 Nr.1 GG, abgesehen von den Rahmenregelungen der §§ 136 bis 138 StVollzG, keinen Gebrauch gemacht. Während für den Bereich des Strafvollzugs im Frühjahr 1976 ein Strafvollzugsgesetz verabschiedet wurde, welches am 01.01.1977 in Kraft trat, wurde gemäß § 138 I StVollzG die umfängliche Regelung des Vollzugs der Maßregeln den Ländern überlassen.[76] [77]

Die Aufgabe der Landesgesetzgeber bestand nun vor allem darin, die unerläßlichen Eingriffe in die Grundrechte der Patienten zu normieren, aber diese dadurch auch zu beschränken. War spätestens seit der Entscheidung des BVerfG vom 14.3.1972[78] klargeworden, dass Eingriffe in die Grundrechte im Strafvollzug nicht mit dem Vorliegen eines „besonderen Gewaltverhältnisses" zu rechtfertigen waren, mußte dies ebenso für den Maßregelvollzug gelten und gesetzliche, an der Verfassung orientierte Regelungen geschaffen werden.

Obwohl sich die Bundesländer der ihnen durch § 138 StVollzG zugewiesenen Aufgabe, der Regelung der Unterbringung im Maßregelvollzug, nur sehr

---

[76] Kammeier, Maßregelrecht, S. 183.

[77] In der regierungsamtlichen Begründung heißt es, dass eine detaillierte bundesgesetzliche Lösung dazu führen würde, dass innerhalb ein und derselben Anstalt ein Teil der Patienten – die nach §§ 63 und 64 StGB untergebrachten – besonderer, von der allgemeinen Regelung abweichenden Vorschriften unterstellt wären. Siehe Baur, Anmerkungen zum gegenwärtigen Zustand des Maßregelvollzugs, in: Blau/Kammeier, Straftäter in der Psychiatrie, S. 42.

[78] BVerfGE 33, 1.

zögerlich zuwandten, haben inzwischen alle Bundesländer gesetzliche Maßregelvollzugsvorschriften.[79]

Die Landesgesetze sind sehr unterschiedlich ausgestaltet. So reichen sie von sporadischen Einzelregelungen älterer Gesetze bis hin zur umfänglichen Regelung der Materie. Auch finden sich legislatorisch 2 Möglichkeiten der Ausgestaltung.

Die eine Möglichkeit besteht in der Ergänzung bestehender Gesetze zur Unterbringung psychisch Kranker und setzt die Unterbringung in einem psychiatrischen Krankenhaus oder einer Entziehungsanstalt weitgehend (außer in sicherheitsrelevanten Bereichen) mit den polizeirechtlich-fürsorgerisch geprägten Unterbringungen gleich. Diese Variante wurde von den Bundesländern Baden-Württemberg, Bayern, Berlin, Mecklenburg-Vorpommern, Sachsen, Schleswig-Holstein und Thüringen gewählt.

Die Bundesländer Bremen, Hamburg, Hessen, Niedersachsen, Nordrhein-Westfalen, Rheinland-Pfalz, Saarland und Sachsen-Anhalt haben die Möglichkeit eines eigenen Landesmaßregelvollzugsgesetzes gewählt und es strukturell an das Strafvollzugsgesetz des Bundes angelehnt.

Der Vollzug der Maßregeln findet im psychiatrischen Krankenhaus bzw. einer Entziehungsanstalt, d.h. innerhalb des allgemeinen psychiatrischen Versorgungssystems statt.[80] Der Gesetzgeber hat damit die strittige Frage[81] - ob der Vollzug der Maßregel innerhalb des bestehenden Krankenversorgungssystems oder in justizeigenen Sonderanstalten zu erfolgen hat - entschieden. Gemäß § 139 StVollzG hat lediglich die Sicherungsverwahrung in Justizvollzugsanstalten zu erfolgen. Die übrigen freiheitsentziehenden Maßregeln sind in Anstalten außerhalb der Justizverwaltung zu vollziehen.

3. Folgeentscheidungen während des Vollzugs

Wird die Maßregel vollzogen, so ist für Folgeentscheidungen nicht mehr das erkennende Gericht, sondern gemäß §§ 463 I i.V.m. 462a I StPO die Strafvollstreckungskammer zuständig. Diese entscheidet etwa über die Aussetzung der Vollstreckung der Sicherheitsverwahrung, die nachträgliche Entscheidung der Änderung der Vollstreckungsreihenfolge (§ 67 III StGB), die Überweisung in den Vollzug einer anderen Maßregel (§ 67a II StGB), überprüft die weitere Vollstreckung der Maßregel (§ 67e StGB) oder widerruft die Aussetzung der Maßregel (§ 67g StGB). Eine Ausnahme von der Zuständigkeit der Strafvoll-

---

[79] Zu den einzelnen Regelungen der Bundesländer siehe Volckart, Maßregelvollzug, Anhang.

[80] Baur, Besserung und Sicherung - Zur Problematik des Vollzugs der Maßregeln, StV 1982, 33.

[81] Zu den unterschiedlichen Ansichten siehe Bauer, Anmerkungen zum gegenwärtigen Zustand des Maßregelvollzugs, in: Blau/Kammeier, Straftäter in der Psychiatrie, S. 17.

streckungskammer stellen Nachtragsentscheidungen im Jugendstrafrecht dar. In diesem Fall ist gemäß §§ 82 I, 110 I JGG der Jugendrichter zuständig.

Von der für die Folgeentscheidungen zuständigen Strafvollstreckungskammer (StVK) zu unterscheiden ist die Staatsanwaltschaft (StA) als Vollstreckungsbehörde. Diese leitet die im Urteil angeordnete Unterbringung ein und überwacht ihre Durchführung (§ 451 I StPO, §§ 4, 7 StVollstrO), sie ist zuständig für alle Vollstreckungsmaßnahmen, die keine Folgeentscheidungen darstellen.

V. Reformbewegung der Allgemeinpsychiatrie und der forensischen Psychiatrie

Die Psychiatrie-Enquête der Bundesregierung[82] aus dem Jahre 1975 stellte in ihrem Bericht über die Psychiatrie in der Bundesrepublik für den Bereich der forensischen Psychiatrie eine absolute „Schlußlichtposition" fest. Seither hat die Unterbringung im Maßregelvollzug allerdings Veränderungen erfahren.

Im Rahmen der in den 70er Jahren im Bereich der Allgemeinpsychiatrie eintretenden Reformbewegung, die hinter Schlagworten wie „Verkleinerung der Großkrankenhäuser" und „gemeindenahe Psychiatrien" die Arbeits- und Behandlungsbedingungen zugunsten der Patienten, aber auch der „Behandler" verbessern wollte, kam es zu einem Umdenken.[83] Die stationäre Unterbringung mit den Folgen der Hospitalisierung sollte der Enthospitalisierung durch die Errichtung von teilstationären Einrichtungen, Tageskliniken, Übergangsheimen sowie ambulanten sozialen Diensten, betreuten Wohngemeinschaften usw. weichen.

Im stationären allgemein-psychiatrischen Langzeitbereich wurden im Laufe der Jahre ebenfalls kleinere Einheiten, Stationen und Abteilungen geschaffen. Im Hinblick auf die Unterbringungsmodalitäten wurden umfänglich umstrukturierende Maßnahmen getroffen. Während bis in die 50er Jahre Bettensäle mit Plätzen für bis zu 100 Personen die Unterbringung kennzeichneten und auch in den 80er Jahren manche Einrichtung noch über Säle mit bis zu 25 Patientenplätzen verfügte, wurden diese zugunsten kleinerer Einheiten abgeschafft. Mit der Umstrukturierung der Stationen wurde auch die Innenausstattung wohnlicher gestaltet, um der Unterbringung die Klinikatmosphäre zu nehmen. Bei Neubauten von Psychiatrien wurde versucht, die bauliche Gestaltung an das thera-

---

[82] Psychiatrie-Enquête – Bericht über die der Psychiatrie in der Bundesrepublik Deutschland – BT Drucksache, 7/4200, S. 281.

[83] Zur Psychiatriereform in der BRD siehe Steinböck, Veränderungen in der forensisch-psychiatrischen Versorgung in Oberbayern, R&P 1999, 16.

peutische Milieu anzupassen und soziale Kommunikationspunkte wie Cafeterien, Sozialzentren und Mehrzweckhallen zu planen und zu errichten.[84]

Dieses Umdenken hat, zumindest in baulicher Sicht, auch den Maßregelvollzug erfaßt. Zwar mußten seit der Reformbewegung in den 70er Jahren Jahrzehnte ins Land gehen, doch finden sich heute im Maßregelvollzug ebenfalls kleinere Einheiten[85], und es wird der Versuch gemacht, den Patienten - im Rahmen der gegebenen Möglichkeiten - Freiraum zur individuellen Gestaltung ihres Umfelds zu geben, was sich nicht zuletzt auch positiv auf den Versorgungsbereich auswirkt.[86]

Ob in diesen Veränderungen jedoch eine Abkehr von der „Schlußlichtposition" des Maßregelvollzugs zu sehen ist[87] oder sich diese Schlußlichtposition lediglich auf andere Bereiche der Unterbringung beschränkt, bedarf einer differenzierten Betrachtung. Für den Bereich der Unterbringung weiblicher Patienten wird diese an späterer Stelle erfolgen.

---

[84] Kammeier, Schöner Sichern = sicher Bessern?, R&P 1990, 2.

[85] Leygraf, Psychisch kranke Straftäter, S. 149.

[86] Leygraf, Rehabilitative Maßnahmen: Grenzen und Chancen aus der Sicht des Gutachters, in: Weigand, Der Maßregelvollzug in der öffentlichen Diskussion, S. 64; Seifert/Leygraf, Die Entwicklung des Psychiatrischen Maßregelvollzugs (§63 StGB) in NRW, Psychiatrische Praxis 24, 237.

[87] Verneinend hierzu Pollähne, Maßregelvollzug zwischen Strafvollzug und Psychiatrie, in: Weigand, Der Maßregelvollzug in der öffentlichen Diskussion, S. 43.

B. Aufgabenstellung

I. Untersuchungsansatz

Obwohl seit der Einführung des Gewohnheitsverbrechergesetzes 1933 die Unterbringung psychisch kranker Straftäter und Straftäterinnen im Maßregelvollzug erfolgt und diese Unterbringung eine zum Teil sehr lang andauernde und äußerst schwerwiegende Maßnahme darstellt, ist die Resonanz in der Literatur (v.a. in der juristischen Literatur) und der Kenntnisstand über die Situation des Maßregelvollzugs nach wie vor gering. Insbesondere über die Unterbringung von Frauen läßt sich in der Literatur wenig finden, empirische Daten sind spärlich über Jahrzehnte verteilt.[88]

Die erste empirische Untersuchung von psychisch kranken Straftätern, in die auch Frauen aufgenommen wurden, erfolgte durch HÜRTEN[89] im Jahre 1937. Diese Studie erhebt Daten von 87 untergebrachten Männern und 13 Frauen.

1939 erfolgte eine Untersuchung von CREUTZ[90] über 425 Personen, die in einer Trinkerheilanstalt untergebracht waren. In dem Untersuchungsmaterial finden sich auch die Daten von 32 Frauen.

Im Jahre 1941 erfolgte durch SCHOTTKY[91] eine Datenerhebung über 38 in Thüringen untergebrachte Personen, darunter 2 Patientinnen.

Eine weitere Untersuchung erfolgte 1966 durch MÜLLER und HADAMIK[92], eine Studie, in die 675 Personen einbezogen wurden und anhand derer die ungelösten Probleme in der Behandlung abnormer Rechtsbrecher dargestellt werden sollte. Eine Einbeziehung der 9 zu diesem Zeitpunkt im Untersuchungsgebiet untergebrachten Frauen erfolgte nicht.

---

[88] Die folgende Auflistung erhebt nicht den Anspruch der absoluten Vollständigkeit, vielmehr wurden sowohl die in der Literatur häufig zitierten als auch Untersuchungen mit einer höheren Patientenzahl einbezogen.

[89] Hürten, Die ersten Hundert auf Grund des Gesetzes vom 24.11.1933 in der Westfälischen Provinzial-Heilanstalt Eickelborn untergebrachten geistig abnormen Rechtsbrecher, Allgemeine Zeitschrift für Psychiatrie 106, 255.

[90] Creutz, Psychiatrische Erfahrungen mit §§ 42b und 42c des Gesetzes gegen gefährliche Gewohnheitsverbrecher und über Maßregeln der Sicherung und Besserung vom 24.11.1933, Allgemeine Zeitschrift für Psychiatrie 111, 137.

[91] Schottky, Psychiatrische und kriminalbiologische Fragen bei der Unterbringung in einer Heil- oder Pflegeanstalt nach § 42b und c des Strafgesetzbuchs, Allgemeine Zeitschrift für Psychiatrie 117, 287.

[92] Müller/Hadamik, Die Unterbringung psychisch abnormer Rechtsbrecher, Der Nervenarzt 37, 1966, 6.

Eine 1969 erschienene Untersuchung von GROSS[93] über langjährig nach § 42 b StGB a.F. untergebrachte Schizophrene bezog Frauen in die Untersuchung ein, eine gesonderte Darstellung der weiblichen Ergebnisse erfolgt jedoch nicht.

Ebenfalls im Jahre 1969 analysierte KELLER[94] die Praxis und den Erfolg der Unterbringung seelisch gestörter Delinquenten. In dieser Untersuchung stellen Frauen einen Gesamtanteil von 9,6% der Probanden dar.

1973 untersuchte BINSACK[95] nach § 42b StGB a.F. untergebrachte männliche Anstaltspatienten. Wie sich bereits aus dem Titel ergibt, wurden Maßregellvollzugspatientinnen nicht einbezogen.

BERGENER[96] führte 1974 eine Stichtagsuntersuchung an 650 untergebrachten Patienten durch. Aus dieser läßt sich jedoch nicht entnehmen, ob auch Patientinnendaten erhoben wurden. Es ist jedoch davon auszugehen, dass dies nicht der Fall ist, da diese Studie eine Vergleichsstudie zu der von MÜLLER/HADAMIK sein sollte und jene keine Frauen einbezogen hatte.

Aus dem Jahre 1978 stammen die Erhebungen von RITZEL[97] und ALBRECHT[98].Die Untersuchung von RITZEL differenziert zwischen männlichen und weiblichen Patienten, die von ALBRECHT erhob lediglich Daten von 115 männlichen Patienten.

1982 untersuchte HEINMÜLLER[99] ehemalige Patienten einer forensischen Rehabilitationsstation, bezog jedoch ebenfalls nur männliche Untergebrachte ein.

Ebenfalls 1982 entstand eine Arbeit von KLATT[100], in welche die Daten von 133 im Nervenkrankenhaus Bayreuth untergebrachten Personen, davon 16 Frauen, einbezogen wurden.

GRETENKORD und LIETZ[101] erhoben 1982 die Daten psychisch kranker Rechtsbrecher. Diese Erhebung erfaßt alle am 25.01.1982 in Hessen nach

---

[93] Groß, Statistische Untersuchung an langjährig nach § 42b StGB untergebrachten Schizophrenen.

[94] Keller, Praxis und Erfolg seelisch gestörter Delinquenten nach §§ 42b und 42c StGB.

[95] Binsack, Längsschnittuntersuchungen bei nach § 42b StGB untergebrachten männlichen Anstaltspatienten.

[96] Bergener, Zur künftigen Versorgung psychisch kranker Rechtsbrecher, Psychiatrische Praxis 1974, 231.

[97] Ritzel, Unterbringung und Wiedereingliederung psychisch kranker Rechtsbrecher.

[98] Albrecht, Aspekte des Maßregelvollzugs im psychiatrischen Krankenhaus, MschrKrim 61, 1978, 104.

[99] Heinmüller, Katamnestische Untersuchungen an Patienten im psychiatrischen Maßregelvollzug.

[100] Klatt, Der Maßregelvollzug im Nervenkrankenhaus Bayreuth unter besonderer Berücksichtigung der an Schizophrenie erkrankten Rechtsbrecher.

§ 63 StGB untergebrachten Patienten und Patientinnen. Eine geschlechtlich differenzierte Darstellung der 141 Personen erfolgt nicht.

HÜGEL/HUPE[102] untersuchten 67 am 1.1.1982 im PLK Weißenau nach § 63 StGB untergebrachte Patienten; ob die zu diesem Zeitpunkt untergebrachten 3 Frauen in die Untersuchung einbezogen wurden, ist nicht ersichtlich.

In der von LEYGRAF[103] im Jahre 1984 veröffentlichten Stichtagsuntersuchung von 156 Patienten sind auch die Daten von 5 Frauen enthalten, jedoch für den Leser nicht extrahierbar.

Die Behandlungsdauer strafrechtlich Untergebrachter im psychiatrischen Krankenhaus wurde 1985 von BISCHOF[104] analysiert. Auch diese Studie umfaßt lediglich die nach § 63 StGB untergebrachten Männer.

Die ebenfalls aus dem Jahr 1985 stammende Untersuchung von ATHEN[105] gibt einen Überblick über Behandlung und Unterbringung von Maßregelvollzugspatienten, differenziert aber nicht zwischen männlichen und weiblichen Patienten.

Auch die Untersuchung von SCHUMANN[106] aus dem Jahr 1987 umfaßt nur männliche Patienten.

Die bisher umfangreichste Arbeit über die Unterbringung im Maßregelvollzug legte LEYGRAF[107] 1988 vor. Diese umfaßt Daten von 2042 nach § 63 StGB und 728 nach § 64 StGB untergebrachten Maßregelvollzugspatienten aus dem gesamten damaligen Bundesgebiet. Eine Auswertung der Ergebnisse erfolgte von allen nach § 63 StGB untergebrachten Patienten. Die Daten der untergebrachten Frauen wurden (in dieser nahezu vollständigen Untersuchung) nur teilweise erhoben. Eine getrennte Auswertung der Patientinnendaten erfolgt durch LEYGRAF nicht.

---

101 Gretenkord/Lietz, Zur Entwicklung des Maßregelvollzugs (§ 63 StGB) in Hessen, MSchrKrim 66, 1983, 376.

102 Hügel/Hupe, Probleme und Perspektiven der Sozialarbeit in der forensischen Psychiatrie, in: Blau/Kammeier, Straftäter in der Psychiatrie, S. 77.

103 Leygraf, Zur aktuellen Praxis des psychiatrischen Maßregelvollzugs am Beispiel des Bundeslandes Hessen, Forensia 1984, 89.

104 Bischof, Behandlungsdauer strafrechtlich Untergebrachter im psychiatrischen Krankenhaus, MSchrKrim 68, 1985, 85.

105 Athen, Zur gegenwärtigen Situation psychisch kranker Rechtsbrecher, MSchrKrim 68, 1985, 34.

106 Schumann, Psychisch kranke Rechtsbrecher, S.10.

107 Leygraf, Psychisch kranke Straftäter.

Eine Studie von MISSENHARDT[108] von 1990, in der die Daten von 154 kranken Straftätern aufgenommen wurden, befaßt sich ebenfalls nur mit männlichen Untergebrachten.

SEIFERT/LEYGRAF[109] legten 1997 eine Studie über 597 in NRW untergebrachte Patienten vor. Unter diesen Patienten befand sich ein Anteil von 3,9% Frauen, welche jedoch nicht getrennt aufgeführt werden.

Die einzige eingehendere Betrachtung von Maßregelvollzugspatientinnen liegt mit der Arbeit von NOWARA[110] mit Daten aus den Jahren 1986-1988 vor. Die der Untersuchung zugrunde liegenden Daten sind dem Datenmaterial der Erhebung von LEYGRAF aus dem Jahr 1988 entnommen. Diese Arbeit stellt das zur Zeit allein bestehende Material über die Unterbringung von Frauen im Maßregelvollzug dar, welche aufgrund ihres Umfangs ein repräsentatives Bild der weiblichen Untergebrachten zu zeichnen vermag. Problematisch an dieser Auswertung ist jedoch der Umstand, dass bei dieser Untersuchung die weiblichen Patienten nur dann einbezogen wurden, wenn sie sich in den von LEYGRAF besuchten Unterbringungseinrichtungen befunden hatten. Daher könnten gerade einige Besonderheiten der Unterbringung von Frauen - z.B. in kleineren Allgemeinpsychiatrien - aus dem Blickfeld der Untersuchung geraten sein.

Nach alledem ist der Kenntnisstand zur Situation untergebrachter psychisch kranker Straftäterinnen bisher unzureichend.

II. Untersuchungsziel

Untersuchungsziel war es, die Situation psychisch kranker Straftäterinnen im Maßregelvollzug auszuleuchten. Angesichts des massiven Grundrechtseingriffs, den jede Unterbringung bedeutet, ist eine möglichst vollständige Kenntnis der Vollzugswirklichkeit unerläßlich. Daraus folgte die Aufgabe, Datenmaterial über die ungeklärte Gesamtsituation von Frauen bei einer Unterbringung in einem psychiatrischen Krankenhaus oder einer Entziehungsanstalt zu liefern.

Dabei war die Hypothese ausschlaggebend, dass sich für Frauen Unterbringungsaspekte besonderer Art zeigen könnten. Denn es war fraglich, ob die Unterbringungssituation von Frauen mit der von LEYGRAF und anderen beschriebenen Gesamtsituation gleichgesetzt werden kann. Vielmehr könnten aufgrund unterschiedlicher Sozialisation, vor allem aber aufgrund der geringen Anzahl der Patientinnen durchaus Abweichungen bestehen.

---

[108] Missenhardt, Psychisch kranke Straftäter im Maßregelvollzug.

[109] Seifert/Leygraf, Die Entwicklung des psychiatrischen Maßregelvollzugs (§ 63 StGB) in Nordrhein-Westfalen, Psychiatrische Praxis 24, 1997, 237.

[110] Nowara, Psychisch kranke Straftäterinnen, in Die Sprache des Verbrechens, Festschrift für Wilfried Rasch, S.267.

Ist schon die Gesamtzahl der im Maßregelvollzug untergebrachten Patienten als gering zu bezeichnen, so weicht doch die Zahl weiblicher im Maßregelvollzug Untergebrachter noch deutlich nach unten ab. Während sich bei einer Gesamtbevölkerung von 61 Mill. Einwohnern[111] am 31.03.

1970	4 401 Personen	(35 927 Strafgefangene)
1975	3 677 Personen	(34 608 Strafgefangene)
1980	3 237 Personen	(42 235 Strafgefangene)
1985	3 462 Personen	(48 402 Strafgefangene)
1990	3 649 Personen	(39 178 Strafgefangene)[112]
1995	4 275 Personen	
1998	5 096 Personen	

im *alten* Bundesgebiet[113] im Maßregelvollzug befanden, waren darunter nur

1970	245 Frauen
1975	169 Frauen
1980	163 Frauen
1985	168 Frauen
1990	155 Frauen
1995	209 Frauen
1998	240 Frauen[114]

zu finden.

Geht man demnach von einem durchschnittlichen Anteil von 5% Frauen in der Gruppe der Maßregelvollzugspatienten aus und verteilt diese auf das gesamte Bundesgebiet, so wird deutlich, wie verschwindend gering der Anteil dieser Patientinnengruppe in den einzelnen Bundesländern ist.

Es bestand die Vorstellung, dass sich für die betroffenen Frauen gerade aus dieser Minderzahl besondere Schwierigkeiten - neben den ohnehin bestehenden

---

[111] Als Vergleichszahl zur Unterbringung nach §§ 63 und 64 StGB mußte die Anzahl der Gesamtbevölkerung des früheren Bundesgebiets herangezogen werden, da die Zahlen der gesamten BRD nicht vorlagen.

[112] Die Vergleichsgruppe der Strafgefangenen endet 1990, da danach für den Strafvollzug nur Zahlen einschließlich der neuen Bundesländer vorliegen, die aber mit den Zahlen der Maßregelunterbringungen im früheren Bundesgebiet nicht zu vergleichen sind. Statistisches Bundesamt Wiesbaden, Fachserie 10, Reihe 4.1., 1998.

[113] Die Zahlen beziehen sich auf die Unterbringung im früheren Bundesgebiet, da die Zahlen für das Gesamtgebiet nicht vorlagen.

[114] Statistisches Bundesamt Wiesbaden, Fachserie 10, Reihe 4.2., 1998.

Problemen des Maßregelvollzugs - ergeben könnten und der Erhellung bedurften.

Unter Beibehaltung der von LEYGRAF untersuchten Fragestellungen[115] sollten Erkenntnisse im Hinblick auf die Unterbringung von psychisch kranken Straftäterinnen gewonnen werden. Die Beibehaltung diente dem Erhalt einer tatsächliche Vergleichsgruppe.

Über die reine Darstellung hinaus wurden an ausgewählten Stellen die mit dem Untersuchungsergebnis in Zusammenhang stehenden Gegebenheiten und Probleme erörtert. Hierbei wurden in Anknüpfung an die gewonnenen Erkenntnisse sowohl allgemeine Schwierigkeiten des Maßregelvollzugs als auch die Besonderheiten der Unterbringung von weiblichen Maßregelpatienten - anhand der gesetzlichen Voraussetzungen und unter Überprüfung des bestehenden Systems - analysiert.

Die Analyse erfolgt darüber hinaus in Form der Gegenüberstellung der eigenen Daten mit Daten von männlichen Maßregelpatienten, Straftätern oder Straftäterinnen, ist jedoch durch das in der Literatur eingeschränkte Vorhandensein von Vergleichsgruppen beschränkt.

Der Darstellung und Analyse folgt die Zusammenfassung der gewonnenen Erkenntnisse. Die sich hieraus ergebenden Forderungen bilden den Abschluß.

III. Erfassungs- und Untersuchungsmethode

Die im Jahre 1998 durchgeführte Erhebung war als Vollerhebung aller im Bundesgebiet untergebrachten Maßregelvollzugspatientinnen angelegt. Dabei sollten die Daten aller nach den §§ 63 und 64 StGB untergebrachten Frauen erfaßt werden. Von der Erhebung der Daten der nach den §§ 81 oder 126a StPO[116] untergebrachten Straftäterinnen wurde abgesehen, da bei dieser Gruppe nicht zwingend von einer späteren Unterbringung im Maßregelvollzug ausgegangen werden konnte, diese möglicherweise gerade keine im Maßregelvollzug unterzubringenden psychisch kranken Straftäterinnen waren.

Die Unterbringungseinrichtungen wurden in Form einer schriftlichen Anfrage an alle psychiatrischen Einrichtungen Deutschlands ermittelt. Diese Form war im Hinblick auf die geringe Anzahl der untergebrachten Frauen und der damit verbundenen Annahme, dass unter Umständen Frauen abweichend von den Vollstreckungsplänen untergebracht sein könnten, gewählt worden. Die Voll-

---

115 Leygraf, Psychisch kranke Straftäter, S. 9.

116 § 81 StPO regelt die Unterbringung zur Beobachtung zum Zweck der Erstellung eines Gutachtens, § 126a StPO regelt die einstweilige Unterbringung in einem psychiatrischen Krankenhaus oder einer Entziehungsanstalt.

streckungspläne der Länder dienten hierbei lediglich der Orientierung und Kontrolle.

Zunächst wurden daher ausnahmslos alle psychiatrischen Einrichtungen der Bundesrepublik angeschrieben und um die Beantwortung der Frage gebeten, ob sich in ihrer Einrichtung Patientinnen befinden, die nach den §§ 63 und/oder 64 StGB untergebracht wurden.

Die Einrichtungen, die Maßregelpatientinnen untergebracht hatten, wurden um ihr Einverständnis und ihre Mithilfe und nachfolgend die Patientinnen um das Einverständnis in die Einsicht in die Krankenakte gebeten.

Es zeigte sich eine große Bereitschaft zur Teilnahme an der Untersuchung, sowohl von Seiten der Unterbringungseinrichtungen als auch von Seiten der Patientinnen. Teilweise wurde das Patientinneneinverständnis durch die Kliniken und die psychiatrisch Tätigen eingeholt, teilweise wurden auf Wunsch der Einrichtungen auch durch die Verfasserin persönliche Gespräche geführt und das Einverständnis erbeten.

Von dem zum Untersuchungszeitraum nach den §§ 63 und 64 StGB untergebrachten Frauen[117] konnten 139 Patientinnen (108 § 63 StGB und 31 nach § 64 StGB Patientinnen) aus 35 Kliniken in die vorliegende Arbeit einbezogen werden.[118]

Allein die Klinik Stralsund und die in Hessen für den Maßregelvollzug von nach § 63 StGB untergebrachten Frauen zentral zuständige Klinik in Haina versagten die Untersuchung bereits von institutioneller Seite.

Die Untersuchung erfolgte in einem Zeitraum von 5 Monaten, von Mai bis Oktober 1998. Der längere Zeitraum erklärt sich aus dem Umstand, dass die Verfasserin die Daten in den 35 auf das gesamte Bundesgebiet verteilten Kliniken selbst erhob. Wie bereits LEYGRAF in seiner Untersuchung von 1988 wählte die Verfasserin den Weg, die Daten selbst zu erheben, um eine gleichbleibende Methodik bei der Erhebung sicherzustellen.[119]

---

[117] Es ist nicht möglich, die Gesamtzahl der untergebrachten Patientinnen für das gesamte Bundesgebiet zu nennen, da keine Gesamtdeutschen Zahlen vorliegen.

[118] Die besuchten Kliniken im einzelnen: Andernach, Ansbach, Arnsdorf, Bad Schussenried, Bayreuth, Bedburg-Hau, Berlin, Bielefeld, Bonn, Düren, Eickelborn/Lippstadt, Emmendingen, Gütersloh, Großschweidnitz, Hadamar, Hamburg, Hildburghausen, Kaufbeuren, Klingenmünster, Lengerich, Lohr a.M., Merzig, Moringen, Neuruppin, Ravensburg, Regensburg, Reichenau, Schkeuditz, Schleswig, Stadtroda, Taufkirchen, Teupitz, Uchtspringe, Viersen, Wiesloch.

[119] So auch Leygraf, Psychisch kranke Straftäter, S. 11.

IV. Erhebungsinstrument

Die Patientinnendaten wurden in Form der Sekundäranalyse, d.h. anhand der in den Kliniken vorhandenen Akten, von der Verfasserin erhoben. Der Entschluß zu einer Sekundäranalyse und gegen die persönlichen Befragungen der Patientinnen wurde in der Absicht getroffen, die Patientinnen durch im Sinne von Behandlungsaspekten „unprofessionelle“ und aus Sicht der psychisch kranken Frauen u.U. unangenehme Interviews nicht unnötig zu belasten. Weiterhin war zu befürchten, dass die Eigendarstellung der Patientinnen bewußt oder unbewußt nicht den tatsächlichen Gegebenheiten entsprechen oder dass krankheitsbedingte oder zeitlich bedingte Erinnerungslücken oder Fehlwahrnehmungen zu Falschergebnissen führen könnten.

Der Patientinnenfragebogen gleicht im wesentlichen dem von LEYGRAF in seiner Untersuchung verwendeten Fragebogen, wurde aber um frauenspezifische Bereiche erweitert.

V. Statistische Auswertung

Die statistische Auswertung der erhobenen Daten erfolgte anhand des Statistik-Programm-Systems (SPSS) für Windows in der Version 9.0.

Dabei fanden zunächst Häufigkeitsberechnungen anhand der festgelegten Merkmale statt. Auftretende Unterschiede zwischen der Gruppe der § 63 StGB und der nach § 64 StGB untergebrachten Patientinnen und anderen Vergleichsgruppen konnten bei nominal- und ordinalskalierten Variablen mit dem Chi^2-Test auf Signifikanz überprüft werden. Lag die erwartete Häufigkeit in mehr als 25% der Zellanzahl unter N=5, so wurde dies in den Tabellen angegeben. Bei intervallskalierten und hinreichend normalverteilten Variablen kam der *t*-Test zur Anwendung bei nicht-normalverteilten intervallskalierten Variablen der U-Test nach Mann und Whitney.

C. Ergebnisse

I. Methodische Vorbemerkung

1. Darstellung der nach §§ 63 und 64 StGB untergebrachten Patientinnengruppen

Im Folgenden werden die Daten der Untersuchung aus dem Jahr 1998 dargestellt und analysiert. Darstellung und Analyse erfolgen getrennt nach den Unterbringungsnormen der §§ 63 und 64 StGB, um eventuelle Unterschiede zwischen den in eine psychiatrische Klinik und den in eine Entziehungsanstalt strafgerichtlich eingewiesenen Frauen sichtbar zu machen. Statistische Unterschiede zwischen den beiden Gruppen sind den Werten unter den jeweiligen Tabellen zu entnehmen.

2. Hochrechnung auf die Gesamtzahl

Die Anzahl der einbezogenen Akten liegt bei ca. 50% aller untergebrachten psychisch kranken Straftäterinnen. Die Ergebnisse dieser 139 Patientinnenakten werden dargestellt und mit Kontrollgruppen verglichen. Gefundene Ergebnisse und Schlußfolgerungen beziehen sich daher nur auf diese Gruppe von Patientinnen und lassen auch nur für diese Gruppe eine wissenschaftlich fundierte Aussage zu. Dennoch ist ein Rückschluß auf weitere Maßregelvollzugspatientinnen natürlich möglich. Nimmt man die an der Untersuchung nicht teilnehmenden Bundesländer aus, so gibt es keine Anhaltspunkte dafür, dass sich immer eine statistisch relevante Patientinnengruppe der Untersuchung verweigert hätte. Die Zustimmungshemmnisse waren von sehr unterschiedlicher Natur, teilweise stimmten die Kliniken, teilweise die Patientinnen der Einsicht in die Krankenakten nicht zu. Das fehlende Einverständnis der Kliniken oder der Patientinnen konnte jedoch keiner bestimmten Klinikart oder bestimmten Patientinnengruppe zugeordnet werden. Daher ist davon auszugehen, dass es sich bei der die Einwilligung versagenden Gruppe um einen ebenso gelagerten Patientinnenquerschnitt handelt, wie er bei den teilnehmenden Patientinnen vorliegt. Ohne dass eine mathematisch genaue Berechnung der 1998 untergebrachten Patientinnen möglich ist, können daher Rückschlüsse auf die Gesamtzahl gezogen werden. Vor diesem Hintergrund erfolgten auch die Vergleiche mit anderen Untersuchungen.

3. Vergleichsgruppen

Die erhobenen Daten wurden in erster Linie mit der Untersuchung von LEYGRAF aus dem Jahr 1988 verglichen. Hierbei wurde die von LEYGRAF erstellte Studie als rein männliche Vergleichsgruppe behandelt. Zwar sind in der Studie von LEYGRAF unter den 1973 nach § 63 StGB untergebrachten

Patienten auch die Daten von 59 Frauen aufgenommen, da diese jedoch nur teilweise gesondert aufgeführt wurden, mußte dies hingenommen werden.

Weiterhin wurden die Daten mit Erhebungen des Statistischen Bundesamtes zum Straf- und Maßregelvollzug sowie der Allgemeinbevölkerung verglichen.

Der Vergleich mit im Strafvollzug untergebrachten Frauen erfolgte anhand der Untersuchung von FISCHER-JEHLE[120] aus dem Jahre 1991, der Zahlen aus den Jahren 1982/1983 zugrunde liegen.

Im übrigen wurden weitere kleinere Studien zu den jeweiligen Themenschwerpunkten hinzugezogen, die an den betreffenden Stellen aufgeführt werden.

4. Eingruppierung der Diagnosen

Die Eingruppierung der Diagnosen erfolgte durch eine Ärztin mit psychotherapeutischer Zusatzausbildung. Hierbei wurden die sich aus der Akte ergebenden Diagnosen wörtlich übernommen und zu einem späteren Zeitpunkt in die Diagnosegruppen eingestellt und verschlüsselt. Dies geschah vor dem Hintergrund wandelnder Begrifflichkeiten, sich ändernder ICD-Zuordnungen[121] und dem Wissen, dass die eigenmächtige Gruppierung zu Ungenauigkeiten führen könnte.

II. Gesamtzahl der untergebrachten Patientinnen

1. Zur (Maßregel-)Kriminalität von Frauen

Die Anzahl der im Maßregelvollzug untergebrachten Frauen ist seit jeher gering. Sie beträgt im Mittel nur ca. 5% der im gesamten Maßregelvollzug untergebrachten Patienten. Interessanter Weise entspricht dieser geringe Anteil in etwa dem Anteil der im Strafvollzug untergebrachten Frauen. Auch in diesem Bereich stellen Frauen nur einen Anteil von ca. 5% der Gesamtzahl inhaftierter Personen.[122]

Gänzlich anders liegen hingegen die Unterbringungszahlen von Frauen in der Allgemeinpsychiatrie. Bei über 50% der Psychiatriepatienten außerhalb des Maßregelbereichs handelt es sich um Frauen.[123] Während sich also in der Verteilung psychisch Kranker in der Allgemeinpsychiatrie das Geschlechter-

---

[120] Fischer-Jehle, Frauen im Strafvollzug.

[121] ICD: Abkürzung für International Classification of Diseases. Zum Zeitpunkt der Untersuchung handelte es sich um die 10. Revision des ICD (ICD-10).

[122] Siehe Zahlen des Statistischen Bundesamts Wiesbaden, Fachserie 10, Reihen 4.1 und 4.2 , 1998.

[123] Leygraf nahm in seiner Studie einen Anteil von 59% weiblicher, nicht delinquenter Patientinnen an, Leygraf, Psychisch kranke Straftäter, S. 25.

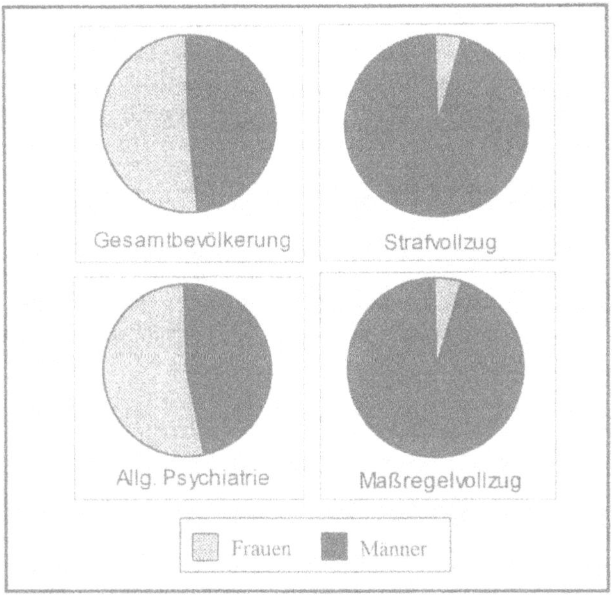

Abbildung 1: Geschlechterverteilung

verhältnis der Gesamtbevölkerung widerspiegelt[124], ergibt sich in der forensisch-psychiatrischen Unterbringung ein dem Strafvollzug gleichendes Bild.

Dieser Umstand läßt den Schluß zu, dass jene Faktoren, die im allgemeinen bei Frauen zu Kriminalität führen, auch bei psychisch kranken Frauen vorliegen und Mechanismen, die einen Anstieg der weiblichen Kriminalität bis zur Höhe männlicher Kriminalität verhindern, trotz psychischer Krankheit in gleichem Maße wie bei gesunden Frauen vorhanden sind.

Folglich muß bei der Frage nach der Ursache der geringen Anzahl psychisch kranker Straftäterinnen zunächst die Frage nach den Ursachen weiblicher Kriminalität gestellt werden. Erst danach bedarf es einer Betrachtung der Ursachen psychischer Krankheit, und erst nach diesen Überlegungen kann sinnvoll über die Kausalität von Krankheit und Tat nachgedacht werden.

Die Theorien zur weiblichen Kriminalität sind vielfältig und reichen von biologischen und biopsychologischen (Konstitution der Frau, Stabilität der Frau,

[124] Die Zahl der Frauen der Gesamtdeutschen Bevölkerung liegt bei ca. 52% der Bevölkerung, siehe Zahlen des Statistischen Bundesamts Wiesbaden.

weibliche Psyche)[125] zu soziologischen und sozialpsychologischen Erklärungsansätzen (Kavalierstheorie, feministische und emanzipatorische Theorien, Rollentheorie)[126]. Diesen stehen die allgemeinen Theorien zur Erklärung von Kriminalität (Anomietheorie, Kontrolltheorie, Theorie der differentiellen Assoziation)[127] zur Seite.[128]

Aus der Parallelität der Unterbringungszahlen von inhaftierten Frauen und Maßregelpatientinnen folgt, dass Kriminalitätstheorien bei der Beurteilung der Frage nach der geringen Anzahl der untergebrachten Maßregelpatientinnen zwingend Berücksichtigung finden müssen, die Tat nicht nur im Lichte der Krankheit gesehen werden darf. Vielmehr ist die Unterbringungsanzahl als Ergebnis zweier nebeneinander verlaufender Entwicklungen (Krankheit und Kriminalität) zu verstehen.

2. Die in die Untersuchung einbezogenen Frauen

Die Untersuchung umfaßt 139 im Jahr 1998 im Maßregelvollzug nach §§ 63 und 64 StGB untergebrachte Patientinnen. Diese verteilen sich auf 108 Patientinnen der § 63 StGB und 31 Patientinnen der § 64 StGB Gruppe.

Der prozentuale Anteil der sich an der Untersuchung beteiligenden Frauen muß nach neuen und alten Bundesländern getrennt dargestellt werden, da statistische Zahlen der in den neuen Bundesländern im Jahr 1998 im Maßregelvollzug untergebrachten Patientinnen und Patienten nicht vorlagen.

Für die alten Bundesländer ergibt sich folgendes Bild:

Von den am 31.03.1998 im Maßregelvollzug nach §§ 63 oder 64 StGB untergebrachten 240[129] Frauen nahmen 90 aus der Gruppe der nach § 63 StGB und 30

---

[125] Lombroso, Das Weib als Verbrecherin und Prostituierte, 1894. Möbius, Über den physiologische Schwachsinn des Weibes, 1907. Einsele, Weibliche Kriminalität und Frauenstrafvollzug, in: Sieverts/Schneider, Handwörterbuch der Kriminologie, S. 608.

[126] Pollak, The Criminality of Women, 1961. Henting, v., Das Verbrechen III, 1963. Gipser, Frauen und Kriminalität, in: Gipser/Stein-Hilbers, Wenn Frauen aus der Rolle fallen, 1980, S.169. Bröckling, Frauenkriminalität, 1980. Adler, Sisters in Crime, 1975. Simon, Women and Crime, 1975. Pickl, Geschlechtsspezifische kriminogene Faktoren, in: Haesler, Weibliche und männliche Kriminalität, 1982. Popitz, Der Begriff der sozialen Rolle als Element der soziologischen Theorie, 1967.

[127] Merton, Sozialstruktur und Anomie, in: Sack/König, Kriminalsoziologie, S. 283. Reckless, Halttheorie, MSchrKrim 44, 1961, 1. Sutherland, Die Theorie der differentiellen Kontakte, in: Sack/König, Kriminalsoziologie, S. 395.

[128] Die aufgeführten Theorien sind nicht abschließend, sie stellen lediglich einen Ausschnitt unterschiedlicher Ansätze dar. Siehe zur Frage der weiblichen Kriminalität auch Göppinger, Kriminologie, S. 524ff..

[129] Statistisches Bundesamt Wiesbaden, Fachserie 10, Reihe 4.1., 1998.

aus der nach § 64 StGB untergebrachten Patientinnen, folglich 120 Patientinnen teil, was einer Prozentzahl von genau 50% entspricht.

Aus den neuen Bundesländern nahmen insgesamt 19 Patientinnen teil. Nur eine dieser Patientinnen gehörte der § 64 StGB Gruppe an.

Die Patientinnen waren wie folgt auf die Bundesländer verteilt:

Tabelle 1: Patientinnenverteilung nach Bundesländern[130].

	§ 63 StGB	**§ 64 StGB**
	Anzahl	Anzahl
Baden-Württemberg	17	---
Bayern	16	15
Berlin	3	2
Brandenburg	3	---
Hamburg	8	---
Hessen	---	1
Niedersachsen	12	2
Rheinland-Pfalz	8	---
Nordrhein-Westfalen	23	9
Saarland	2	1
Sachsen	8	1
Sachsen-Anhalt	3	---
Schleswig-Holstein	1	---
Thüringen	4	---
Gesamtwert	108	31

Da die Anzahl der an der Untersuchung teilnehmenden Patientinnen keinen Hinweis auf die Gesamtzahl der in den Ländern untergebrachten Maßregelvollzugspatientinnen zuläßt, sondern vielmehr von den Einverständnismodalitäten der Klinik und der Patientinnen abhing, wurde von einem Ländervergleich im Zusammenhang mit Bevölkerungsdichte und Unterbringungshäufigkeiten der einzelnen Maßnahmen abgesehen.

---

[130] Die Bundesländer Bremen und Mecklenburg-Vorpommern sind nicht aufgeführt, da in diesen keine Untersuchung durchgeführt wurde. In Bremen liegt eine Kooperation zwischen Bremen und dem Land Niedersachsen vor, nachdem der Maßregelvollzug durch Einrichtungen des Landes Niedersachsen übernommen wird. In Mecklenburg-Vorpommern findet der Vollzug für Maßregelpatientinnen in Stralsund statt, die Teilnahme an der Untersuchung wurde jedoch von der Klinik verweigert.

III. Demographische Daten

1. Staatsangehörigkeit

Die Anzahl der im Maßregelvollzug untergebrachten deutschen Frauen lag deutlich über dem Anteil der Ausländerinnen. Von den 139 Patientinnen waren nur 8 Patientinnen keine Deutschen, was einem Anteil von 5,8% entspricht.

Für die einzelne Maßregel stellt sich der Anteil wie folgt dar:

Tabelle 2: Staatsangehörigkeit im Maßregelvollzug.

	§ 63 StGB		**§ 64 StGB**	
	Anzahl	%	Anzahl	%
Deutsche	103	**95,4**	28	**90,3**
Ausländerin	5	**4,6**	3	**9,7**
Gesamtwert	108	100,0	31	100,0

(Chi²-Test: $\chi^2 = 1{,}13$; n.s.)

Im Vergleich zu der Zahl der im Maßregelvollzug untergebrachten Frauen liegt der Ausländeranteil bei den Frauen im Strafvollzug wesentlich höher.

Tabelle 3: Vergleich der Staatsangehörigkeit Straf- und Maßregelvollzug.

	Strafvollzug[131]		**Maßregelvollzug**	
	Anzahl	%	Anzahl	%
Deutsche	1871	**81,5**	131	**94,2**
Ausländerin	425	**18,5**	8	**5,8**
Gesamtwert	2296	100,0	139	100,0

(Chi2-Test: $\chi 2 = 14{,}58$; $p \leq 0{,}001$)

Für die Annahme, dass straffällige Ausländerinnen seltener psychisch krank sein könnten, waren keine Gründe ersichtlich. Daher mußte der geringe Anteil der Ausländerinnen im Maßregelvollzug hinterfragt werden.

Als Ursache für den unterschiedlich hohen Ausländerinnenanteil sind verschiedene Erklärungsmöglichkeiten denkbar, welche auch kumulativ vorliegen können.

---

[131] Anzahl der weiblichen Strafgefangenen am 31.03.1998, Zahlen des Statistischen Bundesamtes Wiesbaden, Fachserie 10, Reihe 4.1., 1998.

Zum einen kann davon ausgegangen werden, dass der höhere Anteil der Ausländerinnen im Strafvollzug durch Verstöße gegen das Ausländergesetz oder das Asylverfahrensgesetz bedingt ist.[132] Frauen mit diesen Delikten befinden sich typischerweise im Straf- und nicht im Maßregelvollzug und erhöhen dort den Ausländerinnenanteil.

Weiterhin ist davon auszugehen, dass bei Ausländerinnen das Vorliegen einer psychischen Krankheit häufiger als bei deutschen Straffälligen durch Gerichte und Vollzug übersehen wird und mit Sprachhindernissen und/oder der fehlenden Beteiligung des sozialen Umfelds zu erklären ist.[133]

Die Gefahr des „Übersehens" und damit der Unterlassung adäquater Hilfen bestünde bei der Entscheidung für ein „einspuriges System der sozialen Hilfen" im Sinne der „Zweispurigkeit im weiteren Sinne" zumindest nicht. D.h. auch Ausländerinnen würden zwangsläufig diesem einheitlichen Reaktionssystem unterfallen, eventuelle Sprach- und Verständigungsprobleme hätten keine Relevanz, auch auf deren Belange könnte angemessen reagiert werden.

Der geringe Anteil ausländischer Personen im Maßregelvollzug findet sich auch bei den männlichen Patienten. MISSENHARDT[134] stellte einen Anteil von 3,9% und SCHUMANN[135] einen Anteil von nur 2,6% ausländischer Untergebrachter im Maßregelvollzug fest. Dies ist um so bedeutender, als der Ausländeranteil bei den männlichen Strafgefangenen 24,8%[136] beträgt.

Auch bei männlichen Ausländern ist nicht davon auszugehen, dass diese seltener psychisch krank sind, sondern dass bei diesen die oben genannten Gründe ebenfalls eingreifen.

---

[132] Zur Anzahl der Straftaten siehe Statistischen Bundesamtes Wiesbaden, Fachserie 10, Reihe 4.1., 1998.

[133] Für das Nichterkennen einer psychischen Krankheit einer ausländischen Straftäterin stelle man sich die Situation einer Hauptverhandlung vor. Die psychische Krankheit der Angeklagten, die der deutschen Sprache nicht mächtig ist, äußert sich nicht in groben Verhaltensauffälligkeiten, sondern eventuell durch die Art der Gedankenführung, den getroffenen Schlußfolgerungen oder ähnlichem. In der Hauptverhandlung werden die Aussagen dieser Angeklagten durch einen Dolmetscher übersetzt. Vor diesem Szenario wird die Gefahr deutlich, dass die unstimmige Gedankenführung nicht einer Krankheit, sondern der „Hin- und Rückübersetzung" durch den Dolmetscher zur Last gelegt und übersehen wird. Ähnlich schwierig kann sich die Situation im Vollzug gestalten. Hat man dort zwar die Möglichkeit das Verhalten der Untergebrachten über einen längeren Zeitraum zu beobachten, so können doch nur grobe Verhaltensstörungen bemerkt werden. Die mangelnde Präsenz von Dolmetschern im Vollzug macht bestehende Sprachbarrieren nahezu unüberwindbar und psychische Krankheiten für die Bediensteten unentdeckbar.

[134] Missenhardt, Psychisch kranke Straftäter im Maßregelvollzug, S. 23.

[135] Schumann, Psychisch kranke Rechtsbrecher, S. 14.

[136] Zahlen des Statistischen Bundesamtes Wiesbaden, Fachserie 10, 4.1., 1998.

2. Alter

Die jüngste Patientin war zum Untersuchungszeitpunkt[137] 19, die älteste Patientin 68 Jahre alt. Das Patientinnenalter stellt sich in der einzelnen Maßregel wie folgt dar:

Tabelle 4: Patientinnenalter.

	§ 63 StGB	§ 64 StGB
Mittelwert	**37,1**	**33,2**
Standardabweichung	10,3	9,0
Median	36	32
Minimum	19	19
Maximum	68	58
Anzahl	108	31

(U-Test; Z = 2,35; p ≤ 0,05)

Der geringfügig höhere Mittelwert der nach § 63 StGB untergebrachten Patientinnen läßt einen Unterschied zwischen den beiden Patientinnengruppen vermuten. Dieser wird jedoch erst durch die gestaffelte Altersverteilung deutlich:

Tabelle 5: Altersverteilung.

	§ 63 StGB		§ 64 StGB	
	Anzahl	%	Anzahl	%
bis 21	1	**0,9**	1	**3,2**
bis 30	23	**21,3**	11	**35,5**
bis 40	53	**49,1**	13	**41,9**
bis 50	17	**15,7**	4	**12,9**
bis 60	8	**7,4**	2	**6,5**
über 60	6	**5,6**	---	---
Gesamtwert	108	100,0	31	100,0

(Chi²-Test: $\chi^2 = 5{,}01$; n.s.)

[137] Das Alter zum Erhebungszeitpunkt ist streng vom Alter bei der Unterbringung zu unterscheiden.

Unterschiede zwischen beiden Patientinnengruppen sind in der Altersgruppe der bis 30jährigen und in der Altersgruppe der bis 40jährigen zu verzeichnen. Während im Bereich der bis 30jährigen die nach § 64 StGB untergebrachten Patientinnen prozentual stärker vertreten sind, liegt im Bereich der 40jährigen der Anteil der nach § 63 StGB untergebrachten Frauen höher als der der § 64 StGB Frauen.

Im übrigen ist für beide Gruppen festzustellen, dass zum Zeitpunkt der Untersuchung der Anteil der sehr jungen Frauen als auch der der älteren Frauen gering war, hingegen der Altersabschnitt von 22 bis 50 Jahren einen Anteil von 86,1% (§ 63 StGB) bzw. 90,3% (§ 64 StGB) aller Patientinnen abdeckte.

Der Vergleich der Altersverteilung läßt einen Unterschied zu weiblichen Patientinnen der Allgemeinpsychiatrie erkennen. Während der Altersgipfel bei den Maßregelpatientinnen im Alter bis zu 40 Jahren zu finden war, fand sich bei HÜTTNER[138] ein Altersgipfel weiblicher, nicht straffällig gewordener Psychiatriepatientinnen im Lebensalter zwischen 40 und 50 Jahren.

Der Vergleich der Altersverteilung von Maßregelpatientinnen, im Strafvollzug inhaftierten Frauen und nach § 63 StGB untergebrachten Männern ergibt:

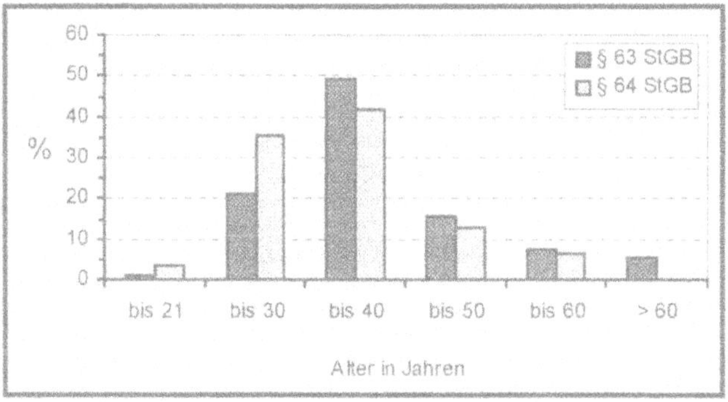

Abbildung 2: Altersverteilung zum Erhebungszeitpunkt

[138] Hüttner, Deswegen soll ich nun verrückt sein, in: Schneider/Tergeist, Spinnt die Frau?, S. 17, 27.

Tabelle 6: Altersverteilung im Vergleich.

	Maßregel (Frauen)		**Strafvollzug** (Frauen)[139]		**Maßregel** (Männer)[140]	
	Anzahl	%	Anzahl	%	Anzahl	%
bis 21	2	**1,4**	126	**5,5**	52	**2,6**
bis 30	34	**24,5**	735	**32,0**	494	**25,0**
bis 40	66	**47,5**	747	**32,5**	605	**30,7**
bis 50	21	**15,1**	449	**19,6**	453	**23,0**
bis 60	10	**7,2**	179	**7,8**	241	**12,2**
über 60	6	**4,3**	60	**2,6**	128	**6,5**
Gesamt	139	100,0	2296	100,0	1973	100,0

(Chi^2-Test:
Maßregel Frauen vs. Männer: $\chi^2 = 19{,}59$; $p \leq 0{,}01$.
Maßregel Frauen vs. Strafvollzug Frauen: $\chi^2 = 18{,}03$; $p \leq 0{,}01$)

Sowohl im Maßregelvollzug als auch im Strafvollzug zeigt die Altersverteilung einen Schwerpunkt im Bereich der 22 bis 50jährigen.

Für den Bereich der bis 21jährigen ist davon auszugehen, dass in diesem sehr jungen Alter entweder die psychische Störung oder die Sucht noch nicht stark genug ausgeprägt ist, es noch nicht zu derart schweren Straftaten gekommen ist, die eine Unterbringung in einer Maßregel oder im Strafvollzug rechtfertigen. Weiterhin ist zu vermuten, dass bei sehr jungen Personen noch mit Mitteln von Unterbringungsgesetzen und den sich aus dem Jugendgerichtsgesetz ergebenden Möglichkeiten gearbeitet wird, um nicht sofort das „scharfe Schwert" der Maßregel oder des Justizvollzugs eingreifen zu lassen.

Bezüglich der älteren Personen scheint in den Altersbereichen ab 50 Jahren eine geringere Gefahr von Verhaltensweisen zu bestehen, die zu der Unterbringung im Maßregelvollzug oder Strafvollzug führen. Ab 50 scheint die „Gefahr gebannt", Straftäter oder psychisch kranker Straftäter zu werden.

3. Familienstand

Der Familienstand der Maßregelpatientinnen stellt sich wie folgt dar:

---

[139] Zahlen des Statistischen Bundesamts Wiesbaden, Fachserie 10, Reihe 4.1., 1998.
[140] Leygraf, Psychisch kranke Straftäter, S. 206.

Tabelle 7: Familienstand nach Unterbringungsnorm.

	§ 63 StGB		§ 64 StGB	
	Anzahl	%	Anzahl	%
ledig	59	**54,6**	14	**45,2**
verheiratet	16	**14,8**	8	**25,8**
geschieden	27	**25,0**	9	**29,0**
verwitwet	6	**5,6**	---	---
Gesamtwert	108	100,0	31	100,0

(Chi²-Test: $\chi^2 = 3{,}97$; n.s.)

Trotz des im Durchschnitt jüngeren Alters der nach § 64 StGB untergebrachten Frauen (33,2 Jahre zu 37,1 Jahren) zeigt sich eine höhere Anzahl von verheirateten Frauen in dieser Gruppe.

Während sich der geringe Anteil verheirateter Patientinnen, welche nach § 63 StGB untergebracht wurden, auch im Bereich der männlichen § 63 StGB Patienten wiederfindet, liegt der Anteil verheirateter Frauen im Strafvollzug und in der Allgemeinbevölkerung wesentlich höher.

Tabelle 8: Familienstand im Vergleich.

	Maßregel (Frauen)[141]		**Allgemeinbev.** (Frauen)[142]		**Strafvollzug** (Frauen)[143]		**Maßregel** (Männer)[144]	
	Anzahl	%	Anzahl*	%	Anzahl	%	Anzahl	%
ledig	73	**52,5**	15500	**36,8**	927	**40,4**	1503	**78,5**
verheiratet	24	**17,3**	18852	**44,8**	748	**32,6**	168	**8,8**
geschieden	36	**25,9**	2330	**5,5**	504	**22,0**	217	**11,3**
verwitwet	6	**4,3**	5382	**12,8**	117	**5,0**	28	**1,4**
Gesamtwert	139	100,0	42065	100,0	2296	100,0	1914	100,0

*(x1000)

(Chi^2-Test:

Maßregel Frauen vs. Allgemeinbevölkerung: $\chi^2 = 142,97$; $p \leq 0,001$.

Maßregel Frauen vs. Strafvollzug Frauen: $\chi^2 = 15,48$; $p \leq 0,01$

Maßregel Frauen vs. Maßregel Männer: $\chi^2 = 50,12$; $p \leq 0,001$)

Die vorliegenden Tabellen lassen vermuten, dass bei Maßregelpatienten im allgemeinen und vor allem bei nach § 63 StGB untergebrachten Personen Umstände vorliegen müssen, die einer Eheschließung entgegenstehen. Zwar wurde im Bereich der weiblichen Maßregelpatienten der extrem hohe Anteil lediger Personen von 79,5% (SCHUMANN[145]), 79,0% (SEIFERT/LEYGRAF[146]), 78,5% (LEYGRAF), 77,3% (GRETENKORD/LIETZ[147]), 71,4% (MISSENHARDT[148]) oder 67,5% (RITZEL[149]) nicht erreicht, dennoch liegt der Anteil lediger § 63 StGB Patientinnen mit 54,6% weit über dem Anteil in der Allgemeinbevölkerung bzw. dem Anteil „nur“ straffälliger Frauen.

Zu beachten ist aber, dass der Familienstand über die tatsächlichen Lebensumstände heute nur noch wenig aussagt. Der Umstand, dass eine Patientin ledig, verwitwet oder geschieden ist, sagt über das Alleinleben ebensowenig aus, wie

---

141 Eigene Untersuchung.

142 Zahlen des Statistischen Bundesamts Wiesbaden, Statistisches Jahrbuch 1999.

143 Zahlen des Statistischen Bundesamts Wiesbaden, Fachserie 10, Reihe 4.1., 1998.

144 Leygraf, Psychisch kranke Straftäter, S. 26.

145 Schumann, Psychisch kranke Rechtsbrecher, S. 14.

146 Seifert/Leygraf, Die Entwicklung des psychiatrischen Maßreglvollzugs in NRW, Psychiatrische Praxis 24, 1997, 237.

147 Gretenkord/Lietz, Zur Entwicklung des Maßregelvollzugs (§ 63 StGB) in Hessen, MSchrKrim, 66, 1983, 376.

148 Missenhardt, Psychisch kranke Straftäter im Maßregelvollzug, S. 21.

149 Ritzel, Stand und Entwicklung des Maßregelvollzugs in Niedersachsen, MSchrKrim 72, 1989, 123.

der Familienstand „verheiratet“ etwas über die tatsächliche Existenz einer Ehe im Sinne eines Gemeinschaftslebens aussagt.

4. Mutterschaft

Im Rahmen der Untersuchung wurde die Frage nach der Mutterschaft der Patientin gestellt. Diese Kategorie wurde aufgenommen, da in der Gesellschaft nach wie vor die Kindesversorgung überwiegend durch Frauen besorgt wird und daher der mit dem Vollzug der Maßregel einhergehende Freiheitsentzug weitreichende Folgen für Kinder und Familie der Patientin haben kann.

Von den Patientinnen des Maßregelvollzugs hatten Kinder:

Tabelle 9: Mutterschaft.

	§ 63 StGB		**§ 64 StGB**	
	Anzahl	%	Anzahl	%
ja	48	**44,4**	19	**61,3**
nein	60	**55,6**	12	**38,7**
Gesamtwert	108	100,0	31	100,0

(Chi²-Test: $\chi^2 = 2,74$; n.s.)

Es konnte festgestellt werden, dass fast die Hälfte der untergebrachten Frauen Kinder hatten. Besondere Bedeutung gewinnt dieser Umstand in Anbetracht des Alters der Kinder. Von den 67 Müttern unter den Patientinnen hatten 65 Patientinnen zum Untersuchungszeitpunkt ein oder mehrere Kinder unter 14 Jahren. Bei einem Durchschnittsalter der Patientinnen von 37,1 (§ 63er) bzw. 33,2 (§ 64er) Jahren verwundert das niedrige Kindesalter nicht, läßt jedoch auf eine zusätzliche Beschwer für einige der Patientinnen schließen. Für Patientinnen, die bis zu ihrer Unterbringung mit den Kindern zusammengelebt haben, unter Umständen für diese Sorge zu tragen hatten, ist eine zusätzliche, zu der Belastung von Krankheit und Kriminalität hinzukommende Beschwer durch die Unterbringung im Maßregelvollzug anzunehmen.

Diese Belastung besteht bei männlichen Patienten nur in geringerem Maß, da diese zu einem erheblich geringeren Anteil Kinder hatten.

Im Vergleich hierzu fand sich bei den männlichen Patienten in der Untersuchung von MISSENHARDT[150] ein Anteil von 24,7% Maßregelpatienten mit Kindern, bei SCHUMANN[151] lediglich ein Anteil von 20,0%.

Eine gemeinsame Unterbringung von Patientinnen mit kleinen Kindern fand sich in einem Fall. Hierbei handelte es sich um eine nach § 64 StGB unter-

[150] Missenhardt, Psychisch kranke Straftäter im Maßregelvollzug, S. 30.

[151] Schumann, Psychisch kranke Rechtsbrecher, S. 14.

gebrachte Patientin, die während des Maßregelvollzugs schwanger geworden war und während des weiteren Vollzugs entbunden hatte. In anderen Unterbringungsfällen war eine solche integrierte Unterbringung nicht möglich. Teilweise bestanden die Möglichkeiten in der Klinik nicht, teilweise ließ der Krankheitszustand der Patientinnen eine integrative Unterbringung nicht zu.

5. Familienstruktur

a) Geburtsstatus

Tabelle 10: Geburtsstatus.

	§ 63 StGB		**§ 64 StGB**	
	Anzahl	%	Anzahl	%
ehelich	94	**87,0**	26	**83,9**
unehelich	11	**10,2**	3	**9,7**
unbekannt	3	2,8	2	6,4
Gesamtwert	108	100,0	31	100,0

(Chi²-Test: $\chi^2 = 2,74$; n.s.)

Im Vergleich hierzu fand sich bei LEYGRAF der Geburtsstatus der Nichtehelichkeit in 291 Fällen,[152] was einem Anteil von 14,7% entspricht und zu der Gruppe der weiblichen Patientinnen keinen bedeutsamen Unterschied aufweist.

b) Heimaufenthalte

Die nachfolgende Tabelle zeigt frühere Heimaufenthalte der Patientinnen. Die Heimunterbringung ist von Bedeutung, weil sie Hinweise auf Defizite in der Primärfamilie oder in der Person der Patientin gibt. Die genauen Defizite konnten jedoch mangels Unterscheidung der Unterbringungsgründe in den Krankenakten nicht näher spezifiziert werden.

[152] Leygraf, Psychisch kranke Straftäter, S. 28.

Tabelle 11: Heimaufenthalte.

	§ 63 StGB		§ 64 StGB	
	Anzahl	%	Anzahl	%
ja	31	**28,7**	8	**25,8**
nein	77	**71,3**	23	**74,2**
Gesamtwert	108	100,0	31	100,0

(Chi²-Test: $\chi^2 = 0,10$; n.s.)

Der Tabellengesamtwert aller Patientinnen liegt mit 28,1% annähernd so hoch wie die der Männerkontrollgruppe von LEYGRAF[153] mit einem Anteil von 32,3% und von SCHUMANN[154] mit einem Anteil von 27,9%. Weder im Vergleich männlicher und weiblicher § 63 StGB Patienten noch zu den nach § 64 StGB Patientinnen sind Unterschiede bei der Heimunterbringung festzustellen.

Anderes findet sich jedoch im Vergleich zu weiblichen Strafgefangenen. Von den in der Studie von FISCHER-JEHLE[155] untersuchten Frauen hatten sich lediglich 15,1% in einer Heimunterbringung befunden.

Bedenkt man, dass bei einem Teil der Maßregelpatienten die psychische Krankheit oder zumindest Verhaltensauffälligkeiten schon seit frühester Kindheit auftraten, der Krankheitsbeginn von 19,4% der nach § 63 StGB und sogar 38,7% der nach § 64 StGB zwischen 0 und 19 Jahren lag, so verwundert die erhöhte Anzahl der Heimunterbringungen nicht. Psychische Krankheit als Faktor zur Häufung der Heimunterbringungen aus familiären oder krankheitsbedingten Gründen ist durchaus vorstellbar.

c) Geschwisteranzahl

Die Wiedergabe der Geschwisteranzahl dient dem Einblick in die Familienstruktur der Primärfamilien der Patientinnen:

---

153 Leygraf, Psychisch kranke Straftäter, S. 28.

154 Schumann, Psychisch kranke Rechtsbrecher, S. 20.

155 Fischer-Jehle, Frauen im Strafvollzug, S. 155.

Tabelle 12: Geschwisteranzahl.

	§ 63 StGB		§ 64 StGB	
	Anzahl	%	Anzahl	%
Einzelkind	13	**12,3**	4	**14,3**
1 bis 3	61	**57,5**	14	**50,0**
4 oder mehr Geschwister	32	**30,2**	10	**35,7**
Gesamt	106[156]	100,0	28	100,0
Mittelwert	2,7		3,5	
Median	2		2	
Modalwert	2		2	
Standardabweichung	2,3		3,9	

(Chi²-Test: $\chi^2 = 0{,}51$; n.s.)

Sowohl die am häufigsten auftretende Geschwisteranzahl (Modalwert), als auch der Zentralwert (Median) sind für die § 63 StGB und § 64 StGB Gruppen gleich. Der unterschiedliche Mittelwert ergibt sich aus einigen „Ausreißern". So war eine der § 64 StGB Patientinnen das 14. von 15 Geschwisterkindern, was den Mittelwert natürlich erheblich beeinflußt.

Bei LEYGRAF[157] fand sich für die männlichen Maßregelpatienten ein leicht erhöhter Einzelkindanteil von 19,2% (374 Fälle), welchem jedoch keine Bedeutung zukommt.

Der Gesamtanteil der Maßregelpatientinnen mit mehr als 4 Geschwistern entspricht einem Anteil von 16,5% und stellt zu den von LEYGRAF gefundenen 22,1% keine bedeutsame Abweichung dar.

---

[156] Bei den fehlenden Patientinnen zur Gesamtsumme N= 139 handelt es sich um solche, bei denen die Geschwisteranzahl nicht aus der Akte ersichtlich war.

[157] Leygraf, Psychisch kranke Straftäter, S. 28.

6. Psychische Erkrankungen in der Primärfamilie

Tabelle 13: Psychische Erkrankungen in der Primärfamilie.

	§ 63 StGB		**§ 64 StGB**	
	Anzahl	%	Anzahl	%
ja	41	**38,0**	6	**19,4**
nicht bekannt	67	62,0	25	80,6
Gesamtwert	108	100,0	31	100,0

Die Tabelle zeigt die familiäre Belastung der Primärfamilie[158] der Patientinnen mit psychischen Krankheiten. Bei der Auswertung zu beachten ist allerdings, dass nicht alle Akten Auskünfte hierzu enthielten, auch die Unterbringungsgutachten nicht immer Familienanamnesen enthielten. Weiterhin darf die unter „nicht bekannt" aufgezählte Anzahl von Patientinnen nicht mit der Verneinung psychischer Krankheit in der Primärfamilie gleichgesetzt werden. Es ist daher zu vermuten, dass der Anteil der mit psychischer Krankheit belasteten Familien noch etwas höher liegt.

LEYGRAF stellte eine psychische Belastung der Primärfamilien in einem Anteil von 25,5% der Fälle fest. Der festzustellende Unterschied bei den nach § 63 StGB untergebrachten Frauen und Männern könnte mit dem Umstand zusammenhängen, dass bei der vorliegenden Erhebung keine qualitative Wertung der psychischen Störung vorgenommen wurde, während LEYGRAF nur „ernste psychische Störungen"[159] einbezog. Weiterhin ist zu berücksichtigen, dass die vorliegende Untersuchung bei der Frage nach den psychischen Erkrankungen der Primärfamilie vor allem die familiäre Vorbelastung der Patientin im Auge hatte. Daher wurden nicht nur das Vorliegen einer psychischen Krankheiten der Eltern der Patientin aufgenommen, sondern auch die Erkrankungen der Großeltern und Geschwister einbezogen, um eine mögliche Prädestination der Patientin sichtbar zu machen.

[158] Einbezogen wurden im Rahmen der Primärfamilie die Eltern, aber auch Großeltern und Geschwister der Patientin.

[159] Leygraf, Psychisch kranke Straftäter, S. 30.

7. Straftaten in der Primärfamilie

Tabelle 14: Straftaten in der Primärfamilie.

	§ 63 StGB		**§ 64 StGB**	
	Anzahl	%	Anzahl	%
Gewaltdelikte	3	**50,0**	1	**50,0**
Sexualdelikte	2	**33,3**	1	**50,0**
sonstige	1	**16,7**	---	**---**
Gesamtwert	6	100,0	2	100,0

(Chi^2-Test: Aufgrund der zu niedrigen Fallzahlen, ist keine akzeptable Aussage möglich)

Die Anzahl der dokumentierten kriminellen Belastungen der Primärfamilie ist sehr gering. Bei den nach § 63 StGB untergebrachten Patientinnen lag der Anteil bei 5,6%, bei den nach § 64 StGB untergebrachten Frauen bei 6,5%. Bei LEYGRAF war der Prozentsatz der vorgefundenen kriminellen Belastungen der Primärfamilie mit 8,4% ähnlich gering. Es ist anzunehmen, dass die tatsächliche Zahl höher liegt, jedoch viele Fälle keinen Eingang in die Akten gefunden haben.

Auffallend war, dass die Krankenakten im Bezug auf die familiäre Kriminalität nur dann Aussagen enthielten, wenn solche positiv vorgekommen war. Anders als in den Feststellungen zur familiären Belastung mit psychischen Krankheiten wurde das „Nichtvorliegen" i.d.R. nicht gesondert dokumentiert. Während manche Gutachten zu der Frage nach der psychischen Vorbelastungen sowohl die Frage als auch die negative Antwort dokumentierten, geschah dies bei der Frage nach der kriminellen Vorbelastung nicht.

Es besteht die Annahme, dass dieser „blinde Fleck" von der professionellen Ausrichtung der Begutachter und Behandler herrührt. Während die familiäre Belastung mit psychischer Krankheit als mögliche Ursache wahrgenommen wird und die psychische Krankheit der Patientin in den Vordergrund tritt, wird der Möglichkeit krimineller Belastung in der Familie weniger Beachtung geschenkt.

Da die kriminelle Belastung der Primärfamilie jedoch ebenso wie psychische Belastungen der Primärfamilie Auswirkungen auf die Handlungsweisen und den psychischen Zustand der Patientin haben kann[160], sollte diese als mögliche Ur-

[160] Die soziologischen Erklärungsansätze sehen die Ursache kriminogenen Verhaltens in der Soziologie der Delinquenten; (Fußnote 112). Auch die Theorie der differentiellen Assoziation (Fußnote 113) erklärt delinquentes Verhalten als erlerntes Verhalten. Siehe Sutherland, Die Theorie der differentiellen Kontakte, in: Sack/König, Kriminalsoziologie, S. 395.

sache oder „Mitursache“ bei Begutachtung und Therapie in Zukunft stärkere Berücksichtigung finden.

8. Sozialstatus der Primärfamilie

Zur Erhebung des Sozialstatus der Primärfamilie wurde das Schichtenmodell von Moore und Kleining[161] verwendet, welches zur Feststellung der Sozialschicht am Kriterium des Berufs orientiert ist. Dieses Modell hat den Vorteil, dass sich das Kriterium „Beruf“ in den meisten Fällen aus den Akten entnehmen ließ, während andere Faktoren, welche die Feststellung der Sozialschicht in anderen Modellen ermöglichen (z.B. Wohngegend), nicht dokumentiert waren. Ausschlaggebend war jedoch der Umstand, dass dieses Modell bereits in der großen Maßregelvollzugsstudie von LEYGRAF sowie den Untersuchungen von FISCHER-JEHLE, MISSENHARDT und SCHUMANN verwandt wurde und so ideale Vergleichsgruppen gebildet werden konnten. Ebenso wie in der Studie von LEYGRAF wurden auch in der eigenen Untersuchung die Sozialschichten von 7 auf 5 Schichten zusammengefaßt, um eine Vergleichbarkeit zu erreichen. Sämtliche Daten zur Sozialschicht wurden in der Einteilung:

Schicht I: Oberschicht und obere Mittelschicht

Schicht II: Mittlere Mittelschicht

Schicht III: Untere Mittelschicht

Schicht IV: Obere Unterschicht

Schicht V: Untere Unterschicht und sozial Verachtete

durchgeführt.

Für die berufsorientierte Einteilung in die verschiedenen Sozialschichten, erfolgte die Eingruppierung im Rahmen der Frage nach der Sozialschicht der Primärfamilie zunächst anhand des Berufs des Vaters der Patientin. War diese ohne Vater aufgewachsen oder der Beruf des Vaters unbekannt, so wurde, falls dieser entnehmbar und aussagekräftig war, auf den Beruf der Mutter zurückgegriffen. War die Mutter Hausfrau, so wurde dies mangels Aussagekraft über die Sozialschicht nicht einbezogen.[162]

---

[161] Moore/Kleining, Das soziale Selbstbild der Gesellschaftsschichten in Deutschland, Kölner Zeitschriften für Soziologie und Sozialpsychologie 12, 86.

[162] Der Umstand, dass eine Mutter als Hausfrau Eingang in die Patientinnenakte gefunden hat, kann heißen, dass die Familie auf einen zweiten Verdienst nicht angewiesen ist, kann aber auch bedeuten, dass diese mangels Fähigkeiten, Ausbildung etc. keine Arbeit bekommen kann. Daher schien die Einbeziehung der Hausfrauen für die Feststellung der Sozialschicht ungeeignet.

Tabelle 15: Sozialschicht der Primärfamilie .

	§ 63 StGB		§ 64 StGB	
	Anzahl	%	Anzahl	%
Schicht I	3	**2,8**	---	---
Schicht II	9	**3,8**	2	**6,5**
Schicht III	31	**28,7**	5	**16,1**
Schicht IV	31	**28,7**	8	**25,8**
Schicht V	21	**19,4**	6	**19,4**
unbekannt	13	12,0	10	32,3
Gesamtwert	108	100,0	31	100,0

(Chi²-Test: $\chi^2 = 1,56$; n.s.; in 30% der Zellen $N \leq 5$)

Ausgehend von der Untersuchung von LEYGRAF war eine extreme Randständigkeit der Primärfamilien der Maßregelpatientinnen erwartet worden. So gehörten 49,5% der durch LEYGRAF untersuchten Primärfamilien der Schicht „unterste Unterschicht und sozial Verachtete“ an.

Diese Randständigkeit der Primärfamilien fand sich bei den im Maßregelvollzug untergebrachten Frauen jedoch nicht. In der eigenen Untersuchung entstammten, unter Ausgrenzung der Patientinnen, bei denen die Sozialschicht nicht entnommen werden konnte, nur 22,1% der nach § 63 StGB untergebrachten Patientinnen und 28,6% der nach § 64 StGB untergebrachten Frauen aus Familien dieser Schicht.

9. Ausbildung

a) Schulausbildung

Die Schulbildung der Patientinnen stellte sich wie folgt dar:

Tabelle 16: Besuchte Schulform mit und ohne Abschluß.

	§ 63 StGB		§ 64 StGB	
	Anzahl	%	Anzahl	%
kein Schulbesuch	1	**0,9**	1	**3,2**
Sonderschule ohne Abschluß	14	**13,0**	2	**6,5**
Sonderschule mit Abschluß	10	**9,3**	1	**3,2**
Hauptschule ohne Abschluß	19	**17,6**	12	**38,7**
Hauptschule mit Abschluß	33	**30,6**	10	**32,3**
Realschule ohne Abschluß	2	**1,9**	---	---
Realschule mit Abschluß	13	**12,0**	2	**6,5**
Gymnasium ohne Abschluß	5	**4,6**	---	---
Gymnasium mit Abschluß	2	**1,9**	1	**3,2**
Fachhochschule o. Abschluß	2	**1,9**	---	---
Fachhochschule m. Abschluß	---	---	---	
Hochschule ohne Abschluß	5	**4,6**	1	**3,2**
Hochschule mit Abschluß	1	**0,9**	---	---
unbekannt	1	0,9	1	3,2
Gesamtwert	108	100,0	31	100,0

(Chi^2-Test: Aufgrund der zu niedrigen Fallzahlen, ist keine akzeptable Aussage möglich)

Diese Aufgliederung ist sehr differenziert, bedarf jedoch der Darstellung, da die Zusammenfassung nach den einzelnen Schulformen ein verändertes Bild wiedergibt.

Auffällig ist, dass bei den nach § 63 StGB untergebrachten Frauen sowohl im Bereich der Sonderschule als auch im Bereich Gymnasium, Fach- und Hochschule der Anteil der ohne Abschluß erfolgten Schulbesuche höher liegt als der Anteil mit Schulabschluß, während in dem Bereich Haupt- und Realschule der Anteil abgeschlossener Schulausbildung überwiegt.

Für den Bereich der Sonderschule ist der geringere Anteil der die Sonderschule abschließenden Patientinnen mit der „Auffangfunktion" der Sonderschule zu erklären. Als allgemeinbildende Pflichtschule für behinderte Kinder und Jugendliche, die nach Art und Schwere ihrer Behinderung nicht oder nur unzureichend in allgemeinen Schulen gefördert werden können, werden dort alle Schülerinnen und Schüler aufgenommen, deren intellektuellen Fähigkeiten der Fortbildung, jedoch nicht zwangsläufig zur Erlangung eines Abschlusses ausreichen.

Für den Bereich der Gymnasien, Fach- und Hochschulen ist der geringere Anteil der Abgängerinnen mit Abschluß zum großen Teil mit den erhöhten Leistungsanforderungen dieser Schulformen oder den allgemeinen Lebensumständen der Patientinnen zu erklären.

Nur in drei der untersuchten 139 Fälle war der Schulabgang ohne Abschluß im direkten Zusammenhang mit der zur Maßregelunterbringung führenden Krankheit zu sehen.

Faßt man die Schulausbildung der Patientinnen nach Schulform zusammen, ergibt sich folgendes Bild:

Tabelle 17: Besuchte Schulform.

	§ 63 StGB		**§ 64 StGB**	
	Anzahl	%	Anzahl	%
Sonderschule	24	**22,6**	3	**10,3**
Hauptschule	52	**49,1**	22	**75,9**
Realschule	15	**14,2**	2	**6,9**
Gymnasium u. höhere Bildung	15	**14,2**	2	**6,9**
Gesamtwert	106	100,0	29	100,0

(Chi²-Test: $\chi^2 = 6{,}61$; n.s.; in 38% der Zellen $N \leq 5$)

Aufgrund des Anteils von Patientinnen mit geistigen Behinderungen und intellektuellen Minderbegabungen war mit dem erhöhten Anteil von Sonderschulbesuchen bei den nach § 63 StGB untergebrachten Patientinnen gerechnet worden.

Überraschend wurde bei dieser Patientinnengruppe jedoch auch ein hoher Anteil von Realschul- (14,2%) und Gymnasial- oder höheren Schulbesuchen (14,2%) festgestellt, der sich weder bei den nach § 64 StGB Patientinnen, noch bei den nach § 63 StGB untergebrachten Männern, noch bei den Frauen des Strafvollzugs wiederfinden läßt.[163]

---

[163] Hierbei wurde aus den Vergleichsstudien die Gruppe „kein Schulbesuch" herausgenommen und der Anteil neu berechnet.

Tabelle 18: Besuchte Schulform im Vergleich.

	§ 63 StGB Frauen		**§ 63 StGB** Männer		**Strafvollzug** Frauen	
	Anzahl	%	Anzahl	%	Anzahl	%
Sonderschule	24	**22,6**	637	**32,9**	8	**10,8**
Hauptschule	52	**49,1**	1117	**57,7**	59	**79,7**
Realschule	15	**14,2**	5	**6,8**	5	**6,7**
Gymnasium u. höhere Bildung	15	**14,2**	183	**9,4**	2	**2,7**
Gesamtwert	106	100,0	1973	100,0	74	100,0

(Chi^2-Test:

Maßregel Frauen vs. Maßregel Männer: $\chi^2 = 205{,}48$; $p \leq 0{,}001$

Maßregel Frauen vs. Strafvollzug Frauen: $\chi^2 = 18{,}27$; $p \leq 0{,}001$)

Der Vergleich macht deutlich, dass nach § 63 StGB untergebrachte Maßregelpatientinnen gegenüber den männlichen psychisch kranken Straftätern und den nicht psychisch auffälligen Straftäterinnen zu einem größeren Teil eine höher qualifizierte Schule besucht haben. HENNICKE[164] fand im Bereich der über der Hauptschule angesiedelten Schulen (Realschule, Gymnasium) einen Anteil von 13,6% bei männlichen Patienten, MISSENHARDT[165] einen Teil von 5,8% und SCHUMANN[166] sogar nur einen Teil von 5,1%.

Der erhöhte Anteil weiblicher Patientinnen mit einer höheren Schulbildung könnte das Ergebnis der festgestellt höheren Sozialschicht der Primärfamilie der Maßregelpatientinnen sein.

Trotz des erhöhten Anteils von über dem Hauptschulbesuch liegenden Schulformen spiegelt die besuchte Schulform der Maßregelpatientin nicht die besuchte Schulform der weiblichen Allgemeinbevölkerung wieder. Von den insgesamt 2 649 532 Schülerinnen des Schuljahres 1997/1998 der Sonder-, Haupt-, Realschulen und Gymnasien besuchten 5,5% die Sonderschule, 25,7% die Hauptschule, 23,6% die Realschule und 45,1% die Gymnasien[167], was eine deutliche Verschiebung zugunsten höher qualifizierender Schulen bei Schülerinnen der Allgemeinbevölkerung darstellt.

---

[164] Hennicke, Schulische und berufliche Bildung von Patienten in der forensischen Psychiatrie, R&P 1999, 65.

[165] Missenhardt, Psychisch kranke Straftäter im Maßregelvollzug, S. 24.

[166] Schumann, Psychisch kranke Rechtsbrecher, S. 18.

[167] Statistisches Bundesamt, Statistisches Jahrbuch 1999, S.371.

Im Bereich der über der Hauptschule liegenden Schulen sind Maßregelpatientinnen der § 63 StGB Gruppe zwischen der Allgemeinbevölkerung, männlichen Maßregelpatienten und Frauen des Strafvollzugs angesiedelt.

Über der erhöhten Anzahl der § 63 StGB Patientinnen, die eine über der Hauptschule liegende Schulform besuchten, darf nicht übersehen werden, dass der Großteil dieser Patientinnen (71,7%) eine im untersten Bereich der Schulmöglichkeiten liegende Schule besucht hat und manche auch dort keinen Abschluß erlangten.

Der untere Schulbereich ist auch bei den nach § 64 StGB Untergebrachten mit 86,2% überrepräsentiert, jedoch liegt der Schwerpunkt deutlich auf den Hauptschulbesuchen. In der Gesamtverteilung ergibt sich bei den § 64 StGB Frauen eine dem Strafvollzug gleichende Verteilung, in beiden Gruppen ist ein hoher Anteil von Hauptschülerinnen (fast 80%) festzustellen, der sich in keiner der Vergleichsgruppen wiederfindet.

b) Berufsausbildung

Die Berufsausbildung der Patientinnen stellt sich wie folgt dar:

Tabelle 19: Ursprünglicher Beruf der Patientinnen.

	§ 63 StGB		**§ 64 StGB**	
	Anzahl	%	Anzahl	%
schulische Ausbildung	8	**7,4**	1	**3,2**
Arbeiterin	69	**63,9**	23	**74,2**
Angestellte/ Beamtin	7	**6,5**	1	**3,2**
kein Beruf	24	**22,2**	5	**16,1**
unbekannt	---	---	1	3,2
Gesamtwert	108	100,0	31	100,0

(Chi^2-Test: $\chi^2 = 1{,}92$; n.s.; in 25% der Zellen $N \leq 5$)

Von den insgesamt 69 Arbeiterinnen, die nach § 63 StGB untergebracht waren, waren 55 Patientinnen un- oder angelernt (79,7%), bei den § 64 StGB Frauen waren es 21 von 23 Frauen (91,3%).

Eine abgeschlossene Berufsausbildung hatten 21 Frauen der § 63 StGB Gruppe (19,4%) und nur 3 der § 64 StGB Gruppe (9,7%). Im Vergleich hierzu konnten nach LEYGRAF[168] 24,4% der nach § 63 StGB untergebrachten Männer im Maßregelvollzug eine abgeschlossene Berufsausbildung vorweisen,

[168] Leygraf, Psychisch kranke Straftäter, S. 33.

HENNICKE[169] fand einen Anteil von 27,3% männlicher Patienten mit einer abgeschlossenen Schulbildung, POZSAR/HEINZ[170] fanden bei männlichen Untergebrachten einen Anteil von 29,6%.

Noch deutlicher wird der geringe Anteil von Patientinnen mit einer abgeschlossenen Berufsausbildung im Vergleich zur weiblichen Allgemeinbevölkerung. Liegt auch der Anteil von Frauen mit Berufsabschluß in der Allgemeinbevölkerung ebenfalls unter der Anzahl der männlichen Bevölkerung, so konnten 1982 doch zumindest 55,7% der Frauen einen Berufsabschluß vorweisen[171].

10. Intelligenzquotient

Der Intelligenzquotient als Maß für den geistigen Entwicklungsstand wird im folgenden wiedergegeben. Abgesehen von dem Umstand, dass dieser in einer großen Anzahl der Fälle der Krankenakte nicht zu entnehmen war, sind jedoch auch die gefundenen Ergebnisse nur mit Vorsicht einzubeziehen.

So fanden sich in manchen Akten mehrere Intelligenztests, denen die Patientinnen im Laufe der Jahre im Maßregelvollzug, anderen Einrichtungen oder für Gerichtsverfahren unterzogen worden waren. Die Ergebnisse dieser Tests variierten in einigen Fällen erheblich, der ermittelte Intelligenzquotient übersprang zum Teil ganze Einteilungsbereiche und veränderte sich sowohl zum Positiven wie zum Negativen. Auch kamen unterschiedliche Gutachter im gleichen Untersuchungszeitraum zu unterschiedlichen Ergebnissen, so dass die absolute Aussagekraft des Intelligenzquotienten in Zweifel gezogen wird und nach eigener Ansicht nur als Indiz verstanden werden kann.

Eine testpsychologisch ermittelter Intelligenzbefund war für die nach § 63 StGB untergebrachten Frauen in 65 Fällen (60,2%) und die nach § 64 StGB untergebrachten Frauen in 16 Fällen (51,6%) erhebbar. Der Fall, in dem der Intelligenzquotient von einem Gutachter geschätzt (!) worden war, wurde als „unbekannt" aufgenommen. Waren mehrere Intelligenzquotienten in der Krankenakte enthalten, wurde das aktuellste Ergebnis verwandt.

---

[169] Hennicke, Schulische und berufliche Bildung von Patienten in der forensischen Psychiatrie, R&P 1999, 65.

[170] Pozsàr/Heinz, Schulische und berufliche Ausbildung in der Maßregelbehandlung, in: Leygraf/Volbert/Horstkotte/Fried, Die Sprache des Verbrechens, Festschrift für Wilfried Rasch, S. 276.

[171] Gipser/Stein-Hilbers, Soziale Grundlagen weiblicher Konflikte und Konfliktbewältigungen, in: Gipser/Stein-Hilbers, Wenn Frauen aus der Rolle fallen, S. 27.

Tabelle 20: Intelligenzquotient.

	§ 63 StGB		§ 64 StGB	
	Anzahl	%	Anzahl	%
unter 69	11	**10,2**	1	**3,2**
70 – 79	19	**17,6**	---	---
80 – 89	14	**13,0**	5	**16,1**
90 – 99	12	**11,1**	6	**19,4**
100 und mehr	9	**8,3**	4	**12,9**
unbekannt	43	39,8	15	48,4
Gesamtwert	108	100,0	31	100,0

(Chi²-Test: $\chi^2 = 9{,}27$; n.s.; in 30% der Zellen $N \leq 5$)

Im Vergleich der prozentualen Verteilung des Intelligenzquotienten der Maßregelpatientinnen zu den männlichen Patienten und der Allgemeinbevölkerung ergibt sich folgendes Bild:

Tabelle 21: Vergleich des IQ von männlichen und weiblichen Maßregelpatienten.

	Maßregelvollzug (Frauen)		**Maßregelvollzug** (Männer)	
	Anzahl	%	Anzahl	%
unter 69	12	**14,8**	210	**18,4**
70 – 79	19	**23,5**	214	**18,8**
80 – 89	19	**23,5**	270	**23,7**
90 –99	18	**22,2**	216	**19,0**
100 und mehr	13	**16,0**	229	**20,1**
Gesamtwert	81	100,0	1139	100,0

(Chi²-Test: $\chi^2 = 2{,}46$; n.s)

Während sich die Testergebnisse männlicher und weiblicher Maßregelvollzugspatienten nicht wesentlich unterscheiden, läßt der Vergleich mit der Allgemeinbevölkerung starke Unterschiede erkennen:

Tabelle 22: Vergleich des Intelligenzdurchschnitts von Maßregelpatienten und Allgemeinbevölkerung.

	Maßregelvollzug (Frauen)	**Maßregelvollzug** (Männer)	**Allgemeinbev.** (Frauen & Männer)
	%	%	%
unterdurchschn.	**61,8**	**60,9**	**25,0**
Durchschnitt	**32,1**	**33,6**	**50,0**
überdurchschn.	**6,2**	**5,5**	**25,0**
Gesamtwert	100,0	100,0	100,0

Bei einem definierten durchschnittlichen Intelligenzquotienten der Allgemeinbevölkerung von 100 liegen 50% der Bevölkerung mit einem IQ von 90-109 im Durchschnitt, 25% liegen darüber, 25% darunter.[172]

Bei den Maßregelpatienten ist der Bereiche unterdurchschnittlicher Intelligenz deutlich überrepräsentiert, überdurchschnittliche Intelligenz findet sich hingegen kaum.

Bei dem Vergleich der Intelligenz der Allgemeinbevölkerung und der Intelligenz der Patienten im Maßregelvollzug muß jedoch berücksichtigte werden, dass es sich bei der Allgemeinbevölkerung um einen Querschnitt der gesamten Allgemeinbevölkerung handelt, während bei den Maßregelpatienten nicht immer ein Wert bestimmt worden war. Bei den Maßregelpatienten ist hingegen davon auszugehen, dass zumeist dann ein Intelligenztest durchgeführt wurde, wenn sich Zweifel an der Intelligenz ergeben haben, eine Abweichung von der Norm zu vermuten war. Daher könnte sich im Umkehrschluß in der Gruppe der nicht getesteten Personen ein der Allgemeinbevölkerung angenähertes und damit zugleich den Durchschnitt der Maßregelpatienten erhöhendes Intelligenzniveau ergeben. Dies muß bei dem Vergleich der Maßregelpatienten und der Allgemeinbevölkerung berücksichtigt werden.

Diese Überlegung wird gestützt durch die Untersuchung von MISSENHARDT[173]. Dieser konnte in seiner Untersuchung den Intelligenzquotienten aller Patienten seiner Untersuchungsgruppe berücksichtigen und fand einen zu der vorliegenden und zur Leygrafschen Untersuchung leicht erhöhten durchschnittlichen Intelligenzquotient der Maßregelpatienten. Im Bereich bis zu einem IQ von 84 fand MISSENHARDT einen Anteil von 40,2%, im Bereich von 85 bis 100 von 40,3%, darüber einen Anteil

---

[172] Gottfredson, Der Generalfaktor der Intelligenz, Spektrum der Wissenschaft Spezial 3, 1999, 24.

[173] Missenhardt, Psychisch kranke Straftäter im Maßregelvollzug, S. 47.

von 19,5%. Wenn auch die Werte der Studien mangels gleicher Einteilung nicht direkt vergleichbar sind, so läßt doch diese Studie vermuten, dass bei den Maßregelpatienten insgesamt ein etwas höherer Intelligenzdurchschnitt vorliegt, als er durch die einzelnen Studien ausgewiesen wird.

11. Mißhandlungen und sexueller Mißbrauch

Vorab ist zu bemerken, dass in vielen Fällen Mißhandlungen und sexueller Mißbrauch in den Akten nicht dokumentiert waren. Es besteht jedoch die Annahme, dass derartige Vorfälle von den betroffenen Frauen aus Scham, Angst, Rücksicht auf die Familie, Rücksicht auf den Täter oder sonstigen Gründen tabuisiert oder zum eigenen Schutz verdrängt werden. Daher ist von einer hohen Dunkelziffer auszugehen.[174]

a) Mißhandlung in der Primärfamilie

Als Mißhandlungen wurden Verhaltensweisen aufgenommen, die in der Akte als solche gekennzeichnet waren, und solche, die sich aus Sicht der Erheberin als Mißhandlungen darstellten. Das Problem der Einordnung von Züchtigungshandlungen unterhalb der Schwelle der Mißhandlung stellte sich wider Erwarten nicht. Entweder hatten die Gewalteinwirkungen oder psychischen Zwangsmittel eine Intensität, die eine Bewertung als Mißhandlung aufzwang, oder es waren keine aus der Akte ersichtlich. Der Fall, dass eine Verhaltensweise der Primärfamilie gegenüber der Patientin in der Krankenakte dokumentiert war, sich jedoch in seiner Stärke als gebotenes und angemessenes Erziehungsmittel dargestellt hätte, fand sich nicht.

Tabelle 23: Mißhandlung in der Primärfamilie.

	§ 63 StGB		**§ 64 StGB**	
	Anzahl	%	Anzahl	%
stattgefunden	34	**31,5**	6	**19,4**
nicht bekannt	74	68,5	25	80,6
Gesamtwert	108	100,0	31	100,0

Von den Mißhandlungen erfolgten bei den Patientinnen, die nach § 63 StGB untergebracht waren 64,7% durch den Vater/Stiefvater/Partner der Mutter, 29,4% durch die Mutter oder Stiefmutter und 5,9% durch die Geschwister.

---

[174] Nowara berichtet aus der eigenen psychotherapeutischen Tätigkeit im Maßregelvollzug von sexuellen Mißbräuchen der Patientinnen in einem Anteil von fast 50%. Nowara, Psychisch kranke Straftäterinnen, in: Leygraf/Volbert/Horstkotte/Fried, Die Sprache des Verbrechens, Festschrift für Wilfried Rasch, S. 272.

Die nach § 64 StGB untergebrachten Frauen wurden zu 50% durch den Vater/Stiefvater/Partner der Mutter, zu 33,3% durch die Mutter/Stiefmutter und zu 16,7% durch Geschwister mißhandelt.

b) Mißhandlungen in der Sekundärfamilie

Von den 108 nach § 63 StGB untergebrachten Patientinnen hatten 54 Frauen (50%) und von den 31 nach § 64 StGB Patientinnen hatten 9 (29,0%) keine Sekundärfamilie.

Tabelle 24: Mißhandlung in der Sekundärfamilie.

	§ 63 StGB		**§ 64 StGB**	
	Anzahl	%	Anzahl	%
stattgefunden	20	**37,0**	4	**18,2**
nicht bekannt	34	63,0	18	81,8
Gesamtwert	54	100,0	22	100,0

c) Sexueller Mißbrauch in der Primärfamilie

Als sexueller Mißbrauch wurden alle gegen den Willen der Patientin vorgenommen sexuellen Handlungen aufgenommen. Bei sexuellen Handlungen im Kindesalter wurde entgegenstehender Wille angenommen.

Tabelle 25: Sexueller Mißbrauch in der Primärfamilie.

	§ 63 StGB		**§ 64 StGB**	
	Anzahl	%	Anzahl	%
stattgefunden	20	**18,5**	6	**19,4**
nicht bekannt	88	81,5	25	80,6
Gesamtwert	108	100,0	31	100,0

Es ist davon auszugehen, dass der in beiden Patientinnengruppen zu findende hohe Anteil sexueller Mißbräuche von fast 20%, eine diesen Wert noch erhöhende Dunkelziffer aufweist, jedoch nicht alle Handlungen aus den oben genannten Gründen aus der Akte ersichtlich waren.

d) Sexueller Mißbrauch in der Sekundärfamilie

Diese Erhebung brachte kein Ergebnis, da für nur 2 der nach § 63 StGB untergebrachten und keine der § 64 StGB Patientinnen Daten vorlagen. Alle anderen hatten keine Sekundärfamilie oder es war über sexuellen Mißbrauch nichts bekannt.

e) Mißhandlungen und sexueller Mißbrauch

Von den insgesamt 139 Patientinnen waren 18 Frauen in ihrer Primärfamilie sowohl mißhandelt als auch sexuell mißbraucht worden. Zu überprüfen war, ob sich aus der Summe der traumatischen Erlebnisse eine diagnostische Tendenz erkennen läßt und somit - unter Berücksichtigung der geringen Fallzahl - auf eine Prädestination für bestimmte Erkrankungen geschlossen werden kann.

Klargestellt werden muß jedoch, dass der Umkehrschluß, dass bestimmte Diagnosen Resultat zwingend vorgekommener Mißhandlungen und/oder sexueller Mißbräuche seien, in gar keinem Fall getroffen werden darf.

Die aktuellen Diagnosen bei Vorliegen von Mißhandlungen und sexuellem Mißbrauch verteilen sich wie folgt:

1. Schizophrene Psychose	6 Fälle	(33,3%)
2. Borderline-Syndrom	5 Fälle	(27,8%)
3. primäre Suchterkrankung	4 Fälle	(22,2%)
4. Neurosen und Persönlichkeitsstörung		
ohne Minderbegabung	1 Fall	(5,6%)
mit Minderbegabung	1 Fall	(5,6%)
5. geistige Behinderung	1 Fall	(5,6%)

Die Verteilung entspricht in etwa der Diagnoseverteilung aller Patientinnen[175], so dass als Ergebnis ein direkter Zusammenhang zwischen dem kumulativen Vorliegen von Mißhandlungen und sexuellem Mißbrauch und einer bestimmten psychischen Störung nicht festgestellt werden konnte.

IV. Psychiatrische Daten

Die psychiatrischen Daten der Patientin geben die Daten vor der aktuellen Unterbringung wie Krankheitsbeginn und Behandlung wieder. Da nicht alle Patientinnen eine „psychiatrische Geschichte“ haben, differieren die absoluten Zahlen.

---

[175] Zur aktuellen Diagnose siehe unten, S. 134.

1. Krankheitsbeginn

a) Alter bei Krankheitsbeginn

Bei den nach § 63 StGB untergebrachten Patientinnen lag der Mittelwert des Alters bei Krankheitsbeginn bei 23,4 Jahren mit einer Standardabweichung von 8,2 Jahren. Der Mittelwert der § 64 StGB Frauen lag bei 20,8 Jahren mit einer Standardabweichung von 5,8.

b) Erstdiagnose

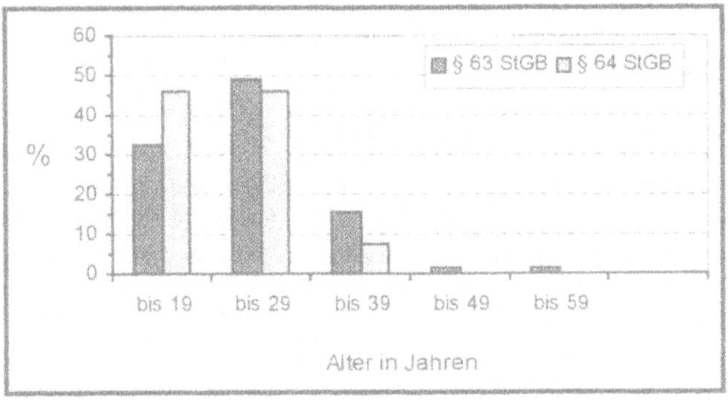

Abbildung 3: Altersverteilung bei Krankheitsbeginn

Unter der Rubrik „Erstdiagnose“ wurde die chronologisch erste Diagnose der Patientin aufgenommen. Hierbei war es unerheblich, ob diese durch Psychiater, Psychologen oder sonstige Gutachter, nach ambulanter oder stationärer Konsultation erfolgte. Bei 34 der § 63 StGB Patientinnen (31,5%) und bei 16 der § 64 StGB Patientinnen (51,6%) war keine Vorbehandlung erfolgt.

Obwohl 74 Patientinnen der Gruppe der § 63 StGB Frauen sich schon vor der aktuellen Unterbringung in Behandlung befanden, waren von nur 57 Frauen die Erstdiagnosen bekannt. Dennoch haben insgesamt 66 Diagnosen Eingang gefunden. Diese erhöhte Diagnoseanzahl ergibt sich aus dem Umstand, dass bei manchen Patientinnen als Erstdiagnose mehrere, nebeneinander vorliegende Diagnosen angegeben worden waren. Da eine Gewichtung der sich als Hauptdiagnose darstellenden Krankheit nicht möglich war, wurden alle Erstdiagnosen aufgenommen. Von den 15 bereits behandelten § 64 StGB Patientinnen waren bei 2 Frauen die Erstdiagnosen nicht bekannt.

Die Diagnosen stellen sich wie folgt dar:

Tabelle 26: Erstdiagnose.

	§ 63 StGB		§ 64 StGB	
	Anzahl	%	Anzahl	%
organ. Psychose u. Persönlichkeitsver.	4	**6,1**	2	**15,4**
schizophr. Psychose m. paran. Syndrom	23	**34,8**	1	**7,7**
affektive Psychose	---	---	---	---
Borderline-Syndrom	5	**7,6**	---	---
Neurosen u. Perskveränd. o. Minderbeg.	10	**15,2**	---	---
Neurosen u. Perskveränd. m. Minderbeg.	1	**1,5**	---	---
geist. Behind. m. deutl. Verhaltstörung	14	**21,2**	1	**7,7**
primäre Suchterkrankung	9	**13,6**	9	**69,2**
Gesamtwert	66	100,0	13	100,0

(Chi^2-Test: Aufgrund der zu niedrigen Fallzahlen ist keine akzeptable Aussage möglich).
(Organische Psychose und Persönlichkeitsveränderungen; schizophrene Psychose einschließlich paranoider Syndrome; affektive Psychosen; Borderline-Syndrom; Neurosen und Persönlichkeitsveränderungen ohne Minderbegabung; Neurosen und Persönlichkeitsveränderungen mit Minderbegabung; geistige Behinderung mit deutlichen Verhaltensstörungen; primäre Suchterkrankung)

2. Behandlung

a) Ambulante Behandlung

Die Häufigkeit ambulanter Vorbehandlungen wurde aufgenommen, weil die Annahme von Hilfsangeboten zu einem noch nicht zu einem stationären Aufenthalt zwingenden Zeitpunkt der Krankheit geeignet ist, das Selbstverständnis von Patientin und Krankheit zu beleuchten.

Bei der Datenerhebung wurden zu diesem Zweck die gerichtlich angeordneten Therapien nicht berücksichtigt, da diese Hilfsmaßnahmen der Patientin zwanghaft abverlangt wurden und diese jeglicher Entscheidung zwischen der Annahme von Therapie und Beibehaltung des psychischen Zustands enthoben war.

Die Auswertung der Ergebnisse brachte einen deutlichen Unterschied zwischen der Gruppe der nach § 63 StGB und der nach § 64 StGB untergebrachten Frauen.

Von den nach § 63 StGB untergebrachten Frauen hatten sich fast ein Viertel (24,1%) einer ambulanten Behandlung unterzogen. Für die nach § 64 StGB untergebrachten Frauen lag der Anteil mit 2 Patientinnen (6,5%) wesentlich darunter. Die positive Feststellung fehlender ambulanter Behandlung konnte in

15 der § 63 StGB Fälle (13,9%) und in 5 der § 64 StGB Fälle (16,1%) verzeichnet werden.

Als Ursache für die verstärkte Inanspruchnahme der Hilfsmaßnahmen bei nach § 63 StGB untergebrachten Frauen ist ein von der psychischen Störung ausgehender starker Leidensdruck vorstellbar, der eine Behandlung auch aus Sicht der Patientin zwingend erfordert, während die Sucht möglicherweise durch die Frauen weniger belastend empfunden wird. Während also die psychische Störung als Krankheit wahrgenommen wird, empfindet sich die süchtige Frau unter Umständen nicht als abhängig, glaubt, jederzeit mit der Einnahme von Medikamenten, Drogen und/oder dem Trinken von Alkohol aufhören zu können.

Als Ursache für die geringere Inanspruchnahme von Hilfe durch suchtmittelabhängige Frauen ist auch die gesellschaftliche Akzeptanz von Abhängigkeiten zu berücksichtigen. In vielen Fällen werden gerade Alkoholabhängigkeiten solange toleriert bzw. ignoriert, solange die Person in den von ihr geforderten Tätigkeiten funktioniert. Aus der Sicht des „subjektiv unabhängigen Abhängigen" besteht kein Handlungs- und Therapiebedarf.

Das Ergebnis zeigt einen unterschiedlichen Umgang der Patientinnengruppen mit den vorliegenden Störungen (psychische Krankheit/Sucht). Während sich die § 63 StGB Patientinnen eher in ambulante Behandlung begeben, findet sich dies bei der Gruppe der § 64 StGB Frauen kaum. Es ist daher von einem unterschiedlichen Selbstverständnis zur vorliegenden Störung auszugehen.

Weiterhin kann aufgrund der erhobenen Daten auch ein unterschiedliches Selbstverständnis zur psychischen Krankheit bei Männern und Frauen vermutet werden. Während sich fast ein Viertel der weiblichen § 63 StGB Patientinnen vor der aktuellen Unterbringung in ambulanter Behandlung befunden haben, lag die Anzahl männlicher ambulant behandelter Patienten wesentlich niedriger. SCHUMANN[176] fand einen Anteil von 2,6% vor der aktuellen Unterbringung ambulant behandelten und 9,3% ambulant und stationär behandelten, mithin insgesamt einen Anteil von 11,9% männlichen Maßregelpatienten mit ambulanter Vorbehandlung.

Dieser deutliche Unterschied läßt sowohl Schlüsse auf das weibliche Selbstverständnis in Bezug auf psychische Krankheiten, aber auch auf eine unterschiedliche Stigmatisierung weiblicher und männlicher Patienten zu. Vielfach wird im Zusammenhang der Unterbringung im Maßregelvollzug die

---

[176] Schumann, Psychisch kranke Rechtsbrecher, S. 23.

doppelte Stigmatisierung von Patienten problematisiert.[177] Stichworte wie „krank und kriminell“ oder „bad and mad“ sollen verdeutlichen, welcher doppelten Belastung diese Patienten ausgesetzt sind.[178] Zum einen müssen die Patienten selbst mit der doppelten Belastung von Krankheit und Tat zurechtkommen; zum anderen steht ihnen auch die Gesellschaft aufgrund der doppelten Komponente von psychischer Krankheit und der Kriminalität besonders skeptisch gegenüber.

Die Erhebungen zur ambulanten Therapie vor der aktuellen Maßregelunterbringung könnten jedoch ein Indiz für eine unterschiedliche Stigmatisierung weiblicher und männlicher Patienten sein.

Die Stigmatisierung, und hierbei bezieht sich die Stigmatisierung sowohl auf die Patientinnensicht als auch auf das Ansehen der Gesellschaft, könnte zumindest im Hinblick auf die psychische Krankheit geringer sein. Geht man davon aus, dass doppelt so viele Patientinnen eine ambulante Therapie - im Rahmen der Krankheit - freiwillig durchführen, so kann man vermuten, dass die psychische Krankheit von Frauen als wesensnäher und auch als anerkannter empfunden wird.

Aufgrund der eigenen Ergebnisse zur ambulanten Therapie vor der aktuellen Unterbringung wird die Hypothese aufgestellt, dass zwischen der Stigmatisierung weiblicher und männlicher § 63 StGB Patienten differenziert werden muß und eine geringere Stigmatisierung von Patientinnen durch die Unterbringung in einem psychiatrischen Krankenhaus angenommen werden kann. Diese Frage konnte im Rahmen der Untersuchung nicht geklärt werden, wird jedoch – auch vor dem Hintergrund einer möglichen Befürwortung einspuriger oder zweispuriger Reaktionssysteme – als sehr interessant erachtet.

b) Stationäre Behandlung

Von den Maßregelpatientinnen hatten sich 74 (68,5%) der § 63 StGB und 15 (48,4%) der § 64 StGB Patientinnengruppe bereits in einer stationären Vorbehandlung befunden.

---

[177] Eickmann, Psychologisch-pädagogische Behandlungskonzepte bei psychisch kranken Straftätern, in: Blau/Kammeier, Straftäter in der Psychiatrie, S.59, Kammeier, Maßregelrecht, S. 259; Marquardt; Dogmatische und kriminologische Aspekte des Vikaiierens von Strafe und Maßregel.

[178] Auch die doppelte Stigmatisierung der Maßregelpatienten kann als Argument gegen die Trennung von Straf- und Maßregelvollzug verwandt werden. Würde eine einheitliche Behandlung aller Straftäter erfolgen, d.h. würde die Frage nach dem Sinn einer zweispurigen Reaktionsmöglichkeit (Zweispurigkeit im weiteren Sinn (siehe hierzu den Exkurs zur Zweispurigkeit)) gestellt, so müßte diese im Hinblick auf die doppelte Stigmatisierung zugunsten eines einspurigen Systems ausfallen.

Damit übersteigt der Anteil der stationären Vorbehandlungen bei nach § 63 StGB weiblichen Untergebrachten den von RITZEL[179] gefundenen Anteil von 54,5% deutlich, während der von LEYGRAF[180] gefundene Anteil von 61,3% vor der aktuellen Unterbringung bereits stationär behandelter Untergebrachter nur geringfügig unter dem Anteil der weiblichen Patientinnen zu finden ist.

Das Durchschnittsalter der Patientinnen bei der ersten Behandlung lag bei 24,2 bzw. 24,5 Jahren. Das mittlere Alter der Patientinnen entspricht der Untersuchung von LEYGRAF, die für die männlichen Maßregelpatienten ein Alter von 22,9 Jahren bei der ersten stationären Behandlung feststellte.[181]

Die erste stationäre Unterbringung erfolgte nach folgender Rechtsgrundlage:

Tabelle 27: Rechtsgrundlage der ersten stationären Unterbringung.

	§ 63 StGB		**§ 64 StGB**	
	Anzahl	%	Anzahl	%
freiwillig	32	**43,2**	6	**40,0**
Landesunterbringungsrecht	21	**28,4**	2	**13,3**
gesetzl. Vertreter/Vormund	11	**14,9**	1	**6,7**
gerichtliche Auflage	2	**2,7**	3	**20,0**
unbekannt	8	10,8	3	20,0
Gesamtwert	74	100,0	15	100,0

(Chi²-Test: $\chi^2 = 9{,}24$; n.s)

Der auf die Gruppe der freiwillig untergebrachten Frauen entfallende Anteil liegt mit 43,2% höher als der von LEYGRAF festgestellte Anteil von 25,9%.[182]

Der erhöhte Anteil freiwillig untergebrachter stationärer Patientinnen könnte ein weiteres Indiz für eine unterschiedliche Eigenakzeptanz von psychischer Krankheit und Stigmatisierung durch psychische Krankheit bei Männern und Frauen sein.

Folgt man einigen Sozialisationstheorien[183], so ist das Rollenbild von Männern und Frauen auch in der heutigen Gesellschaft von alt hergebrachtem Verständnis geprägt. Danach wird die Frau nach wie vor als das „schwache Geschlecht" gesehen, während der Mann die Rolle eines „starken Mannes" übernehmen soll.

---

[179] Ritzel, Stand und Entwicklung des Maßregelvollzugs in Niedersachsen, MSchrKrim 72, 1989, 123.

[180] Leygraf, Psychisch kranke Straftäter, S. 54.

[181] Leygraf, Psychisch kranke Straftäter, S. 56.

[182] Leygraf, Psychisch kranke Straftäter, S. 217.

[183] Zu den Sozialisationstheorien siehe oben, S. 32.

Die Frau ist „Sinnbild psychischer Labilität, Selbstunsicherheit, Ängstlichkeit und Klagsamkeit" und aus dem Blickwinkel des gesellschaftlichen Rollenverständnisses in ihrem gesamten Wesen der psychiatrischen Krankheit wesentlich näher als der „Macht, Selbstsicherheit und Stärke" repräsentierende Mann.

Nimmt man an, dass sich dieses Rollenverständnis auch im Zuge der Emanzipation und des Feminismus nicht hat auslöschen lassen, so könnte die psychische Krankheit die psychisch kranke Frau weniger als den psychisch kranken Mann stigmatisieren.[184]

Würde also die psychische Krankheit der Frau vom gesellschaftlichen Rollenbild eher getragen und auch von den Frauen als weniger stigmatisierend empfunden, so könnte eine erhöhte Eigenakzeptanz der Krankheit bei Patientinnen entstanden sein und den erhöhten Anteil sich freiwillig in stationäre Behandlung begebende Frauen erklären.

3. Suizidversuche

Die Literatur zu diesem Themenkreis ist vielfältig. Insbesondere werden unterschiedliche Theorien zu den Hintergründen und Ursachen von Suiziden und Suizidversuchen vertreten. Es finden sich statistische und deskriptive Studien, sozialdeterminierte, sozialpsychologische und psychoanalytische Ansätze.[185] STENGEL[186] hat aufgrund empirischer Untersuchungen Unterschiede zwischen den Gruppen Suizid und Suizidversuch herausgearbeitet. Vorliegend wird sich ausschließlich mit Suizidversuchen beschäftigt, da nur diese bei den Maßregelpatientinnen vorliegen konnten.

Es wird im folgenden die von KREITMANN[187] aufgenommene Bezeichnung des Parasuizids verwandt, da der Begriff des Selbstmordversuchs in seiner wörtlichen Bedeutung nur auf Personen angewendet werden kann, die sich tatsächlich töten wollten, dieser Versuch aber fehlschlug, hingegen Personen mit anderen Handlungsmotivationen nicht umfaßt.

Parasuizide vor der aktuellen Unterbringung fanden sich in der Untersuchung wie folgt:

---

[184] Im übrigen soll sich dieses Phänomen im Bereich der Kriminalität von Männern und Frauen gegenläufig verhalten. Die Stigmatisierung von kriminellen Frauen soll wesentlich stärker als die der Männer sein, da das Rollenbild des Mannes der Kriminalität wesentlich näher liegen soll.

[185] Zu den unterschiedlichen Ansätzen siehe zusammenfassend: Gores, Suizid als Problemlösung m.w.N.; auch Bronisch, Der Suizid; Kneissl, Suizidversuche bei Frauen, S. 45ff..

[186] Stengel, Selbstmord und Selbstmordversuch, in:Gruhle/Jung/Mayer-Groß/Müller, Psychiatrie der Gegenwart, S. 51.; Stengel, Selbstmord und Selbstmordversuch, Stuttgart 1969.

[187] Kreitmann, Die Epidemiologie von Suizid und Parasuizid, Der Nervenarzt 51, 1980, 131.

Tabelle 28: Parasuizid allgemein.

	§ 63 StGB		§ 64 StGB	
	Anzahl	%	Anzahl	%
ja	54	**50**	8	**25**
nein	8	**7,4**	7	**22,6**
nicht bekannt	46	42,6	16	51,6
Gesamtwert	108	100,0	31	100,0

(Chi²-Test: $\chi^2 = 8{,}78$; $p \leq 0{,}01$)

Sowohl bei den nach § 63 StGB als auch bei den nach § 64 StGB untergebrachten Frauen fand sich ein hoher Anteil von Parasuiziden. Wenn auch der Anteil der nach § 64 StGB Patientinnen mit 25% weit unter dem Anteil der nach § 63 StGB untergebrachten Frauen liegt, ist auch ein Viertel aller Patientinnen als eine hohe Anzahl an Suizidhandlungen zu bezeichnen.

Die hohe Anzahl der Parasuizide könnte geschlechtsspezifische Ursachen haben. Sowohl STENGEL als auch ILG[188] stellte bei Frauen eine höhere Anzahl an Suizidversuchen fest. BRONISCH spricht für 1990 von Suizidversuchsraten bei Männern von 80 (auf 100 000 Einwohner) hingegen bei Frauen von 95 (auf 100 000 Einwohner).[189] RACHOR[190] hält den Suizidversuch für ein weiblich typisierendes Verhaltensmuster, KNEISSL[191] spricht von einer frauenspezifischen Verhaltensweise, deren Ursprung in der sozialen Prädisposition der Frau und deren Lebenssituation zu finden sei.

Eine Überprüfung der Motive und Hintergründe der früheren Parasuizide der Patientinnen konnte nicht erfolgen, da den Akten lediglich die Tatsache vorausgegangener Suizidversuche, nicht jedoch deren genauen Umstände zu entnehmen waren. Zu einfach wäre es, aufgrund der später in der Hauptverhandlung, d.h. also aufgrund einer zeitlich nach den früheren Suizidhandlungen festgestellten psychischen Krankheit oder Suchtmittelabhängigkeit diese selbstverständlich auch für frühere Parasuizide als gegeben anzusehen.[192] Vielmehr können dies Faktoren bei früheren Parasuiziden gewesen sein, müssen es aber nicht.

---

[188] Ilg, Über die Bedeutung von Geschlecht und Lebensalter für den Selbstmordversuch, S. 160.

[189] Bronisch, Der Suizid, S. 26.

[190] Rachor, Selbstmordversuche von Frauen, S. 193.

[191] Kneissl, Suizidversuche bei Frauen, S. 274ff.

[192] Daher wird auch auf eine Darstellung der Diagnoseverteilung der Patientinnen mit Suizidversuchen verzichtet, da es sich um die aktuelle Diagnose handeln würde, diese jedoch über den Zustand bei früheren Suiziden nicht aussagt.

Suizidversuche werden nach BRONISCH[193] wie folgt unterschieden:

1. Parasuizidale Pause mit dem Motiv der Zäsur.
2. Parasuizidale Geste mit dem Motiv des Appells.
3. Parasuizidale Handlung mit dem Motiv der Autoaggression.

Im Zusammenhang mit der eigenen Untersuchung soll - trotz der wenigen Informationen über frühere Versuche - auf die parasuizidale Geste näher eingegangen werden, da eines der weiteren Ergebnisse als Indiz für das Vorhandensein einer solchen Geste angesehen werden könnte. So fand sich bei den Patientinnen ein hoher Anteil von mehrfach versuchten Suiziden. Von den 54 Patientinnen der § 63 StGB Gruppe war es bei 33 Frauen (61,1%) bereits mehrfach zu Suizidversuchen gekommen, in der § 64 StGB Gruppe gab es prozentual gesehen ähnlich viele Mehrfachversuche (62,5%).

Das Vorliegen mehrerer erfolgloser Suizidversuche legt die Vermutung nahe, dass bei einem Teil der Patientinnen nicht der tatsächliche Wunsch nach dem Ausscheiden aus dem Leben im Vordergrund gestanden haben könnte, sondern eine andere Motivation zugrunde lag.[194]

Nach der Einteilung von BRONISCH steht bei der parasuizidalen Geste der Appell an den Mitmenschen im Vordergrund. Dies wäre als Hintergrund mehrerer fehlgeschlagener Suizidversuche der Patientinnen denkbar. Diese Überlegung und auch die weiteren, sich mit dem Mehrfachsuizidversuch beschäftigenden Theorien[195] konnten aufgrund fehlender Informationen in den Patientinnenakten nicht überprüft werden.

Im Kontext mit der begangenen und zur Unterbringung führenden rechtswidrigen Tat kam es - im Vergleich zur Häufigkeit der Suizidversuche im allgemeinen - nur in Einzelfällen zu Selbsttötungsversuchen:

---

[193] Bronisch, Der Suizid, S. 12; ähnlich auch Rachor, Selbstmordversuche von Frauen, S. 194.

[194] Ausdrücklich soll hierbei betont werden, dass diese Einschätzung nicht abwertend zu verstehen ist und nicht der Eindruck entstehen soll, dass diese Handlungen nicht wirklich ernst zu nehmen seien.

[195] Zu den Ursachen und Hintergründen wiederholter Suizidversuche siehe Hensler/Marten(/Sodemann, Kriterienliste als screening-Instrument zur Erfassung chronischer Suizidialität, Der Nervenarzt 54, 1983, 33; Wedler, Krisenintervention, Diagnostik 13, 1980, 178; Seligman, Erlernte Hilflosigkeit, München, 1979; Watzlawick,/Beavin,/Jackson, Menschliche Kommunikation.

Tabelle 29: Suizidversuch im Zusammenhang mit der Unterbringungstat.

	§ 63 StGB		§ 64 StGB	
	Anzahl	%	Anzahl	%
Ja	8	**7,4**	1	**3,2**
Nein	98	**90,7**	30	**96,8**
nicht bekannt	2	1,9	---	---
Gesamtwert	108	100,0	31	100,0

(Chi²-Test: $\chi^2 = 0{,}73$; n.s.; in 25% der Zellen $N \leq 5$)

In den Fällen, in denen dic Tathandlung und ein Suizidversuch zusammenfielen, handelte es sich ausschließlich um Tatgeschehen, die eng mit der Selbsttötungsabsicht verknüpft waren, solche, die einander bedingten.

In 4 der 9 Fälle lagen erweiterte Suizidtaten[196] (auch Mitnahmesuizide genannt) vor, d.h. die Patientin hatte primär die Selbsttötung im Auge, wollte andere Menschen - in den Untersuchungsfällen immer ihr(e) Kind(er) – jedoch nicht „zurücklassen". Nach der Tötung der Kinder schlug die nachfolgende Selbsttötung der Patientin aber fehl.

Hierzu ist zu bemerken, dass auch in anderen Untersuchungen eine Häufung von Kindstötungen beim erweiterten Suizid durch weibliche Täterinnen festgestellt wurde, während demgegenüber bei männlichen Tätern die Partnertötung dominierte.[197]

In den anderen 5 Fällen beinhaltete der Suizidversuch die Straftat, es wurde als Mittel der Selbsttötung die eigene Wohnung bzw. der Aufenthaltsort zum Zeitpunkt der Tat in Brand gesetzt.[198]

Außerhalb dieser Fälle fand sich ein Zusammentreffen von Unterbringungstat und Suizid nicht.

Neben der Feststellung, dass es trotz vielfacher Suizidversuche nur selten zu Suizidversuchen im Zusammenhang mit der Tat gekommen war, konnte anhand einiger Akten eine Übereinstimmung in der subjektiven Wirkung eines früheren Selbstmordversuchs und der Begehung von rechtswidrigen Taten festgestellt werden. Mehrfach wurden beide von der Patientin als „erlösend, befreiend"

---

[196] Zur unterschiedlichen Ausgestaltung erweiterter Suizide siehe Geiger, Erweiterter Suizid.

[197] Geiger, Erweiterter Suizid, S. 121; Bien, Häufigkeit, Motivation und Durchführung des erweiterten Suicids bei psychiatrischen Patienten, in: Pohlmeier/Schmidtke/Welz, Suizidales Verhalten, , S. 57; Meier, Der (mißlungene) erweiterte Selbstmord aus forensisch-psychiatrischer Sicht, in: Forensia 5, 1984, 61.

[198] Siehe zum Zusammenhang von Suizid und Brandstiftung Donalies, Selbstmord und Brandstiftung, Der Nervenarzt 20, 1949, 133; sowie zur Brandstiftung unten, S. 121.

beschrieben, in einigen Fällen stand vor dem Selbstmordversuch sowie vor einer rechtswidrigen Tat eine von der Patientin subjektiv als ausweglos empfundene Lebenssituation, die sie mit der Handlung (Suizidversuch/Tat) zu lösen gedachte. Ob in diesen Verhaltensweisen möglicherweise ein Alternativverhältnis - in dem naheliegenden Sinne von Aggression und Autoaggression - gesehen werden kann, konnte aufgrund der geringen Angaben nicht geklärt werden, wäre jedoch durchaus denkbar.

V. Forensische Daten

Die forensischen Daten geben Aufschluß über strafbares Verhalten der Patientinnen vor der aktuellen Unterbringung und die Reaktion staatlicher Organe auf dieses Verhalten. Die Daten wurden aus Gutachten, früheren Urteilen oder dem den Krankenakten beigefügten Bundeszentralregisterauszügen entnommen. Bei der Datenaufnahme wurden alle strafbaren Handlungen als Vordelikte aufgenommen, auf den Umstand einer Verurteilung kam es nicht an. So konnte die Patientin bereits wegen mehrerer Vordelikte vor Gericht gestanden haben, mangels Schuldfähigkeit dennoch nicht verurteilt, sondern freigesprochen worden sein.

1. Vordelikte

Von den 108 nach § 63 StGB untergebrachten und den 31 nach § 64 StGB untergebrachten Frauen waren 44 (40,7%) bzw. 22 (71,0%) Patientinnen durch Vordelinquenz aufgefallen.

Erwartungsgemäß war die Anzahl der vordelinquenten Patientinnen bei den nach § 64 StGB untergebrachten Frauen wesentlich höher. Während in suchtunabhängigen Krankheitsbereichen Krankheit und Kriminalität nicht unmittelbar zusammenhängen, ist bei starkem „Suchtdruck“ der Weg zur direkten Beschaffung der Suchtmittel oder der Beschaffung von Geldern zum Erwerb der Suchtmittel naheliegend, die Sucht Motor der Kriminalität.[199] Wie nahe Sucht und Kriminalität beieinander liegen und wie sehr sich die Gesellschaft des engen Zusammenhangs zwischen Sucht und Kriminalität bewußt ist, ergibt sich schon aus dem Umstand, dass für diese Arten von Kriminalität zur Suchtfortführung und Suchtbefriedigung der Oberbegriff der „Beschaffungskriminalität“ verwendet wird.[200]

---

[199] Zu dem Verhältnis von Sucht und Kriminalität siehe auch S. 127.

[200] Im Bereich der Beschaffungskriminalität wird zwischen direkter und indirekter Beschaffungskriminalität unterschieden. Bei der direkten handelt es sich um die Erlangung der Suchtmittel z.B. durch Apothekeneinbrüche und Rezeptfälschungen, unter der indirekten versteht man strafbare Handlungen, die der Erlangung von Zahlungsmitteln zum Erwerb von Drogen dienen. Siehe Schwind, Kriminologie, § 27, Rdnr. 18.

Die strafbaren Vordelikte der Maßregelvollzugspatientinnen verteilen sich im Einzelnen wie folgt:

Tabelle 30: Vordelinquenz[201] nach Deliktgruppen.

	§ 63 StGB		**§ 64 StGB**	
	Anzahl	%	Anzahl	%
Leben (§§ 211, 212)	3	**4,1**	---	---
Körperverletzung (§§ 223 – 226)	15	**20,3**	2	**4,5**
persönliche Freiheit (§§ 239 –239b, 241)	---	---	---	---
Diebstahl (§§ 242 – 244 StGB)	18	**24,3**	15	**34,1**
Raub und Erpressung (§§ 249 – 255)	3	**4,1**	3	**6,8**
Betrug u. Urkundenfälschung (§§ 263, 267)	5	**6,8**	4	**9,1**
Sachbeschädigung (§§ 303 – 305)	6	**8,1**	---	---
Brandstiftung (§§ 306 – 308)	11	**14,9**	---	---
Verstöße gegen BetäubungsMG	1	**1,4**	14	**31,8**
sonstiges	12	**16,2**	6	**13,6**
Gesamtwert[202]	74	100,0	44	100,0

(Chi^2-Test: Aufgrund der zu niedrigen Fallzahlen, ist keine akzeptable Aussage möglich)

[201] Bei den Paragraphen ohne Gesetzesangabe handelt es sich um solche des Strafgesetzbuchs in der Fassung vor 1998, da die begangenen Delikte bereits vor 1998 abgeurteilt wurden. Bei der Erhebung wurde zwischen dem Versuch und der Vollendung der Delikte nicht unterschieden.

[202] Der Gesamtwert der Vordelikte deckt sich nicht mit der Anzahl der Patientinnen mit Vordelikten, da manche Patientinnen strafbare Handlungen mehrerer Deliktgruppen verwirklicht haben. Auch stellt der Gesamtwert nicht die Anzahl der begangenen Handlungen, sondern nur die Deliktgruppen dar. So kann eine Patientin 20 Diebstähle begangen haben, in den Deliktgruppen wird nur die Straftat als solche, nicht die Summe der Straftaten aufgeführt.

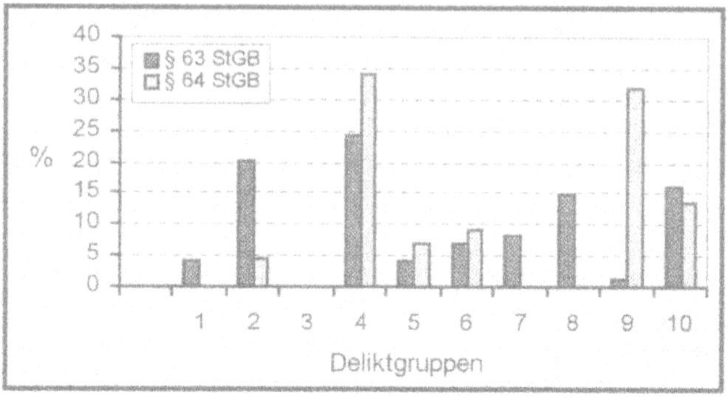

Abbildung 4: Vordelinquenz nach Deliktgruppen

1=Leben; **2**=Körperverletzung; **3**=Persönliche Freiheit; **4**=Diebstahl; **5**=Raub u. Erpressung; **6**=Betrug u. Urkundenfälschung; **7**=Sachbeschädigung; **8**=Brandstiftung; **9**=Verstöße gegen Betäubungs-mittelG; **10**=sonstiges

Bereits die Verteilung der Vordelikte weist sowohl innerhalb der verschiedenen Maßregelpatientinnengruppen als auch im Vergleich zu anderen Kontrollgruppen Besonderheiten auf. Zwischen den nach § 63 StGB und den nach § 64 StGB untergebrachten Frauen sind deutliche Unterschiede zu erkennen.

So stellen die Vordelikte gegen Leib und Leben anderer Personen bereits ein Viertel (24,4%) der Delikte der nach § 63 StGB untergebrachten Frauen dar, während diese Deliktsform bei den nach § 64 StGB Patientinnen in nur 4,5% der Fälle auftrat. Offensichtlich stehen diese Delikte den nach § 63 StGB untergebrachten Patientinnen näher, sind Ausdruck der psychischen Krankheit.

Naturgemäß liegt der Anteil der Verstöße gegen das Betäubungsmittelgesetz bei den Suchtkranken Maßregelvollzugspatientinnen mit 31,8% sehr hoch, während diese bei den § 63 StGB Patientinnen fast gar nicht vorkommen (1,4%).

Auffallend ist weiterhin der Anteil der Brandstiftungsdelikte der nach § 63 StGB untergebrachten Frauen. Während bei den Vordelikten der § 64 StGB Patientinnen gar keine Brandstiftungsdelikte vorliegen, ist er mit 14,9% der § 63 StGB Patientinnen mit Vordelikten bemerkenswert hoch. Besondere Bedeutung gewinnt der Anteil auch im Vergleich zu der Gruppe der Strafgefangenen und der männlichen Maßregelpatienten. In diesen Kontrollgruppen sind Brandstiftungsdelikte ebenfalls in nur geringem Anteil zu finden. Während bei den männlichen Patienten noch 4,4% (LEYGRAF[203]) bzw. 3,9% (MISSENHARDT[204]) der Vordelikte Brandstiftungen waren, war der Anteil der Brandstiftungstaten bei den

[203] Leygraf, Psychisch kranke Straftäter, S. 78.

[204] Missenhardt, Psychisch kranke Straftäter im Maßregelvollzug, S. 56.

Strafgefangenen mit 0,6% (Frauen) und 0,7% (Männer) verschwindend gering.[205] Offensichtlich können bei weiblichen Maßregelvollzugspatienten schon im Bereich der Vordelikte Besonderheiten festgestellt werden. Diese Besonderheiten werden bei der Untersuchung der Delikte, die zur aktuellen Unterbringung führte, aufgegriffen werden.[206]

2. Verurteilungen

Während bei den Vordelikten auch die Delikte aufgenommen wurden, die nicht zu einer Verurteilung führten, d.h. auch solche, die zwar tatbestandsmäßig und rechtswidrig, aber nicht schuldhaft begangen worden waren, zählen zu den Verurteilungen nur solche, die für die Patientinnen mit der Verhängung einer Geld- oder Freiheitsstrafe oder Maßregel endeten.

Interessant ist, dass von den 44 Patientinnen mit Vordelikten der § 63 StGB Gruppe „nur" 33 Frauen vor der aktuellen Unterbringung zu einer Geld- oder Freiheitsstrafe oder Maßregel verurteilt worden waren (75,0%), während von den 22 Patientinnen mit Vordelikten der § 64 StGB Gruppe ausnahmslos alle (100,0%) zu Geld- oder Freiheitsstrafen verurteilt worden waren. Das bedeutet, dass bei den späteren § 64 StGB Patientinnen in keinem Fall eine Schuldunfähigkeit angenommen wurde, und entspricht damit in etwa dem geringen Anteil von nach § 64 StGB untergebrachten Patientinnen, bei denen bezüglich des Unterbringungsdelikts eine Schuldunfähigkeit angenommen wurde.[207]

Tabelle 31: Anzahl der Vorverurteilungen.

	§ 63 StGB		**§ 64 StGB**	
	Anzahl	%	Anzahl	%
eine	8	**24,2**	2	**9,1**
zwei bis fünf	15	**45,5**	15	**68,2**
sechs bis zehn	7	**21,2**	3	**13,6**
über zehn	3	**9,1**	2	**9,1**
Gesamtwert	33	100,0	22	100,0

(Chi^2-Test: Aufgrund der zu niedrigen Fallzahlen, ist keine akzeptable Aussage möglich)

Der überwiegende Teil der Patientinnen war vor der Unterbringung nicht nur einmalig, sondern bereits zwischen zwei und fünf mal verurteilt worden. Während sich bei den § 63 StGB Patientinnen jedoch auch ein Viertel mit nur einer Vorverurteilung findet, ist dieser Anteil bei den § 64 StGB Frauen gering.

---

[205] Zahlen des Statistischen Bundesamts, Fachserie 10, Reihe 4.1., 1998.

[206] Zu den Besonderheiten der Brandstiftungsdelikte siehe S. 121.

[207] Zu dem Exkulpationsgrad bei der jetzigen Unterbringung siehe S. 103.

Die Anzahl der Vorverurteilungen der nach § 63 StGB untergebrachten Frauen entspricht in etwa der Anzahl der männlichen Vergleichsgruppe:

Tabelle 32: Vergleich Vorverurteilungen weiblicher und männlicher Maßregelpatienten.

	§ 63 StGB (Frauen)		**§ 63 StGB** (Männer)	
	Anzahl	%	Anzahl	%
eine	8	**24,2**	236	**18,6**
zwei bis fünf	15	**45,5**	600	**47,4**
sechs bis zehn	7	**21,2**	228	**18,0**
über zehn	3	**9,1**	202	**16,0**
Gesamtwert	33	100,0	1266	100,0

(Chi²-Test: $\chi^2 = 1{,}71$; n.s.)

Von den 33 § 63 StGB Patientinnen und den 22 § 64 StGB Patientinnen waren jeweils 14 Frauen zu Freiheitsstrafen ohne Bewährung verurteilt und inhaftiert worden. Die Altersverteilung bei der ersten Inhaftierung stellt sich wie folgt dar:

Tabelle 33: Altersverteilung bei erster Inhaftierung.

	§ 63 StGB		**§ 64 StGB**	
	Anzahl	%	Anzahl	%
bis 21	3	**21,4**	2	**14,3**
bis 30	8	**57,1**	8	**57,1**
bis 40	2	**14,3**	4	**28,6**
bis 50	1	**7,1**	---	---
Gesamtwert	14	100,0	14	100,0

(Chi²-Test: Aufgrund der zu niedrigen Fallzahlen, ist keine akzeptable Aussage möglich)

Die längste Gesamtdauer der summierten Inhaftierungszeiten lag mit 168 Monaten bei einer § 63 StGB Patientin vor. Eine § 64 StGB Patientin hatte vor der Unterbringung bereits 60 Monate in Strafhaft verbracht. Der am häufigsten auftretende Wert der Inhaftierungsdauer lag bei den § 63 StGB Patientinnen bei 30 Monaten, die der § 64 StGB Frauen bei nur 5 Monaten. (U-Test; $z = -2{,}44$; $p \leq 0{,}01$)

Da die Anzahl der Vordelikte bei den Patientinnen der § 63 StGB Gruppe nicht höher liegt als die Anzahl der § 64 StGB Gruppe, läßt sich aus den im Durchschnitt stark erhöhten Inhaftierungszeiten der Patientinnen der § 63 StGB Gruppe erkennen, dass es sich bei den von diesen begangenen Delikten um qualitativ schwerere Delikte gehandelt haben muß als bei den nach § 64 StGB untergebrachten Frauen. Vor dem Hintergrund der von abhängigen Täterinnen zu erwartenden typischen Beschaffungskriminalität waren für diese geringere Strafen und damit auch geringere Inhaftierungszeiten erwartet worden.[208]

VI. Aktuelle Unterbringung

1. Rechtsgrundlage

Von den 139 in die Untersuchung einbezogenen Patientinnen waren 108 nach § 63 StGB und 31 nach § 64 StGB untergebracht. Innerhalb dieser Gruppen erfolgte die Unterbringung wie folgt:

Tabelle 34: Rechtsgrundlage und Zustandekommen der Unterbringung (§ 63 StGB).

	§ 63 StGB	
	Anzahl	%
erstmalig nach § 63 StGB	89	**82,4**
Widerruf eines zunächst zur Bewährung ausgesetzten § 63 StGB	8	**7,41**
Widerruf eines nach der Unterbringung zur Bewährung ausgesetzten § 63 StGB	10	**9,3**
erneuter § 63 StGB	1	**2,8**
Gesamtwert	108	100,0

[208] Zu dem Zusammenhang von Sucht und Kriminalität siehe S. 127.

Tabelle 35: Rechtsgrundlage und Zustandekommen der Unterbringung (§ 64 StGB).

	§ 64 StGB	
	Anzahl	%
erstmalig nach § 64 StGB	24	**77,4**
Widerruf eines zunächst zur Bewährung ausgesetzten § 64 StGB	1	**3,2**
Widerruf eines nach der Unterbringung zur Bewährung ausgesetzten § 64 StGB	5	**16,1**
erneuter § 64 StGB	1	**3,2**
Gesamtwert	31	100,0

Bei den meisten der 139 Maßregelvollzugspatientinnen wurde durch das erkennende Gericht eine Maßregel angeordnet, die nicht zur Bewährung ausgesetzt wurde und daher zu vollziehen war. In dieser Vollziehung befanden sich die Patientinnen zum Zeitpunkt der Untersuchung.[209]

Bei 8 der nach § 63 StGB untergebrachten und bei 1 der nach § 64 StGB untergebrachten Frauen wurde eine Maßregel von dem erkennenden Gericht zwar angeordnet, aber zunächst zur Bewährung ausgesetzt. Diese Möglichkeit zur Anordnung und gleichzeitiger Aussetzung ist durch § 67b Abs.1 S. 1 StGB gegeben. Voraussetzung hierfür ist das Vorliegen besonderer, positiv durch das Gericht festzustellender Umstände in Verbindung mit der Erwartung, dass der Zweck der Maßregel auch in Form einer Aussetzung erreicht werden kann.[210]

Diese Aussetzung der Maßregel wurde widerrufen, so dass sich diese Patientinnen zum Untersuchungszeitpunkt nun doch in einem psychiatrischen Krankenhaus oder einer Entziehungsanstalt befanden. Die Möglichkeit des Widerrufs der Aussetzung ergibt sich aus § 67g StGB unter den fünf verschiedenen Voraussetzungen der Absätze 1 bis 3.

In den hierzu gefundenen Fällen erfolgte die Aussetzung zur Bewährung und der Widerruf aus folgenden Gründen:

Als besondere, vom Gericht im Urteil festgestellte positiven Umstände fanden sich die Einwilligung zu Drogen- oder Alkoholtherapien, die Veränderung belastender Lebensumstände und damit einhergehend die Stabilisierung des psychischen Zustands, die freiwillige ambulante und/oder medikamentöse Be-

---

[209] Dabei machte es keinen Unterschied, ob eine zusätzlich angeordnete Freiheitsstrafe vorher vollstreckt oder noch zu vollstrecken war. Zum Zeitpunkt der Untersuchung befand sich die Patientin in der Vollstreckung einer Maßregel nach §§ 63 oder 64 StGB.

[210] Fischer, in Tröndle/Fischer, Strafgesetzbuch, § 67b StGB, Rdnr. 3.

handlung, die freiwillige Unterbringung in der Allgemeinpsychiatrie oder die Zustandsstabilisierung der Patientin durch einen Betreuer.

Der Widerruf der Aussetzung erfolgte[211] infolge von erneuten Straftaten, Verstößen gegen Weisungen oder der Verweigerung oder Fortsetzung von Therapien. Häufig traten erneute Delikte in Kombination mit dem Verstoß gegen die Weisung, keinen Alkohol zu trinken und/oder Drogen zu sich zu nehmen, auf.

Bei den Delikten in der Bewährungszeit handelte es sich zumeist um einschlägige, d.h. um Delikte, die bereits der ausgesetzten Aburteilung zugrunde gelegen hatten. Hauptsächlich handelte es sich hierbei um Diebstahlsdelikte.

In einem Fall war eine nach § 63 StGB untergebrachte Patientin zunächst wegen einer Vielzahl von Diebstählen verurteilt worden, die Maßnahme aber aufgrund eines stabilisierenden Betreuungsverhältnisses ausgesetzt worden. Nach 2 Jahren Straffreiheit erfolgte ein neuer Diebstahl, woraufhin die Aussetzung jedoch nicht widerrufen, sondern die Bewährungszeit auf ein Jahr verlängert wurde. Innerhalb dieser Zeit erfolgten neue Diebstähle, so dass es letztlich zu einem Widerruf kam und die Patientin untergebracht wurde.

In nur einem Unterbringungsfall stellte sich das Delikt in der Bewährungszeit als schwerwiegender als das Maßregeldelikt dar (Nötigung/räuberische Erpressung), in allen anderen Fällen bewahrten die Delikte ihren im unteren Bereich der Kriminalität liegenden Charakter.

In den anderen Unterbringungsfällen war eine Maßregel vollstreckt worden, d.h. die Patientin hatte sich in einem psychiatrischen Krankenhaus oder einer Entziehungsanstalt befunden. Die weitere Unterbringung war § 67 d Abs. 2 StGB zur Bewährung ausgesetzt, jedoch ebenfalls widerrufen worden. Der Widerruf erfolgte ebenfalls unter den Voraussetzungen des § 67g Abs. 1 –3 StGB.

In 8 dieser 15 Unterbringungsfälle lag der Grund in dem Verstoß gegen die Weisung, keinen Alkohol und/oder Drogen zu sich zu nehmen, in 6 Fällen kamen zu dem Weisungsverstoß noch weitere Delikte hinzu. In einem Unterbringungsfall erfolgte der Widerruf nach einem Alkoholrückfall ohne Deliktbegehung auf Drängen der Patientin.

In zwei weiteren Widerrufsfällen erfolgte die erneute Unterbringung nach relativ leichten Delikten. In einem Fall hatte die Patientin einen Brand gelegt und diesen wieder gelöscht, was rechtlich als Sachbeschädigung beurteilt wurde, im anderen Fall hatte die Patientin in der Heimunterbringung Personal in der Art einer einfachen Körperverletzung angegriffen. Beide Täterinnen gaben an, diese

---

[211] In einem Fall war die Zuständigkeit zum Widerruf der Aussetzung streitig. Die Entscheidung fiel richtigerweise zugunsten des Gerichts des ersten Rechtszugs und gegen einen Widerruf durch die Strafvollstreckungskammer, da diese gem. § 462a StPO erst ab der Vollstreckung zuständig ist.

Delikte begangen zu haben, um erneut in der früheren Maßregelvollzugseinrichtung untergebracht zu werden.[212] Diese beiden Fälle lassen vermuten, dass das neben der Maßregelunterbringung bestehende Versorgungssystem keine oder zumindest keine adäquaten Einrichtungen bereitstellt, um solche Widerrufsunterbringungen zu vermeiden. Der den Patientinnen – und wohl auch den Patienten – nach Vollzug der Maßregel zur Verfügung stehende Empfangsraum ist offensichtlich nicht in der Lage, auftretende Schwierigkeiten nach der Maßregelunterbringung abfangen zu können.[213]

Der Gesamtanteil der Widerrufsunterbringungen bei nach § 63 StGB untergebrachten Patientinnen entspricht in etwa dem von LEYGRAF gefundenen Wert von 15% bei männlichen Patienten.[214]

Deutliche Unterschiede finden sich jedoch innerhalb der Widerrufsunterbringungen. Während bei den weiblichen Maßregelvollzugspatientinnen 7,4% eine Aussetzung zur Bewährung zugleich mit der Anordnung erhielten, fanden sich bei den männlichen Patienten nur 1,9% mit dieser Aussetzung. Eine Interpretation dieses Unterschiedes ist nicht möglich, da nicht bekannt ist, ob in der allgemeinen Gerichtspraxis bei Frauen generell eine Maßregel öfter als bei Männern zugleich mit dem Ausspruch ausgesetzt wird (was die Annahme geringerer Gefährlichkeit von Frauen stützen würde) oder ob bei Frauen die Aussetzung nur öfter widerrufen werden muß. Beide Varianten könnten eine Erhöhung der Aussetzungswiderrufe zur Folge haben.

Die leicht erhöhte Anzahl von Widerrufen nach erfolgter Unterbringung bei Männern (13,1% gegenüber 9,3%) läßt auf eine geringere Rückfallquote bei Frauen schließen. Diese könnte mit der geringen Begehung von stärker rückfallgefährdeten Sexualstraftaten zusammenhängen.[215]

2. Unterbringung

Wie bereits beschrieben, werden im gesamten Bundesgebiet die Maßregeln der §§ 63, 64 StGB innerhalb des psychiatrischen Versorgungssystems und nicht in justizeigenen Sonderanstalten vollstreckt. Die Unterbringung findet in

[212] Zu weiteren Hospitalisierungsschäden siehe unten, S. 160.

[213] Siehe zum Problem der ambulanten Nachsorge unten, S. 167.

[214] Leygraf, psychisch kranke Straftäter, S. 179.

[215] Zu den Unterbringungsdelikten siehe S. 118.

psychiatrischen Krankenhäusern sowie in Entziehungsanstalten statt. Der Ort der Unterbringung wird durch die Vollstreckungspläne der Länder bestimmt[216].

a) Unterbringungseinrichtung

Der Ort der Vollstreckung, d.h. die aufnehmende Klinik, bestimmt sich entsprechend den Vollstreckungsplänen entweder nach der Unterbringungsnorm, nach dem Landgerichtsbezirk des Anordnungsurteils, nach dem Geschlecht des Patienten oder nach dem Behandlungsschwerpunkt, wobei fast alle Vollstreckungspläne auch die Möglichkeit abweichender Unterbringungen vorsehen.

Entsprechend der Entscheidung der Länder fanden sich verschiedene „Einrichtungstypen". Waren in manchen Ländern die Maßregelpatienten in reinen Maßregelkliniken untergebracht, die entweder nur § 63 StGB Patienten, nur § 64 StGB Patienten oder Patienten beider Gruppen aufnahmen, so fanden sich in anderen Bundesländern keine eigenen Maßregeleinrichtungen. Die Maßregelpatienten waren in Kliniken der Allgemeinpsychiatrie, entweder in getrennten Maßregelabteilungen oder auf Allgemeinstationen verteilt, untergebracht.

Im einzelnen waren die in die Untersuchung aufgenommenen Frauen wie folgt untergebracht:

---

[216] Eine Besonderheit fand sich im Bundesland Thüringen. § 31 Abs.1 des Thüringer Gesetzes zur Hilfe und Unterbringung psychisch Kranker vom 2. Februar 1994 bestimmt, dass die zuständige Einrichtung durch den Vollstreckungsplan bestimmt wird. Zum Zeitpunkt der Datenerhebung 1998 und der Auswertung im Jahr 2000 lag jedoch für das Land Thüringen kein Vollstreckungsplan vor. Die schriftliche Anfrage, ob in den Allgemeinpsychiatrien des Landes Patientinnen untergebracht waren, ergab Unterbringungen in Hildburghausen und in Stadtroda. Diese Kliniken nahmen an der Unterbringung teil.

Tabelle 36: Unterbringungseinrichtung[217].

	§ 63 StGB		§ 64 StGB	
	Anzahl	%	Anzahl	%
§ 63 StGB Klinik	3	**2,8**	---	---
§ 63 StGB Abteilung im PKH	29	**26,9**	---	---
PKH ohne Sonderabteilung	37	**34,4**	2	**6,5**
§§ 63 und 64 StGB Klinik	25	**23,1**	11	**35,5**
§ 64 StGB Abteilung im PKH	---	---	12	**38,7**
§§ 63 und 64 StGB Abteilung im PKH	14	**13,0**	6	**19,4**
Gesamtwert	108	100,0	31	100,0

Von den 139 Patientinnen waren 39 in reinen Maßregelvollzugseinrichtungen untergebracht, während bei 100 Frauen der Maßregelvollzug in Angliederung an die Allgemeinpsychiatrie erfolgte.

b) Unterbringungssituation

Die aufgezeigte Tabelle der Unterbringungseinrichtung vermag die Unterbringungspraxis nicht ausreichend darzustellen. Die Besonderheiten der weiblichen Unterbringung wurden erst im Laufe der Untersuchung sichtbar. Teilweise konnten Auffälligkeiten den Akten entnommen werden, teilweise wurden diese durch eigene Anschauung oder im Gespräch mit Behandlern oder Patientinnen deutlich.

Integrierte Unterbringung auf Stationen der Allgemeinpsychiatrie

Von den 100 Frauen in allgemeinpsychiatrischen Kliniken waren 37 der nach § 63 StGB und 2 der nach § 64 StGB untergebrachten Frauen auf Stationen oder Abteilungen mit Patienten und/oder Patientinnen der Allgemeinpsychiatrie untergebracht.

Während in manchen Kliniken sowohl männliche als auch weibliche Maßregelpatienten bewußt auf Allgemeinstationen untergebracht wurden, erfolgte in einigen Kliniken nur die Unterbringung weiblicher Patienten auf Stationen der Allgemeinpsychiatrie, während die männlichen Maßregelpatienten auf gesonderten Stationen oder Abteilungen des Maßregelvollzugs untergebracht

---

[217] Eine Unterscheidung innerhalb dieser Gruppen nach getrennt- oder gemischtgeschlechtlicher Unterbringung erfolgte innerhalb dieser Tabelle nicht, es fanden sich innerhalb dieser Gruppen sowohl gemeinschaftliche als auch nach Geschlecht getrennte Unterbringungsformen.

waren. Grund für die abweichende Regelung bei Patientinnen war deren geringe Anzahl. Waren nur ein oder zwei Maßregelpatientinnen in der gesamten Klinik untergebracht, so wurde in manchen Einrichtungen von der Unterbringung auf einer sonst reinen Männerstation abgesehen.[218]

Erschien die Integration von psychisch kranken Straftäterinnen auf Stationen der Allgemeinpsychiatrie in der Theorie begrüßenswert, so zeichnete sich im Laufe der Untersuchung ein anderes Bild. War zunächst davon ausgegangen worden, dass die Unterbringung auf Stationen mit nicht straffälligen Patienten die Straftat in den Hintergrund treten lasse und den Behandlungsgedanken verstärken würde, so dass sich die Untergebrachte dadurch weniger als gefährliche Straftäterin, sondern eher als behandlungsbedürftige Patientin verstehen könnte, wurde - in Einzelfällen - genau das Gegenteil erreicht. Da sich sowohl die Patienten der Allgemeinpsychiatrie, aber vor allem deren Angehörige gegen die integrative Unterbringung wendeten und dagegen vorgingen, wurde den Patientinnen die kriminelle Komponente der Unterbringung stärker vor Augen geführt, als es unter Maßregelpatienten der Fall gewesen wäre.

Überprüfung des Systems der Zweispurigkeit aus Anlass der Ausgrenzung von Maßregelpatientinnen

Die Ablehnung von Patientinnen, die strafgerichtlich in der Allgemeinpsychiatrie untergebracht worden waren, drängt eine Überprüfung des Sinns der „strafgerichtlichen Zweispurigkeit" sowie der „Zweispurigkeit im weiteren Sinn" auf.[219] Die „Zweispurigkeit im engeren Sinn" ist an dieser Stelle nicht relevant, da es für die Patientin im Zusammenhang mit der Ablehnung durch Mitpatienten oder Angehörige in der Allgemeinpsychiatrie keinen Unterschied macht, ob zusätzlich - vor oder nach der Maßregel - noch eine Haftstrafe vollzogen wurde oder werden wird. Als Ablehnungsgrund ist nicht eine zusätzlich ausgesprochene Strafe zu verstehen.

Die Lösung dieser Problematik ist jedoch auch nicht in der Abkehr von der strafgerichtlichen Einweisung, d.h. in der Ablehnung der „strafgerichtlichen Zweispurigkeit" zu finden, da die Unterbringung nach Unterbringungsrecht die Situation der psychisch kranken Täterinnen nicht zu verbessern vermag. Zwar unterscheiden sich nach dieser Lösung die Rechtsgrundlagen der Unterbringung der Patienten der Allgemeinpsychiatrie untereinander nicht mehr. Dieses formelle Kriterium ist jedoch nicht der Grund für die Ablehnung dieser Patientengruppe. Vielmehr geht es bei der Ausgrenzung dieser Patientinnen (um

---

[218] Zu der Einzelunterbringung von Frauen auf reinen Männerstationen siehe unten, S. 85.

[219] Zur Zweispurigkeit im weiteren, bzw. im engeren Sinn siehe Exkurs zur Zweispurigkeit, S. 86.

diese geht es hauptsächlich, da gerade weibliche Maßregelpatienten aufgrund ihrer Minderzahl auf Stationen der Allgemeinpsychiatrie untergebracht werden) darum, nicht mit Menschen untergebracht zu sein, die kriminelle Handlungen begangen haben und von denen weitere gefährliche Taten zu erwarten sind. Die sich hieraus ergebenden Vorbehalte von Mitpatienten und Angehörigen wären folglich auch durch eine Unterbringung außerhalb einer strafrechtlichen Unterbringung nicht abzumildern, am Vorliegen der kriminelle Handlung ändert dies nichts.

Mehr Erfolg im Sinne einer geringeren Ausgrenzung von psychisch kranken Straftäterinnen verspräche hingegen die im Zusammenhang mit der Frage nach der „Zweispurigkeit im weiteren Sinn“ alternativ vorgeschlagenen einheitlichen Reaktion auf jegliches strafrechtliche Verhalten, unabhängig von Fragen der Schuld, mit einem für alle gültigen System der sozialen Hilfen. Abgesehen von dem Umstand, dass sich bei einem einheitlichen Reaktionssystem die Probleme der „Minderheitenunterbringung von Frauen“ anhand der hinzukommenden strafgefangenen Frauen relativieren würden, wären bei einem Behandlungsvollzug[220] alle untergebrachten Personen sowohl straffällig als auch der Hilfen bedürftig und somit - im Gegensatz zur Maßregelpatientin unter Patienten der Allgemeinpsychiatrie - „Gleiche unter Gleichen“. Für eine Ausgrenzung bliebe daher in einem einspurigen Reaktionssystem (im weiteren Sinn) kein Raum.

Aber auch in dem bestehenden zweispurigen System (im weiteren Sinn) könnte der Ausgrenzung vor allem der Patientinnen entgegengewirkt werden. Das Ziel der Unterbringung von „Gleichen unter Gleichen“ ist auch mit einer Unterbringung von Maßregelpatienten nur unter Maßregelpatienten zu erreichen. Die der integrativen Unterbringung innewohnende Gefahr der Ablehnung von Maßregelpatientinnen ist auch im bestehenden System einschränkbar.

Aufgrund der Minderzahl der weiblichen Patienten setzt diese Forderung jedoch in der Praxis eine Zentralisierung der psychisch kranken Straftäterinnen voraus. Eine zentralisierte Unterbringung verhindert einerseits eine Ausgrenzung, bringt allerdings auch neue Erschwernisse für die Patientinnen mit sich. [221] Dies muß bei dem Versuch, eine Ausgrenzung der Patientinnen durch Psychiatriepatienten zu verhindern, auf jeden Fall Berücksichtigung finden.

---

[220] Der von den Anhängern des einheitlichen Behandlungsvollzugs der sozialen Hilfen für alle Täter gegenüber dem bestehenden System als vorzugswürdig angesehene Behandlungsvollzug hat mit der im Strafvollzug ebenfalls unter dem Aspekt des Behandlungsvollzugs (§ 2 StVollzG) bestehenden Praxis wenig gemein. Die für die Justizvollzugsanstalten bestehenden Personalschlüssel von Psychologen, Psychiatern, Sozialarbeitern und sonstigen Pädagogen machen deutlich, dass diese wenigen Mitarbeiter ein funktionierendes System der sozialen Hilfen gar nicht ermöglichen können.

[221] Zu den Problemen der Unterbringung von Frauen in reinen Maßregelvollzugseinrichtungen siehe unten, S. 86.

Weiterhin war vor Beginn der Untersuchung auch nicht mit der tatsächlichen Unterbringungssituation von Maßregelpatientinnen auf Stationen der Allgemeinpsychiatrie gerechnet worden. Eines der großen Probleme der Unterbringung von Maßregelpatientinnen auf einer allgemeinpsychiatrischen Station ist in den Sicherungsanforderungen zu sehen. Sofern Patientinnen nicht lockerungsberechtigt sind - was sie in aller Regel zum Zeitpunkt der Einweisung und bei schweren Straftaten, womöglich noch mit einer nachfolgenden Haftstrafe, nicht sind - so werden sie zunächst streng geschlossen untergebracht. Da aber in den meisten kleineren allgemeinpsychiatrischen Kliniken die höchste Sicherungsstufe auf Akutstationen erreicht wird, werden die Maßregelpatientinnen, für die keine andere Sicherungsmöglichkeit besteht, oft monate- oder gar jahrelang auf diesen Stationen untergebracht.[222] Was aber eine dauerhafte Unterbringung auf einer Akutstation bedeutet, ist kaum zu beschreiben.

Auf Akutstationen der Allgemeinpsychiatrie werden selbst- und fremdaggressive Personen sicher untergebracht und behandelt. Wie bereits der Name der Station zeigt, werden dort Patienten behandelt, deren Krankheitszustände sich im Ausbruch befinden, die heftig und extrem sind. Es sind Stationen, in denen unter Umständen Fixierungen vorgenommen und starke Psychopharmaka verabreicht werden. Das Umfeld ist geräuschintensiv, zum Schutz der Patienten und der Mitarbeiter stets einsehbar, teilweise kameraüberwacht. Für die dort untergebrachte Maßregelpatientin bedeutet dies eine dauerhafte Unterbringung in Unruhe ohne Intimsphäre unter einer Vielzahl unterschiedlicher Akutzustände.

Das sich aus der Verfassung ergebende Grundrecht der Wahrung der Intimsphäre (Art. 1 GG i.V.m. Art. 2 GG) kann in dieser Unterbringungssituation nicht gewahrt bleiben. Legt man die für eine erfolgreiche Behandlung z.B. von CIOMPI[223] geforderten Kriterien eines „angemessenen Behandlungsmilieus, einer einfachen und ruhigen, entspannten und unkomplizierten, übersichtlichen, kleinräumigen, beschützenden und möglichst natürlichen Atmosphäre“ zugrunde, so läuft die Unterbringung auf einer Akutstation dieser Vorstellung von einem therapeutischen Klima diametral entgegen.

Hinzu kommt bei der Unterbringung auf einer Akutstation, dass der Aufenthalt der Akutpatienten im Vergleich zu dem der Maßregelpatientin auf dieser Stationen kürzer ist, nicht strafrechtlich untergebrachte Personen in der Regel nach dem Abklingen des psychischen Ausnahmezustands von der Akutsituation verlegt oder entlassen werden. Unter den Akutpatienten herrscht eine hohe Fluktuation, während die Maßregelpatientin - aufgrund des erhöhten

---

[222] Siehe hierzu auch S. 88.

[223] Ciompi, Affektlogik, Über die Struktur der Psyche und ihrer Entwicklung, S. 345. Ein solches Milieu fordert Ciompi in seinem Beitrag zur Schizophrenieforschung sachgemäß für Psychosekranke. Diese Forderung gilt jedoch nicht ausschließlich für Personen mit dieser psychischen Störung, sondern kann auf alle Störungen ausgedehnt werden.

Sicherungsgrads - immer auf der Station verbleibt. Diese gerät in einen Zustand der Isolation und Frustration.

Isolation deshalb, weil es der Maßregelpatientin vor dem Hintergrund des ständigen Patientenwechsels nicht möglich ist, dauerhafte und tragfähige Bindungen zu Mitpatienten aufzubauen. Frustration, weil die Patientin das ständige „Kommen und Gehen“ anderer Patienten miterleben muß, während sie selbst in Stagnation auf der Akutstation verbleibt und ein Fortschritt im Sinne einer Verlegung aus der Akutstation aus Sicherheitsgründen nicht in Betracht kommt.

Neben den besonderen Belastungen solcher Akutstationen haben diese oder ähnlich hoch gesicherte Stationen in der Allgemeinpsychiatrie für die Maßregelpatienten einen weiteren Nachteil. Diese Stationen sind in der Regel nicht auf den dauerhaften Verbleib der Patienten eingerichtet. Folglich ist auch das Beschäftigungs- Ausbildungs- und Fortbildungsprogramm eingeschränkt und für Langzeitpatienten nicht geeignet. Dennoch befinden sich auf diesen Stationen – mangels anderer Unterbringungsmöglichkeiten – Maßregelpatientinnen. Während andere Patienten entweder verlegt werden oder nach einiger Zeit klinikinterne jedoch stationsexterne Arbeits-, oder Beschäftigungsangebote nutzen können, ist den Maßregelpatientinnen diese Möglichkeit aus Sicherheitsgründen verwehrt. Während andere Patienten sich in der Klinik selbständig bewegen können, bedarf die Maßregelpatientin ohne Lockerung einer ständigen Beaufsichtigung. Für die Teilnahme an einer Tätigkeit außerhalb der geschlossenen Station müßte eine 1:1 Betreuung der Patientin durch Klinikpersonal während dieser Zeit erfolgen. Eine derart personalintensive Beaufsichtigung ist jedoch in den meisten der allgemeinpsychiatrischen Kliniken nicht leistbar mit der Folge, dass sich Patientinnen über Monate und teilweise Jahre unbeschäftigt auf hoch gesicherten Stationen aufhalten.

In einem Fall waren den weiblichen Patienten aus den oben genannten Gründen alle Beschäftigungs-, Aus- und Fortbildungsmaßnahmen, außer anfallenden Stationsarbeiten, verwehrt. Den männlichen Maßregelvollzugspatienten hingegen wurden in einer reinen Maßregeleinrichtung des selben Bundeslandes sowohl Schulabschlüsse als auch Berufsausbildungen und die Verrichtung interner „Erwerbstätigkeiten“ angeboten.

Wie dargestellt nehmen die Unterbringungssituationen in der Allgemeinpsychiatrie zum Teil kaum vorstellbare Formen an, die allenfalls dem Ziel der Sicherung, aber nicht der Besserung entsprechen. Ganz im Gegenteil ist unter den genannten Voraussetzungen und Bedingungen eine Verschlechterung des Zustands der dauerhaft auf Akutstationen untergebrachten Patientinnen zu befürchten. Eine Verschlechterung aufgrund der Unterbringungssituation, d.h. eine staatlich herbeigeführte Verschlimmerung des Gesundheitszustands während der Maßregel ist rechtswidrig. Dies läuft dem gesetzlichen Zweck der Maßregel geradezu entgegen.

Überprüfung des Systems der Zweispurigkeit aus Anlaß einer dauerhaften Unterbringung von Maßregelpatientinnen auf Akutstationen

Die dauerhafte Unterbringung von Maßregelpatientinnen auf Akutstationen drängt erneut die Überprüfung der Zweispurigkeit auf.

Wie bereits erwähnt, besteht das Problem der Unterbringung auf Akutstationen bei Frauen deshalb häufiger, weil für diese aufgrund ihrer geringen Anzahl in kleineren Allgemeinpsychiatrien keine hoch gesicherten Sonderabteilungen eingerichtet werden können.

Damit wird auch zugleich klar, dass die geringe Patientinnenanzahl bei einem einheitlichen Behandlungsvollzug, d.h. also bei einer Abkehr von der „Zweispurigkeit im weiteren Sinn", wegfallen würde. Die in ihrem Verhalten abweichenden Frauen (vormals Straf- und Maßregelvollzug) müßten zusammengelegt und damit Sonderabteilungen innerhalb des Behandlungsvollzugs geschaffen werden. Eine Unterbringung auf einer Akutstation der Allgemeinpsychiatrie wäre in einem einspurigen System (im weiteren Sinn) nicht möglich.

Den gleichen Effekt könnte man jedoch auch durch die Zusammenlegung aller Maßregelpatientinnen (landes- oder bundesweit) erreichen. Der hierfür zu zahlende Preis (zentralisierte Unterbringung[224]) erscheint vor dem Hintergrund der Situation einer dauerhaften Unterbringung auf einer Akutstation eher nachrangig.

Darüber hinaus ist auch die Dauerhaftigkeit der Unterbringung auf Akutstationen, die teilweise monate-, teilweise aber auch jahrelang erfolgte, als Ausfluß der Zweispurigkeit, hier der „Zweispurigkeit im engeren Sinn", zu verstehen.

Aufgrund der bei vermindert schuldfähigen Patienten neben der Maßregel ausgesprochenen Strafe kommt es nämlich überhaupt erst zur Verschärfung der Situation. Während eine Patientin, gegen die allein eine Maßregel angeordnet wurde, aus behandlerischen Gründen auf eine weniger gesicherte Station verlegt werden kann, wenn die Sicherheit der Allgemeinheit dadurch nicht gefährdet wird, spielt bei der Verlegung einer Patientin mit Maßregel und Strafe der Sicherungsaspekt eine wesentlich größere Rolle. Nicht, dass dem Maßregelzweck der Sicherung ein größerer Wert beigemessen werden würde, es geht bei der dauerhaften Unterbringung auf der höchstmöglich gesicherten Stufe vielmehr darum, die nachträgliche Vollstreckung der Haftstrafe zu sichern. Dabei ist es zu diesem Zeitpunkt unerheblich und unvorhersehbar, ob die Strafe tatsächlich vollzogen oder aber zur Bewährung ausgesetzt werden wird. Die Sicherung der Haftstrafe hat Vorrang vor behandlerischen Gesichtspunkten, läßt eine Verlegung nicht zu. Damit gehen Aspekte der Strafe im Vollzug der Maß-

---

[224] Zu den Problemen einer Unterbringung in reinen Maßregelvollzugseinrichtungen siehe unten, S. 86.

regel auf, bestimmen diesen gar zu Lasten des eigentlichen Maßregelzwecks der Besserung. Dies kann so nicht hingenommen werden.

Festzustellen ist daher, dass im Zusammenhang mit der dauerhaften Unterbringung von Patientinnen auf Akutstationen vor allem die „Zweispurigkeit im engeren Sinn“, d.h. die kombinierte Anordnung von Strafe und Maßregel, schwerwiegende Folgen nach sich zieht und es diesbezüglich dringend einer Lösung bedarf.[225]

„Blüten“ der Praxis der Unterbringung auf Akutstationen

Die bestehende Situation auf Akutstationen ist weder den Kliniken noch den Behandlern anzulasten, sondern hat ihren Ursprung in der hohen Sicherungsanforderung einer Maßregelunterbringung vor Haftstrafenvollstreckung in Kombination mit der Minderzahl der untergebrachten Maßregelpatientinnen. Die Situation ist für alle Beteiligten (Patientin, Psychologen, Psychiater, sonstige Behandler) derart unbefriedigend, dass während der eigenen Untersuchung beobachtet werden konnte, mit welchen „Krücken“ versucht wurde, eine Milderung der Unerträglichkeit zu erreichen.

Es soll in diesem Zusammenhang das Engagement mancher Behandler (in der Regel Sozialarbeiter oder Psychologen) erwähnt werden, deren Dilemma im Laufe der Untersuchung mehrfach deutlich wurde. Zum einen empfanden auch diese die für die Patientinnen bestehenden Möglichkeiten in der Allgemeinpsychiatrie als unzureichend und nicht tragbar, zum anderen war es ihnen auch nicht möglich, ihre gesamte Arbeitskraft zu Lasten der Patienten der Allgemeinpsychiatrie und zu Gunsten der Maßregelpatientin in Form einer 1:1 Betreuung in deren Dienst zu stellen. Daher war mancher Behandler dazu übergegangen, in der eigenen Freizeit mit Patientinnen zumindest innerhalb des Klinikgeländes spazieren zu gehen, sie im Abstand von einigen Wochen ins Klinikkaffee „auszuführen“ oder in einer sonstigen Weise Licht in den monotonen Alltag auf einer geschlossenen Station ohne Beschäftigungsmöglichkeit zu bringen.

Obwohl diese Fürsorge beachtenswert ist und den einzelnen Patientinnen sicherlich hilft, kann es doch nicht Privatinitiative der Behandler bleiben, die sich aus der Minderzahl der Patientinnen und der Möglichkeit der kombinierten Anordnung von Maßregel und langer Haftstrafe ergebenden Problemen abzufangen. Auch sollen die Patientinnen nicht auf die Aufopferungsbereitschaft und dem „Goodwill“ der Behandler angewiesen sein.

Unterbringung in der Allgemeinpsychiatrie auf Maßregelstationen

In manchen Kliniken wurden Patientinnen aus den oben genannten Gründen nicht auf Stationen der Allgemeinpsychiatrie, sondern in reinen Maßregel-

---

[225] Siehe hierzu auch die Stellungnahme zur Zweispurigkeit, S. 173.

abteilungen innerhalb einer psychiatrischen Klinik untergebracht. Diese Maßregelabteilungen waren je nach Klinik für die Unterbringung aller nach § 63 StGB oder aller nach § 64 StGB oder für nach §§ 63 und 64 StGB Patienten zuständig.

Auch die Unterbringung der Maßregelpatientinnen auf reinen Maßregelstationen der Allgemeinpsychiatrie stellte sich im Laufe der Untersuchung zum Teil als äußerst problematisch dar. Wiederum lag das Problem dieser Unterbringungsform in der Minderheit weiblicher Maßregelpatienten.

Aufgrund der bundesweit geringen Anzahl von Frauen mit einer zu vollstreckenden Maßregel befanden sich in den einzelnen Kliniken zum Teil nur eine oder zwei Frauen mit einer angeordneten Maßregel. Mangels anderer Unterbringungsmöglichkeiten erfolgte deren Unterbringung auf einer sonst reinen Männerstation.

Die schweren Folgen der Einzelunterbringung einer Frau unter nur männlichen Maßregelpatienten konnten in zwei Fällen den Akten entnommen und in einem Fall mit einer Patientin besprochen werden.

Im ersten Fall führte die Einzelunterbringung einer Patientin auf einer reinen Männerstation zur totalen Isolation der Patientin. Nach Auskunft des behandelnden Personals lebte diese Frau unter Einzelhaftbedingungen, die den psychischen Zustand der Patientin wesentlich beeinträchtigten und verschlechterten. Eine Möglichkeit der klinikinternen Abhilfe gab es jedoch aufgrund der hohen Sicherungsanforderungen der Maßregelunterbringung nicht.

Wie oben bereits erwähnt, ist eine Verschlechterung des Gesundheitszustands aufgrund der bestehenden Unterbringungssituation nicht mit dem Zweck der Maßregel zu vereinbaren.

Im zweiten Fall führte die Anwesenheit einer Frau auf einer ansonsten reinen Männerstation zu dauerhaften Komplikationen, die bei einer annähernd gleichen Anzahl von Männern und Frauen nicht entstanden wäre. Die exponierte Stellung der Patientin unter den Maßregelmännern führte zu Schwierigkeiten im Umgang der männlichen Patienten untereinander und im Verhalten zu der Patientin. Diese Probleme entwickelten sich trotz Steuerungsversuchen von Seiten der Behandler in einem Umfang, die der ständigen Bearbeitung, Aufarbeitung und Lösung bedurften, so dass eine über die Alltagskonflikte dieser Extremsituation hinausgehende Behandlung kaum mehr möglich war.

In einem Fall konnte mit einer Patientin über deren Situation (2 Frauen unter 20 Männern) gesprochen werden. Diese gab an, durch diese Unterbringungssituation schwer belastet zu sein. Die Bewältigung des Stationsalltags sei ein Dauerstress, dem sie sich nicht gewachsen fühle und den sie „bald nicht mehr aushalten“ könne. Ihr größter Wunsch sei die Verlegung „aus dieser Hölle“ auf eine Frauenstation, ob im Maßregelvollzug oder im Gefängnis sei ihr dabei völlig gleichgültig.

Da nun diese schlechten Unterbringungsbedingungen hauptsächlich aus der Minderzahl untergebrachter Maßregelpatientinnen resultieren, müssen Wege zur Entschärfung der bestehenden Unterbringungssituation gefunden werden.

Durch eine (landes- oder bundesweite) Zusammenlegung der weiblichen Maßregelpatientinnen - in größeren Gruppen unter nur weiblichen oder unter einer annähernd gleichen Anzahl von Männern - könnten die schwerwiegenden Folgen einer Einzelunterbringung von Patientinnen verhindert werden. Dabei sind jedoch die im Folgenden aufgezeigten Nachteile einer „zentralen" Patientinnenunterbringung zu berücksichtigen.

Unterbringung in „reinen" Maßregelvollzugskliniken

Im Hinblick auf die Unterbringungssituation einiger Frauen in der Allgemeinpsychiatrie erschien die Situation der Patientinnen in reinen Maßregelvollzugskliniken von besonderem Interesse.

In Bundesländern mit großen Maßregelvollzugseinrichtungen waren die Patientinnen getrennt nach §§ 63 oder 64 StGB oder auf §§ 63 und 64 StGB Stationen entweder gemischtgeschlechtlich oder, wie zumeist vorgefunden, in speziellen Frauenabteilungen untergebracht.

Während sich die in der Allgemeinpsychiatrie vorgefundenen Probleme wie die Einzelunterbringung von Patientinnen, fehlende Beschäftigungs- und Arbeitsmöglichkeiten aufgrund von Sicherheitsaspekten und der dauerhafte Verbleib auf Akutstationen nicht stellten, fanden sich in dieser Unterbringungsform andere, für die einzelne Patientin jedoch nicht minder schwere Probleme.

Die in den reinen Maßregelvollzugseinrichtungen entstehenden Probleme stellten sich jedoch nicht nur für weibliche, sondern für alle Patienten dieser Einrichtungen.

Das Hauptproblem der Unterbringung in reinen - zumeist großen - Maßregeleinrichtungen ist im Standort dieser Kliniken zu sehen. Die Kliniken befinden sich zum einen fernab von großen Städten und Ballungsräumen und zum anderen - aufgrund ihres großen Einzugskreises - in der Regel in weiter Entfernung zum Wohnort der Patientin.[226]

Während die geographische Nähe von Einrichtungen der Allgemeinpsychiatrie es den Maßregelpatientinnen dieser Kliniken ermöglichte, Sozialkontakte zur Familie, zu Freunden und Bekannten aufrecht zu erhalten, war die Aufrecht-

---

[226] Zu dem historischen Hintergrund dieser Abgeschiedenheit siehe Baur, Der Vollzug der Maßregeln der Besserung und Sicherung nach §§ 63, 64 StGB in einem psychiatrischen Krankenhaus und einer Entziehungsanstalt, S. 61.

erhaltung enger familiärer oder sonstiger Bindungen über eine weite Entfernung (Wohnort – Klinik) erschwert, teilweise sogar unmöglich.[227] Für die Dauer des Vollzugs der Maßregel (z.T. Jahre) waren viele Patienten ihrem Umfeld völlig entzogen, die schlechte Anbindung der Kliniken ans öffentliche Verkehrsnetz erschwerte die Situation. Im Hinblick auf die hohe Anzahl von Patientinnen mit Kindern unter 14 Jahren[228] hatte die große Entfernung besondere Bedeutung. Viele Patientinnen hatten ihre Kinder lange nicht gesehen und litten stark unter der räumlichen Trennung von diesen.

Auch die Wiedereingliederung der Patientinnen gestaltete sich schwieriger, als es bei Patientinnen in räumlicher Nähe zum Wohnort der Fall war. Zwar konnten die Patientinnen beider Gruppen schrittweise gelockert werden, eine Erprobung des Verhaltens der Patientin in ihrer alten Umgebung war in Kliniken des Maßregelvollzugs wegen der großen Entfernung jedoch nicht möglich. Weiterhin war den Patientinnen dieser Vollzugsformen die Möglichkeit genommen, während der Maßregelunterbringung eine extramurale Tätigkeit begleitet zu beginnen und diese nach Entlassung aus dem Maßregelvollzug fortzusetzen. Wenn sich in den strukturschwachen Gebieten der großen Maßregelvollzugseinrichtungen überhaupt Arbeitstätigkeiten für Maßregelpatienten finden ließen, mußten diese nach Beendigung der Maßregel und Rückkehr zum Wohnort wieder aufgegeben werden.

Als zusätzliche Beschwer der reinen Maßregelvollzugseinrichtungen soll noch auf die vorgefundene Optik dieser Einrichtungen hingewiesen werden. Neben dem meist abgelegenen Standort der Kliniken kommt erschwerend hinzu, dass die Großzahl dieser Kliniken im Aussehen völlig dem der Justizvollzugsanstalten gleichen. Wie auch die Justizvollzugsanstalten so sind die reinen Maßregeleinrichtungen zumeist von hohen Zäunen und Mauern umgeben, sind mit Stacheldraht gesichert und oft mit Hilfe von Videokameras überwacht. Den Patienten entsteht schon aufgrund des drohenden Aussehens solcher Unterbringungseinrichtungen ein Nachteil, sie erleiden allein durch die Unterbringung in dieser Einrichtung eine Stigmatisierung. Zu der aus Sicht der Gesellschaft ohnehin „unheimlichen Erscheinung“ von psychischer Krankheit und Kriminalität wird – ausgelöst durch das Aussehen der Maßregeleinrichtungen – die „offensichtliche Gefährlichkeit der Insassen“ noch unterstrichen. Der Schluß, „wenn diese nicht hochgradig gefährlich wären, wieso sollte dann eine derartige Hochsicherung notwendig sein“, ist logische Konsequenz des optischen Eindrucks. Dem Außenstehenden muß sich beim Anblick dieser massiven Sicherung der Eindruck aufdrängen, alle dort untergebrachten Personen bedürften dieser Sicherung. Dies trägt wenig zu einem freien Umgang mit diesen Patienten und deren Ansehen in der Bevölkerung bei. Unzweifelhaft sind diese

---

[227] Zur dringenden Notwendigkeit solcher Kontakte siehe unten, S. 160.

[228] Siehe hierzu S. 41.

Sicherungsmaßnahmen für den Teil der gefährlichen und fluchtgefährdeten Untergebrachten sinnvoll und auch notwendig. Für einen Großteil der Patienten - vor allem der Patientinnen[229] - stellen diese jedoch eine Übersicherung mit den genannten nachteiligen Folgen dar.

Darüber hinaus sind auch die Folgen einer machtdemonstrativen Unterbringung auf das Verhalten der Patienten selbst zu berücksichtigen, die mit labeling approch[230] und self-fulfilling prophecy schlagwortartig zu beschreiben sind.

c) Ausblick

Der folgende Ausblick beschäftigt sich ausschließlich mit den Verbesserungsmöglichkeiten innerhalb des bestehenden Systems.[231]

Wie bereits festgestellt, kann als eine der Ursachen der zum Teil katastrophalen Unterbringungssituation die Minderzahl der Patientinnen festgemacht werden. Folglich muß man, will man die Situation der Patientinnen verbessern, die geringe Zahl und deren „Auswüchse" bei zukünftigen Unterbringungen berücksichtigen.

Erscheint auch im Hinblick auf die Praxis des Maßregelvollzugs an weiblichen Patientinnen in einigen Allgemeinpsychiatrien eine Unterbringung auf einer reinen Frauenstation des Maßregelvollzugs zunächst bevorzugenswert, so stellt gerade dieser Vollzug für manche Patientin eine ganz besondere Belastung dar.

Die Berücksichtigung der unterschiedlichen Ausgangspositionen unterschiedlicher Patientinnen ist daher die einzig gangbare Lösung der vorgestellten Unterbringungsprobleme: Aufgrund der Heterogenität der Patientinnen ist im Einzelfall zu entscheiden, welche Lösung für die eine und welche für die andere Patientin im bestehenden System am besten erscheint. So hat z.B. eine schon vor der Maßregelunterbringung völlig isoliert lebende Patientin von einer wohnortnahen Unterbringung in der Allgemeinpsychiatrie keinen Vorteil, könnte jedoch die Vorteile einer reinen Maßregeleinrichtung gut für sich nutzen, während für eine in eine Familie oder Gemeinde integrierte Person die Nähe zum Wohnort von größter Bedeutung sein kann und bessere Beschäftigungsmöglichkeiten oder Unterbringungsmodalitäten für sie nachrangig sind.

---

[229] Siehe zu der Gefährlichkeit der Patientinnen die Ausführungen zu den Unterbringungsdelikten (insbesondere zu Sexualdelikten, Tötungsdelikten und dem sozialen Nahraum), den Lockerungsbedingungen, den bisherigen Unterbringungszeiten, und den Widerrufsunterbringungen.

[230] Tannenbaum, Crime and Community: „The young delinquent becomes bad, because he is defined as bad", aus Schwind, Kriminologie, S. 135.

[231] Eine Stellungnahme zur Einführung eines einspurigen Systems im weiteren und engeren Sinn siehe unten, S. 173.

Für eine sachgerechte Entscheidung im Einzelfall bedarf es der Möglichkeit beider Unterbringungsformen. Es muß möglich werden, die Patientin entsprechend ihren individuellen Bedürfnissen in einer allgemeinpsychiatrischen Klinik oder in einer reinen Maßregelvollzugseinrichtung unterzubringen.

Bedenkt man die geringe Anzahl der Patientinnen, so wäre eine bundesland-übergreifende Kooperation wünschenswert. Bei einer Zusammenarbeit verschiedener Länder könnten für bestimmte Patientinnengruppen Spezial-einrichtungen oder -abteilungen geschaffen werden, die als Ausweichmöglichkeit neben der Unterbringung der Patientin in Allgemein-psychiatrien ohne Sonderabteilungen angeboten würden. Eine Abwägung der Vor- und Nachteile im Einzelfall würde über den sinnvollen Weg für die einzelne Patientin entscheiden, die Unterbringung dem besten Behandlungsergebnis zuführen.

Wichtig hierbei ist, dass beide Möglichkeiten eröffnet sind.

Ist eine länderübergreifende Lösung vorerst nicht realisierbar, so müßte, vor dem Hintergrund der beschriebenen Situation der Frauen, für diese zumindest innerhalb des Landes die Option bestehen, sich nach Feststellung der eigenen Situation, d.h. nach Abwägung der bestehenden Unterbringungssituation mit den im konkreten Fall bestehenden Vor- und Nachteilen, in eine andere Maßregel-vollzugsklinik verlegen zu lassen.

Hier scheint es nach eigener Einschätzung weniger am Willen zur gemeinsamen Unterbringung denn am Bewußtsein der tatsächlichen Unterbringungssituation von weiblichen Maßregelpatientinnen zu fehlen. Dieses Bewußtsein zu wecken ist das Ziel dieser Darlegungen.

3. Unterbringungsgutachten

Das gesamte Maßregelrecht ist – vom Gerichtsverfahren über den Vollzugs-verlauf bis hin zur Entlassung – vom Sachverständigengutachten wesentlich mitgeprägt. Hierbei ist zwischen dem Unterbringungsgutachten, welches im Rahmen der Hauptverhandlung erstattet wird und in aller Regel die Grundlage für eine vom Gericht zu treffende Unterbringungsentscheidung bildet, dem Verlaufsgutachten, das etwaige Zwischendiagnosen und Behandlungsergebnisse während des Vollzuges festhält, und dem Entlassungsgutachten, das im Blick auf eine den Vollzug beendende Gerichtsentscheidung verfaßt wird, zu unter-scheiden.

In den Patientinnenakten fanden sich Verlaufsgutachten und sachnotwendig Entlassungsgutachten nur vereinzelt, so dass auf deren Erhebung verzichtet wurde. Die Unterbringungsgutachten waren in nahezu allen Krankenakten zu finden. Bei den nach § 63 StGB untergebrachten Patientinnen waren 103 von

108 Gutachten, bei den nach § 64 StGB untergebrachten Frauen 27 von 31 Gutachten auswertbar.

Während gemäß § 246a StPO die Hinzuziehung eines Sachverständigen zur Hauptverhandlung zwingend ist, wenn mit der Anordnung einer Unterbringung in einem psychiatrischen Krankenhaus, einer Entziehungsanstalt oder mit der Maßregel der Sicherheitsverwahrung zu rechnen ist, ist die Erstellung eines schriftlichen Gutachtens nicht gesetzlich normiert. Der Gutachter hat die Aufgabe, dem Gericht die notwendige Sachkunde zu vermitteln. Er muß das Gericht durch sein Gutachten in die Lage versetzen, eine eigenständige Entscheidung treffen zu können. Die Form des Gutachtens gibt das Gesetz dem Gutachter nicht vor.

a) Erstellung des Gutachtens

Schriftliche und mündliche Gutachten

In der Regel wird die - rechtlich zwar mögliche (§ 82 StPO) - mündliche Gutachtenerstellung bei der Anordnung einer Maßregel aufgrund der Schwere des Eingriffs aus tatsächlichen Gründen nicht ausreichend sein. Weder dem Gericht noch den Prozeßbeteiligten ist ohne schriftliches Gutachten vorab eine hinreichende Auseinandersetzung mit der Begutachtungsmaterie möglich. Da sich das Ergebnis einer Begutachtung im Rahmen einer Unterbringung jedoch in aller Regel nicht in wenigen und einfachen Erklärungen erschöpft, sondern sich insbesondere für den fachfremden Zuhörer als kompliziert erweist, ist eine hinreichende Vorbereitung nur mit Hilfe eines schriftlichen Gutachtens möglich.[232]

Diese Auffassung wurde offensichtlich von Gutachtern und Gerichten der Unterbringungsfälle geteilt, denn von den 139 untersuchten Fällen konnte nur in einem Fall (0,7%) positiv die Abgabe eines mündlichen Gutachtens ohne Erstellung eines schriftlichen Gutachtens festgestellt werden.

Betrachtet man die Tragweite eines Unterbringungsgutachtens - ein zeitlich ungewisser, womöglich lebenslanger, in jedem Fall aber äußerst belastender Freiheitsentzug -, ergibt sich für alle Verfahrensbeteiligten, namentlich aber für das Gericht und den zur Begutachtung herangezogenen Sachverständigen die Pflicht zur höchstmöglichen Sorgfalt im Umgang mit der Erstellung und der Benutzung eines Sachverständigengutachtens.

Da es sich die Untersuchung zum Ziel gesetzt hat, empirische Lücken, die im Bezug auf die Unterbringung von Frauen im Maßregelvollzug bestehen, zu füllen, gehört es nicht zu den eigentlichen Aufgaben, Erhebungen zu den

---

[232] Rasch, Voraussetzungen der Unterbringung nach § 64 StGB aus psychiatrischer Sicht, Gründe für die Bestimmung der Vollstreckungsreihenfolge gemäß § 67 StGB, § 67d V StGB, R&P 1991, 109.

Vorstufen der Maßregelunterbringung anzustellen. Bei der Frage, wie die Gerichte bei der Bestellung von Sachverständigen und bei der Benutzung von Sachverständigenwissen zu verfahren haben und wie der bestellte Sachverständige die ihm übertragene Untersuchung und Begutachtung durchzuführen hat, handelt es sich weitgehend um einen Bereich des allgemeinen Verfahrensrechts, der zwar auch in Bezug auf das Maßregelrecht gilt, jedoch auch außerhalb dieses Bereichs Geltung hat. Abgesehen von dem Umstand, dass im Rahmen der Begutachtung einer Frau die Begutachtung durch eine weibliche Untersuchungsperson[233] für angebracht gehalten wird (eine Begutachtung der Patientinnen ausschließlich durch Frauen - Psychiaterin und/oder Psychologin - erfolgte bei den nach § 63 StGB untergebrachten Frauen in 22 (21,4%), bei den § 64 StGB Patientinnen in 4 (14,8%) Fällen), sind im Zusammenhang mit dem allgemeinen Verfahrensrecht keine frauenspezifischen Probleme ersichtlich.

Auch hier gilt die allgemeine Erfahrung, dass sich Unzulänglichkeiten – seien sie auf Seiten des Gerichts, seien sie auf Seiten des Sachverständigen – nie vollständig ausschließen lassen. An kein Gutachten kann der Anspruch auf absolute Sicherheit und Wahrheit gestellt werden, jeder Begutachtung ist das Risiko der individuellen Ausnahme, des unvermeidbaren Fehlers innewohnend.

Es kann also nur darum gehen, auf Forderungen aufmerksam zu machen, die sich nur und gerade aus den Besonderheiten des Maßregelvollzugs für das Unterbringungsgutachten herleiten lassen, oder auf Fehlerquellen hinzuweisen, die anläßlich der hier durchgeführten Erhebung im Blick auf die Erstellung und Benutzung des Unterbringungsgutachtens hervorgetreten sind.

Auswahl des Gutachters

Die Auswahl des Gutachters obliegt dem Gericht (§ 73 StPO), die Bestellung kann aber auch schon im Vorverfahren durch die Staatsanwaltschaft erfolgen. Der Gutachter sollte ausschließlich nach Kriterien der Kompetenz ausgewählt werden. Oft geben indes sachfremde Kriterien den Ausschlag[234], sei es, dass das Gericht zu wenige Sachverständige kennt und deshalb einen weniger Sachkundigen zur Begutachtung heranzieht, sei es, dass ein kompetenter Gutachter aufgrund hoher Arbeitsbelastung ein Gutachten nicht mehr termingerecht

---

[233] Im Zusammenhang mit dieser Forderung steht die Verfügbarkeit von weiblichen Sachverständigen, deren Anzahl nicht bekannt ist.

[234] Rasch, Forensische Psychiatrie, S. 20; siehe hierzu auch Rasch, Die Auswahl des richtigen Psycho-Sachverständigen im Strafverfahren, NStZ 1992, 257, dazu Täschner, Bemerkung zur „richtigen Psychosachverständigenauswahl im Strafverfahren", NStZ 1994, 221.

erstellen kann, sei es, dass die bekannte Einstellung des Sachverständigen den Ausschlag zu seiner Bestellung durch das Gericht gibt.[235]

Zumeist ist die Bestellung eines psychiatrischen Sachverständigen geboten und angemessen, diese werden auch in aller Regel von den Gerichten bestellt. Doch sollten neben diesen psychiatrischen Sachverständigen unter Umständen auch psychologische Gutachter mit klinischer Ausbildung[236] (oder Psychiater mit psychologischer/psychotherapeutischer Zusatzausbildung) hinzugezogen werden.[237]

Psychologen sind qualifiziert zur quantitativen und qualitativen Beschreibung von Individuen in ihrer funktionalen Abhängigkeit von – und ihrer Interaktion mit – ihrer sozialen Umwelt, sowie zur Planung, Durchführung, Analyse und Bewertung von Veränderungsmöglichkeiten. Im Zusammenspiel mit einer klinischen Ausbildung stellen diese für den Bereich der menschlichen Entwicklungsstörungen (Entwicklung als Zusammenspiel von Anlage und Umwelt) sowie der sich aus der Biographie der Patienten ergebenden Störungen die eigentlichen Träger der Sachkunde dar.

Dahingegen handelt es sich bei der Begutachtung durch einen „reinen" Psychiater primär um die Erforschung der medizinische Seite einer möglichen Störung. Die Analyse der sich aus der Biographie des Probanden ergebenden Probleme ist nicht zwingender Bestandteil der klassische Psychiatrieausbildung. Der Psychiater hat von seiner fachlichen Ausrichtung ein Medizinstudium mit einer Weiterbildung zu psychiatrischen und neurologischen Fragestellungen absolviert, eine psychologische/psychotherapeutische Zusatzausbildung ist für den Psychiater jedoch nicht ausdrücklich vorgeschrieben. Während daher die psychiatrische Art der Begutachtung vor allem medizinisches Verfahrensweisen zugrundelegt und medizinische Diagnosen erstellt, befaßt sich der nach dem Studium klinisch ausgebildete Psychologe ausschließlich mit der Lebenswirklichkeit des Patienten, deren Auswirkungen und Folgen.

Daher ist es als Verpflichtung des Gerichts anzusehen, eine entsprechende Qualifikation des Psychiaters zu überprüfen und zu hinterfragen. Will man eine

---

235 Die findet sich zum einen in der Literatur, siehe Hanack, Leipziger Kommentar, Vor § 61, Rdnr. 102, konnte aber darüber hinaus auch in der eigenen bisherigen Praxis als Studentin und Referendarin beobachtet werden und fand in Gespräch mit Richtern, Rechts- und Staatsanwälten Bestätigung.

236 Klinische Psychologie ist ein Teilgebiet der angewandten Psychologie. Diese befaßt sich mit der Persönlichkeitsdiagnostik, dem nach dem psychologischen Erkenntnissen orientierten Umgang mit Menschen in verschiedenen Lebensbereichen, einschließlich der Beratung. Siehe Tölle, Psychiatrie, S. 3.

237 So auch Lüttge, Der Psychologe als Sachverständiger im Strafprozeß: Hilfe oder Alibi, in: Kury, Ausgewählte Fragen und Probleme forensischer Begutachtung, S. 97; Schreiber, Der Sachverständige im Verfahren und in der Verhandlung, in: Venzlaff/Foerster, Psychiatrische Begutachtung, S. 59.

umfassende Begutachtung sicherstellen, so kann dies durch Bestellung eines Psychiaters mit einer psychologischen/psychotherapeutischen Zusatzausbildung erfolgen, im Zweifel über diese zusätzliche Qualifikation wird die Hinzuziehung eines psychologischen Sachverständigen gefordert.

Die vorliegende Untersuchung bietet konkreten Anlaß für diese Forderung. So wurde als eine der häufigsten Diagnosen der untergebrachten Patientinnen eine Borderlinestörung (21 Fälle bei § 63 StGB, 1 Fall bei § 64 StGB) festgestellt. Dabei handelt es sich um einen Grenzbefund, der zwischen einer Neurose und einer (schizophrenen) Psychose angesiedelt ist.[238] Folgt man z.B. DULZ/SCHNEIDER[239], so bedarf es zur Diagnose der Borderlinestörung einer Diagnostik der – unter Umständen vielfältigen - Symptome[240] auf deskriptiver Ebene und der von Abwehrmechanismen auf struktureller Ebene nebst der Beachtung von Gegenübertragungen und der Genese der Borderlinestörungen.

Daher erscheint z.B. für diese Art der Störung – neben dem Psychiater - ein klinisch ausgebildeter Psychologe von Nöten. Mehrkosten (Gutachten eines Psychiaters und eines Psychologen) müssen vor dem Gebot der bestmöglichen Aufklärung hingenommen werden.

Bei den untersuchten 139 Unterbringungsfällen fand sich folgendes Bild:

Tabelle 37 : Gutachter des Unterbringungsgutachtens.

	§ 63 StGB		**§ 64 StGB**	
	Anzahl	%	Anzahl	%
Psychiater	68	**63,0**	17	**54,8**
Psychiater u. Psychologe	18	**16,7**	6	**19,4**
Psychiater mit psycholog. Zusatzausbildung	18	**16,7**	3	**9,7**
nicht bekannt	4	3,7	5	16,1
Gesamtwert	108	100,0	31	100,0

(Chi^2-Test: $\chi^2 = 0{,}80$; n.s.)

Zu bemerken ist, dass bei 16,7% der nach § 63 StGB untergebrachten Frauen und bei 19,4% der § 64 StGB Patientinnen ein Psychologe bei der Begutachtung hinzugezogen wurde. Im Sinne der oben genannten Forderung der Begutachtung durch einen Psychiater und einen Psychologen müßte dies begrüßt werden. Doch ist unter der Rubrik „Psychiater und Psychologe“ leider keine getrennte Begutachtung zu verstehen. In der Regel erstatteten die Psychologen keine

238 Peters, Wörterbuch der Psychiatrie, Psychotherapie und medizinischen Psychologie.

239 Dulz/Schneider, Borderline-Störungen, S. 11ff..

240 Siehe zu den verschiedenen Symptomen Kernberg/Dulz/Sachsse, Handbuch der Borderlinestörungen, S.225ff..

eigenen Gutachten, sondern erstellten lediglich Teilergebnisse, die als Unterpunkt in das psychiatrische Gutachten einflossen und durch den Psychiater übernommen wurden. Diese Hinzuziehung von Hilfskräften ist dem Sachverständigen erlaubt, er muß die Befunde anderer jedoch überprüfen und in sein Gutachten übernehmen.[241]

Die Hauptaufgabe bei der Zuziehung von Psychologen bestand in der Durchführung von „Testbatterien“ und deren Auswertung. Diese Form der Beteiligung von Psychologen ist jedoch bei der Beurteilung von Entwicklungsstörungen und solchen, die sich aus der Biographie der Patienten ergeben, als nicht ausreichend anzusehen.

In nur zwei Fällen wurde entgegen der eben beschriebenen Praxis zusätzlich zu dem sachverständigen Psychiater ein Psychologe als Gutachter bestellt.

Maßregelerfahrung der Gutachter und Untersuchungsmethoden

Wenn ein die Unterbringung anordnendes Urteil zu erwarten ist, müssen vom Gutachter Spezialkenntnisse gerade auf dem Gebiet der Maßregelunterbringung verlangt werden. Der Nachweis einer zusätzlichen Qualifikation wie der Erfahrung mit der Maßregelunterbringung oder kriminologische Erfahrung muß jedoch - bedauerlicherweise - nicht geführt werden.

Daher kommt es dem Aufklärungsbedürfnis der Praxis entgegen, dass sich Beschuldigte in Unterbringungsfällen mit großer Häufigkeit bis zur Hauptverhandlung nicht in Untersuchungshaft, sondern in einer einstweiligen Unterbringung nach § 126a StPO[242] in einem psychiatrischen Krankenhaus befinden, deren Behandler als Sachverständige in der Hauptverhandlung mitwirken. Diese sind täglich mit den Bedingungen und Grenzen der Maßregelunterbringung konfrontiert, haben damit die erforderliche Sachkunde im Bereich des Maßregelrechts.

---

[241] Meyer-Goßner, in Kleinknecht/Meyer-Goßner, Strafprozessordnung, § 73, Rdnr. 2.

[242] Zur speziellen Problematik der Unterbringung nach § 126a StPO siehe unten, S. 115.

Tabelle 38: Durchführung der Gutachtenuntersuchung.

	§63 StGB		§ 64 StGB	
	Anzahl	%	Anzahl	%
Klinik des Gutachters ohne Zwangsvorführung	1	**0,9**	2	**6,5**
U-Haft	22	**20,4**	14	**45,2**
Strafvollzug	---	---	3	**9,7**
§ 81 StPO	1	**0,9**	---	---
§ 126a StPO	68	**63,0**	4	**12,9**
Klinik d. Gutacht. bei freiw. Unterbringung oder nach PsychKG	8	**7,4**	1	**3,4**
Klinik d. Gutacht. während U-Haft	1	**0,9**	2	**6,9**
unbekannt	7	6,5	5	16,1
Gesamtwert	108	100,0	31	100,0

(Chi^2-Test: Aufgrund der zu niedrigen Fallzahlen, ist keine akzeptable Aussage möglich)

Zur Methode der Gutachtenerstattung fand sich bei den untergebrachten Patientinnen folgendes:

Tabelle 39: Methode zur Gutachtenerstellung.

	§ 63 StGB		§ 64 StGB	
	Anzahl	%	Anzahl	%
Exploration	102	**98,1**	26	**96,3**
nur Tests	1	**0,9**	---	---
ohne Untersuchung	1	**0,9**	---	---
nicht bekannt	---	---	1	3,7
Gesamtwert	104	100,0	27	100,0

(Chi^2-Test: Aufgrund der zu niedrigen Fallzahlen, ist keine akzeptable Aussage möglich)

Die positive Feststellung, dass eine Begutachtung ohne vorausgegangene Untersuchung erfolgte, konnte in einem Fall getroffen werden. Eine solche „Begutachtungsmethode" fand sich bei LEYGRAF zwar auch nur in 1,7% der Fälle, was jedoch immerhin einen Anzahl von 34 Begutachtungen ohne vorherige Untersuchung – allein anhand der Aktenlage – darstellt. Es ist davon auszugehen und zu hoffen, dass Begutachtungen völlig ohne Untersuchung auch in Zukunft kaum mehr vorkommen, da die Verwertung solcher „Fernbegutachtungen" fatale Folgen haben kann.

b) Inhalt des Gutachtens

Tatbestandsmerkmal und Symptomatizität

Im Zusammenhang mit der vom Gericht zu beurteilenden Schuldfähigkeit der Patientinnen muß bei der Erstellung des Gutachtens zunächst die Frage geklärt werden, ob bei Begehung der Tat eines der in § 20 StGB beschriebenen Merkmale vorgelegen hat. Im zweiten Schritt muß festgestellt werden, ob der zum Zeitpunkt der Tat vorgelegene Zustand symptomatisch (Symptomatizität[243]) dafür war, d.h., dass die Patientin das Unrecht der Tat nicht hat einsehen (Unrechtseinsichtsfähigkeit) oder nach dieser hat handeln können (Steuerungsfähigkeit).

Für die Patientinnen des Maßregelvollzugs wurden folgende Tatbestandsmerkmale angenommen:

Tabelle 40: Tatbestandsmerkmal des Gutachtens.

	§63 StGB		§ 64 StGB	
	Anzahl	%	Anzahl	%
kein Tatbestandsmerkmal	20	**18,5**	14	**45,2**
krankhafte seelische Störung	51	**47,2**	7	**22,6**
tiefgreifende Bewußtseinsstörung	2	**1,9**	---	---
Schwachsinn	3	**2,8**	---	---
schwere and. seelische Abartigkeit	27	**25,0**	5	**16,1**
keine De- Exkulpation[244]	---	---	1	**3,2**
nicht entnehmbar	5	4,6	4	12,9
Gesamtwert	108	100,0	31	100,0

(Chi²-Test: $\chi^2 = 16,91$; $p \leq 0,01$; in 50% der Zellen $N \leq 5$, d.h. eine gesicherte Aussage erscheint hier kaum möglich)

Das forensische schriftliche Gutachten muß das Vorliegen eines der in § 20 StGB genannten Tatbestandsmerkmale nicht zwingend nennen, wenn es auch dem Benutzer (Gericht, Staatsanwaltschaft, Verteidigung) die Durchdringung des Gutachtens in der Vorbereitung erleichtert.

---

[243] Konrad, Vom Umgang mit der sogenannten Symptomatizität, in: Leygraf/Volbert/Horstkotte/Fried, Die Sprache des Verbrechens, Festschrift für Wilfried Rasch, S. 148.

[244] Die Anordnung einer Maßnahme nach § 64 StGB ist nicht vom Vorliegen einer Schuldunfähigkeit (§ 20 StGB) oder verminderten Schuldfähigkeit (§ 21-StGB) abhängig, trifft jedoch häufig zusammen.

Bei einem hohen Anteil der nach § 63 StGB untergebrachten Frauen (76,9%) wurde bereits im Gutachten ein Tatbestandsmerkmal des § 20 StGB genannt, bei den nach § 64 StGB Frauen lag der Anteil der genannten Tatbestandsmerkmale mit 83,9% noch etwas höher. In beiden Gruppen lag der Schwerpunkt der genannten Tatbestandsmerkmale bei dem ersten und vierten Merkmal, d.h. es wurde vornehmlich vom Vorliegen einer krankhaften seelischen Störung oder einer schweren anderen seelischen Abartigkeit durch den Gutachter ausgegangen.

Die Verteilung der Tatbestandsmerkmale der nach § 63 StGB untergebrachten Patientinnen weist im Vergleich zu den männlichen Untergebrachten keinen wesentlichen Unterschied auf. MISSENHARDT[245] fand eine Verteilung von 51,1% krankhafter seelischer Störungen, 6,4% tiefgreifender Bewußtseinsstörungen, 12,8% Schwachsinn und 29,8% schwerer anderer seelischer Abartigkeiten.

Die symptomatische Beziehung zur psychischen Störung (Hang) und der rechtswidrigen Tat wurde jedoch nicht in allen Fällen erörtert:

Tabelle 41: Erörterung der Symptomatizität im Gutachten.

	§ 63 StGB		**§ 64 StGB**	
	Anzahl	%	Anzahl	%
ja	64	**59,3**	6	**20,7**
nein	39	**36,1**	20	**64,5**
nicht bekannt	5	4,6	5	16,1
Gesamtwert	108	100,0	31	100,0

(Chi^2-Test: $\chi^2 = 12,76$; $p \leq 0,01$)

Der Unterschied zwischen den beiden Gruppen war nicht erwartet worden, da die Unterbringungsvoraussetzungen in beiden Fällen das Vorliegen der Symptomatizität fordern. Die Notwendigkeit der Feststellung der Symptomatizität erscheint bei der Beurteilung von § 63 StGB Patientinnen den Gutachtern geläufiger oder auch notwendiger als bei den § 64 StGB Patientinnen. Für die geringe Anzahl der Feststellungen bei den § 64 StGB Patientinnen gibt es zwei unterschiedliche Erklärungsansätze. Entweder ist den Gutachtern nicht bekannt, dass auch bei den nach § 64 StGB Unterzubringenden ein Zusammenhang zwischen dem Hang und der Tat vorliegen muß, oder - was für wahrscheinlicher gehalten wird - die Symptomatizität zwischen krimineller Handlung und Sucht wird von den Gutachtern als derart selbstverständlich erachtet, dass deren Erwähnung überflüssig erscheint.

---

[245] Missenhardt, Psychisch kranke Straftäter im Maßregelvollzug, S. 75.

Gefährlichkeitsprognose

Die Entscheidung, eine Person in einer Maßregel unterzubringen, setzt voraus, dass von dem Täter infolge seines Zustands erhebliche rechtswidrige Taten zu erwarten sind (§ 63 StGB) bzw., dass die Gefahr solcher Taten besteht (§ 64 StGB). Eine solche Feststellung kann nur getroffen werden, wenn die Gesamtwürdigung von Tat und Täter zu einer negativen Gefährlichkeitsprognose geführt hat. Es bedarf mithin hier – wie im übrigen später bei der Entscheidung über Vollzugslockerungen oder Entlassungsentscheidungen auch – einer Prognoseentscheidung.

Sowohl Sachverständige als auch Gerichte stehen in Prognosefragen vor einem besonderen Problemfeld.[246] Beiden ist gleichermaßen der „Blick in den Kopf des Beschuldigten" als auch der „Blick in die Zukunft" verwehrt. Gleich wieviel Erfahrung Gericht und Gutachter besitzen, wie wissenschaftlich der Gutachter arbeitet und sich auch auf dem neuesten Stand der Forschung befindet: die Frage, ob das Prognoseergebnis zutreffend sein wird, bleibt bei der Erstellung offen.

Selbst die fundierteste Prognose bleibt in der Gefahr, zukünftig auf vielleicht fatale Weise widerlegt zu werden.

Der Grund für diese Unsicherheit ist in dem „Gegenstand" der sachverständigen Beurteilung, nämlich dem Menschen zu sehen. Die Steuerungskräfte, denen das menschliche Verhalten unterliegt, sind derart vielfältig und individuell, dass sie stets nur annäherungsweise, nie vollständig erfaßt werden können. Anders als z.B. bei einer chemischen Reaktion reagiert die „Materie Mensch" nicht immer in der gleichen Weise, und selbst wenn alle Menschen einer bildbaren Vergleichsgruppe in einer bestimmten Weise reagieren würden, kann nicht sicher vorhergesagt werden, ob der Begutachtete auch in dieser Weise reagieren wird. Geht man von dem Menschenbild des Grundgesetzes aus, so ist der Mensch als freie, der Entfaltung zugänglichen Persönlichkeit zu verstehen. Diesem steht es bei jeder einzelnen Entscheidung wieder neu frei, sich in der einen oder anderen Weise zu entscheiden.

An diesem Prognosedilemma ändert sich nur dann etwas, wenn der Mensch eben nicht frei, sondern in seinen Handlungsweisen eingeschränkt agiert und reagiert. Je eingeschränkter der Mensch in seinen Entscheidungen ist, z.B. verursacht durch eine psychische Krankheit, Abhängigkeit oder sonstige Störung, desto höher der Grad der Vorhersehbarkeit seiner Handlungen. Dem schwerstgestörten Täter bleibt beim Vorliegen bestimmter (auf ihn zugeschnittener) Umstände und Konstellationen keine Wahl, Alternativen bestehen nicht, er

---

[246] Warmuth, Die Prognose von Urlaub und Ausgang, R&P 1995, S. 15; Rasch, Die Prognose im Maßregelvollzug als kalkulierbares Risiko, in: Schwind, Festschrift für G. Blau; Nowara, Gefährlichkeitsprognose bei psychisch kranken Straftätern.

reagiert in der ihm einzig möglichen Weise. Für diesen Täter ist eine Prognose leichter zu erstellen. Er wird – ohne Behandlung – immer wieder in der Art und Weise bisheriger Reaktionen handeln. Je mehr man jedoch diesen Täter von dem Zustand der einzig möglichen Reaktion wegführt, d.h. seine Defizite behandelt und ihm somit eine Wahlfreiheit eröffnet, desto schwieriger wird auch die Prognose. Verkürzt könnte man sagen: Je mehr der Patient vom Zustand der Schuldunfähigkeit in den Zustand der verminderten Schuldfähigkeit oder gar der vollen Schuldfähigkeit gebracht wird, desto schwieriger gestaltet sich die Prognose. Die Erstellung einer Prognose für einen voll schuldfähigen Menschen erscheint nahezu unmöglich. Während sich dieses Problem bei zunächst schuldunfähigen, aber behandelbaren Patienten erst in den Prognosen der Verlaufs- oder Entlassungsgutachten stellt, besteht dieses „Wagnis der Prognose" bei vermindert schuldfähigen Patienten bereits in der Hauptverhandlung.

Es ist daher festzuhalten, dass eine Prognose eine Wahrscheinlichkeitsaussage darstellt, die mit dem Grad der Schuldunfähigkeit korreliert. D.h. je ausgeprägter eine Schuldunfähigkeit vorliegt, desto eher ist eine zutreffende Prognose möglich. Vor diesem Hintergrund sind die im Zusammenhang mit schuldfähigen oder die der im Fall der Maßregelpatienten der § 63 StGB Gruppe zumindest vermindert schuldfähigen Patienten erstellten Gefährlichkeitsprognosen, d.h. die Vorhersehbarkeit des zukünkftigen Verhaltens dieser Personen, zu verstehen und besonders kritisch zu verwenden.

Dennoch kann auf die Gefährlichkeitsprognose in der Hauptverhandlung schon deshalb nicht verzichtet werden, weil ohne eine im Ergebnis negative Gefährlichkeitsprognose eine Unterbringung in der Maßregel unzulässig wäre.

Zum anderen sind Prognosen bei schuldfähigen oder vermindert schuldfähigen Patienten nicht zwangsläufig unbrauchbar, man muß sich lediglich deren Grad an Wahrscheinlichkeit, deren Grenzen bewußt sein. Möglicherweise reagiert der vermindert schuldfähige Patient ja gerade in der vorausgesagten Weise, lediglich die Höhe der Wahrscheinlichkeit ist gegenüber den immer gleich reagierenden Patienten herabgesetzt.

Als Folge der geringeren Wahrscheinlichkeit darüber, ob die Gefährlichkeitsprognose tatsächlich zutrifft, bedarf das Fortbestehen der „künftigen Gefährlichkeit" einer ständigen Kontrolle. Die einmal in der Hauptverhandlung angenommene Gefährlichkeit darf nicht bedenkenlos in den Vollzug der Maßregel übernommen und ungeprüft als fortbestehend vorausgesetzt werden. Die Entscheidung des Gerichts über die künftige Gefährlichkeit des Täters wird von der Rechtskraft des Urteils nicht umfaßt, diese Entscheidung kann nur für den Zeitpunkt des Urteils, nicht jedoch für einen späteren Zeitpunkt getroffen werden.

Das Wissen um die Schwierigkeit einer Prognoseerstellung, und um die oben aufgeführten Risiken zu minimieren, muß der Gutachter alle relevanten individuellen Merkmale eines Probanden aufnehmen und sie in Verbindung mit allgemeinen Erfahrungssätzen wissenschaftlich und nach dem jeweiligen Stand der Forschung auswerten.

Als Methode zur Erstellung einer Gefährlichkeitsprognose werden verschiedene Verfahren, so z.B. das Verfahren der intuitiven Methode, der klinischen oder empirischen Individualprognose oder Verfahren mit statistischen Auswertungen angewandt.[247]

Die intuitive Methode bezieht ihre Schlußfolgerungen aus Menschenkenntnis, Berufserfahrung und der individuellen Werterhaltung des Beurteilers und ist mangels objektivierbarer Beurteilungskriterien als alleinige Methode problematisch.

Die klinische oder empirische Individualprognose versucht anhand von Explorationen, psychodiagnostischer Testverfahren und Beobachtungen und kriminologischen Erfahrungen eine Prognose zu erstellen. Problematisch erscheint hierbei die hohe Anforderung an den Gutachter im Bezug auf kriminologisches Wissen und seine Erfahrung mit Straffälligen.

Die statistische Methode wertet die Gefährlichkeitsprognose anhand von auf den Täter wirkenden kriminogenen Faktoren aus und bestimmt die Wahrscheinlichkeit künftiger Straftaten anhand von Prognosetafeln. Problematisch an dieser Methode ist, dass die statistische Wahrscheinlichkeit bei dem zu Begutachtenden eben gerade nicht zutreffen kann und über diesen unter Umständen gerade nichts aussagt.

Die kombinierte Anwendung der drei aufgeführten Methoden aber begründet die Erwartung, dass die Fehlerquellen einer Methode durch die zwei anderen reduziert werden und unter einer Gesamtwürdigung von Täter und Tat eine - trotz aller Einschränkungen - brauchbare Gefährlichkeitsprognose erstellt werden kann.

In den 139 Patientinnenakten fanden sich Aussagen zur künftigen Gefährlichkeit der Patientinnen wie folgt:

---

[247] Steinböck, Das Problem schwerer Gewalttaten und deren Prognostizierbarkeit, R&P 1997, 67; Rode/Scheld, Sozialprognose bei Tötungsdelikten, S. 4; Schreiber, Rechtliche Grundlagen der psychiatrischen Begutachtung, in: Venzlaff/Foerster, Psychiatrische Begutachtung, S. 34f.

Tabelle 42: Stellungnahme zur künftigen Gefährlichkeit im Gutachten.

	§ 63 StGB		§ 64 StGB	
	Anzahl	%	Anzahl	%
ja	101	**93,5**	25	**80,6**
nein	2	**1,9**	1	**3,2**
unbekannt	5	4,6	5	16,1
Gesamtwert	108	100,0	31	100,0

(Chi²-Test: $\chi^2 = 0{,}33$; n.s.; in 50% der Zellen $N \leq 5$, d.h. eine gesicherte Aussage erscheint hier kaum möglich)

In fast allen Fällen waren Aussagen zur künftigen Gefährlichkeit der Patientin getroffen worden. Darlegungen der hierbei zugrunde gelegten Methode konnten den Gutachten leider nicht entnommen werden. Die Darstellung der angewandten Methode ist jedoch zum Verständnis, wie der Gutachter zu den gefundenen Ergebnissen gelangt ist, unverzichtbar. Nur unter dieser Angabe kann ein Rückschluß auf den Wahrscheinlichkeitsgrad der Gefährlichkeitsprognose getroffen, diese in ihrer Aussagekraft gewichtet werden.

4. Unterbringungsurteil

Bei dem Unterbringungsurteil handelt es sich um das zur Unterbringung in einer Maßregel, hier einem psychiatrischen Krankenhaus oder einer Entziehungsanstalt, führende Urteil. Der Maßregelausspruch kann allein oder neben einer Haftstrafe erfolgen. Das Gericht muß zu den Voraussetzungen und dem Vorliegen von Schuldunfähigkeit, verminderter Schuldfähigkeit oder voller Schuldfähigkeit Stellung nehmen und das Vorliegen der Unterbringungsvoraussetzungen einer Maßregel der §§ 63 oder 64 StGB dartun.

a) Spruchkörper

In der vorliegenden Untersuchung erfolgte die Anordnung der Maßregel durch:

Tabelle 43: Spruchkörper des Unterbringungsurteils.

	§ 63 StGB		**§ 64 StGB**	
	Anzahl	%	Anzahl	%
Amtsgericht	3	**2,8**	10	**32,3**
Landgericht	105	**97,2**	21	**67,7**
Gesamtwert	108	100,0	31	100,0

(Chi²-Test: $\chi^2 = 24{,}69$; $p \leq 0{,}001$; in 25% der Zellen $N \leq 5$)

Die sachliche Zuständigkeit des Gerichts bestimmt sich nach den Regeln der §§ 1ff StPO i.V.m. den Regeln des Gerichtsverfassungsgesetzes (GVG). Grundsätzlich ist gemäß § 24 GVG die Zuständigkeit der Amtsgerichte gegeben, wenn nicht durch § 24 I Nr.1-3 GVG eine andere Zuständigkeit begründet ist. Für die Unterbringung in einem Psychiatrischen Krankenhaus ist gem. § 24 I Nr. 2 GVG i.V.m. § 24 II GVG das Landgericht zuständig.

Auf den ersten Blick erscheint es daher, als habe in 3 Fällen der nach § 63 StGB untergebrachten Patientinnen das sachlich unzuständige Gericht gehandelt, da gemäß § 24 I Nr.2 GVG i.V.m. § 24 II GVG durch das Amtsgericht eine Unterbringung in einem psychiatrischen Krankenhaus nicht angeordnet werden darf.

Eine Unzuständigkeit liegt jedoch nicht vor, da es sich bei den Urteilen des AGs ausnahmslos um solche des Jugendschöffengerichts handelte. Die untergebrachten Patientinnen waren zum Tatzeitpunkt 18, 19 und 20 Jahre alt, so dass für sie als Heranwachsende i.S.d. § 1 II JGG i.V.m. § 105 JGG Jugendstrafrecht Anwendung finden konnte. Die Zuständigkeit des Jugendschöffengerichts ergibt sich aus § 108 i.V.m. § 40 JGG und schließt die Unterbringung in einem psychiatrischen Krankenhaus ein. Die Zuständigkeit des Jugendschöffengerichts geht damit über die der nach allgemeinem Strafrecht bestehenden beschränkten Rechtsfolgenkompetenz des AGs hinaus.[248]

Die Entscheidung der Anwendung von Jugendstrafrecht bei der Beurteilung einer Tat eines Heranwachsenden führt folglich dazu, dass das Jugendschöffengericht eine Maßregel anordnen kann, die dem Strafrichter und dem Schöffengericht verwehrt ist.

In Anbetracht der zeitlichen Unbegrenztheit der Maßregel des § 63 StGB wird die Anordnung einer solch einschneidenden Maßnahme durch das Jugend-

---

[248] Eisenberg, Jugendgerichtsgesetz, § 40, Rdnr. 7.

schöffengericht für bedenklich gehalten, insbesondere wenn man sich die Besetzung des Jugendschöffengerichts mit nur einem Berufsrichter und 2 Laienrichtern vor Augen hält.[249] Die rechtliche Möglichkeit zu dieser Vorgehensweise besteht jedoch.

Gegen eine Unterbringung nach § 64 StGB durch das Amtsgericht bestehen bei alleiniger Anordnung der Unterbringung in einer Entziehungsanstalt, d.h. ohne eine gleichzeitige Verhängung einer Haftstrafe, wegen der zeitlichen Beschränkung dieser Maßregel zunächst keine Bedenken.[250] Als problematisch ist jedoch die gleichzeitige Verhängung einer Maßregel nach § 64 StGB neben einer längeren Haftstrafe anzusehen.

In einem der 10 Amtsgerichtsurteile wurde eine § 64 StGB Patientin neben der Unterbringung in einer Entziehungsanstalt zu einer Haftstrafe von 30 Monaten verurteilt. Zum Zeitpunkt der Untersuchung war diese zwar erst 5 Monate rechtskräftig nach § 64 StGB untergebracht, eine Entlassung aus der Maßregel war jedoch nach Auskunft der Therapeuten noch nicht absehbar. Unabhängig davon, ob bei dieser Patientin die Gesamtdauer der Unterbringungszeiten in Maßregelvollzug und Haft die Anordnungskompetenz des Amtsgerichts von 4 Jahren tatsächlich überschritten hat oder überschreiten wird, wird daraus ersichtlich, dass es dem Amtsgericht zumindest möglich ist, seine sich aus § 24 II GVG ergebende Strafgewalt durch eine Kombination einer hohen Haftstrafe und der Anordnung der Maßregel nach § 64 StGB zu überschreiten. Geht man von der maximalen Verweildauer in einer § 64 StGB Maßregel von 2 Jahren aus, so dürfte die vom Amtsgericht zusätzlich ausgesprochene Haftstrafe die Dauer von 24 Monaten nicht überschreiten.[251]

b) Exkulpationsgrad

Der Exkulpationsgrad umschreibt die verschiedenen Stufen der Schuldfähigkeit. So kann das Gericht von voller Schuldfähigkeit ausgegangen sein, Schuldunfähigkeit oder verminderte Schuldfähigkeit der Patientin zum Zeitpunkt der Tat angenommen haben.

---

[249] Eisenberg, Jugendgerichtsgesetz, § 40, Rdnr. 7.

[250] Eine Unterbringung nach § 64 StGB ohne gleichzeitig verhängte Haftstrafe fand sich jedoch in lediglich 9,7% der Fälle.

[251] Zu der Tendenz der Gerichte neben der Maßregel auch zunehmend lange Haftstrafen auszusprechen siehe Volckart, Maßregelvollzug, S. 13.

Tabelle 44: Schuldfähigkeit.

	§ 63 StGB		**§ 64 StGB**	
	Anzahl	%	Anzahl	%
voll verantwortlich	---	---	2	**6,5**
§ 21 StGB	37	**34,3**	26	**83,9**
§ 20 StGB	71	**65,7**	3	**9,7**
Gesamtwert	108	100,0	31	100,0

(Chi²-Test: $\chi^2 = 34{,}27$; $p \leq 0{,}001$; in 50% der Zellen $N \leq 5$, d.h. eine gesicherte Aussage erscheint hier kaum möglich)

Zwischen der Gruppe der nach § 63 StGB und nach § 64 StGB untergebrachten Frauen sind deutliche Unterschiede erkennbar.

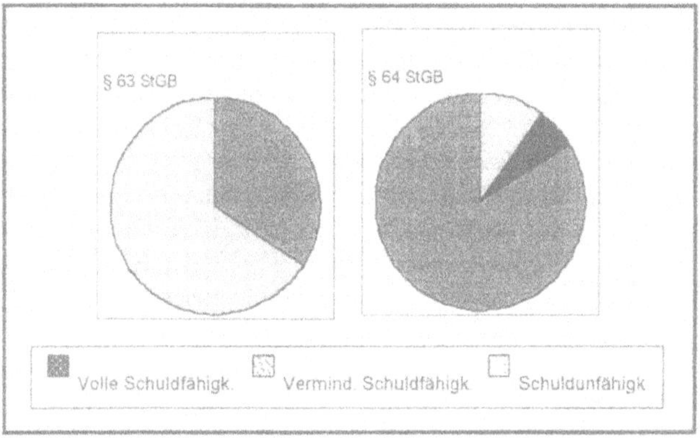

Abbildung 5: Schuldfähigkeit

Während bei dem überwiegenden Teil der in einem psychiatrischen Krankenhaus untergebrachten Frauen eine Schuldunfähigkeit angenommen wurde, wurde bei den in einer Entziehungsanstalt untergebrachten in weniger als 10% der Fälle von dem Vorliegen einer Schuldunfähigkeit ausgegangen.[252]

Der Umstand, dass sich Personen, die durch das Gericht als voll verantwortlich gehalten wurden, in der Maßregelunterbringung befinden, ist damit zu erklären,

[252] Von dieser Einschätzung durch das Gericht berichtet auch Volckart, Werden die Konsequenzen des Sachverständigengutachtens vom Gutachter ausreichend berücksichtigt?, in: Kury, Ausgewählte Fragen und Probleme forensischer Begutachtung, S.267.

dass es für die Unterbringung in einer Entziehungsanstalt der Schuldunfähigkeit oder der verminderten Schuldfähigkeit nicht bedarf.[253]

Die Einschätzung der Schuldfähigkeit durch die Gerichte entspricht im wesentlichen den Beurteilungen des Gutachters im schriftlichen Gutachten. In nur 13 aller Fälle wich das schriftliche Gutachten von dem Ergebnis des Urteils ab, d.h. in über 90% entsprachen sich das schriftliche Urteil und das Gutachten im Bezug auf die angenommene Schuldfähigkeit.

Von den 13 Fällen wurde in 8 Fällen von dem Gutachter im schriftlichen Gutachten eine volle Schuldfähigkeit angenommen, in 7 Fällen nahm das Gericht jedoch eine verminderte Schuldfähigkeit, in einem Fall sogar eine Schuldunfähigkeit an. In 5 Fällen wurde statt des § 21 StGB vom Gericht § 20 StGB angenommen. Da der Gutachter aber in der Hauptverhandlung auch zu einem anderen Schluß als im schriftlichen Gutachten kommen kann, ist von einer noch höheren Kongruenz von Gutachterergebnis und Urteil auszugehen.

Dieses hohe Übereinstimmungsergebnis war erwartet worden, da das Gericht zwar immer das Urteil aufgrund der eigenen Überzeugung sprechen muß, seine Sachkunde jedoch durch den Gutachter bezog.

Besonders auffallend in der oben aufgeführten Tabelle ist der Unterschied der Schuldun-fähigkeit und der verminderten Schuldfähigkeit zwischen den beiden Patientinnengruppen. Während bei der größten Gruppe der nach § 63 StGB untergebrachten Patientinnen durch das Gericht eine Schuldunfähigkeit festgestellt wurde, waren nur knapp 10% der § 64 StGB Frauen schuldunfähig. Daraus ist zu entnehmen, dass bei den Gerichten offensichtlich die Tendenz besteht, die Sucht bzw. den Hang als weniger schuldausschließend zu begreifen als die psychische Krankheit.

Der Vergleich mit nach § 63 StGB untergebrachten männlichen Patienten zeigt, dass der Anteil von Schuldunfähigkeit und verminderter Schuldfähigkeit annähernd gleich ist.

In der Untersuchung von LEYGRAF[254] fanden sich 64,5%, bei MISSENHARDT[255] 61,2%[256] schuldunfähige und entsprechend 35,5% bzw. 38,8% vermindert schuldfähige Patienten.[257]

SCHUMANN[258] hingegen fand nur einen Anteil von 53,8% Schuldunfähiger bei den männlichen Untergebrachten.

---

[253] Fischer in Tröndle/Fischer, Strafgesetzbuch, § 64, Rdnr. 5; Rasch, Voraussetzungen der Unterbringung nach § 64 StGB aus psychiatrischer Sicht, Gründe für die Bestimmung der Vollstreckungsreihenfolge gemäß § 67 StGB, § 67d V StGB, R&P 1991, 109.

[254] Leygraf, Psychisch kranke Straftäter, S. 72.

[255] Missenhardt, Psychisch kranke Straftäter im Maßregelvollzug, S. 73.

[256] Dieser Anteil ergibt sich nach Abzug der Probanden der Gruppe „ohne Angaben".

[257] Leygraf, Psychisch kranke Straftäter, S. 72.

c) Gleichzeitig verhängte Haftstrafe

Die Anzahl der schuldunfähigen Patienten hat natürlich auch Auswirkung auf die Anzahl der gleichzeitig verhängten Haftstrafen. Da das deutsche Strafrecht das Vorliegen von Schuld der Strafe voraussetzt[259], liegen bei ebenfalls 65,7% der nach § 63 StGB untergebrachten Patientinnen keine gleichzeitig verhängten Haftstrafen vor. Bei den nach § 64 StGB untergebrachten Frauen stellt sich die Situation gänzlich anders dar. Von 31 Patientinnen hatten 28 Frauen (90,3%) neben der Maßregel eine Haftstrafe, d.h. nur 9,7% keine Haftstrafe erhalten.

Vergleicht man die Dauer der gleichzeitig verhängten Haftstrafen, so ergibt sich zwischen den verminderte Schuldfähigen der § 63 StGB und § 64 StGB Patientinnengruppe kein deutlicher Unterschied:

Tabelle 45: Haftstrafendauer in Monaten.

	§63 StGB	**§ 64 StGB**
Mittelwert	**46,8**	**36,0**
Standardabweichung	37,2	23,2
Median	33	35
Min	8	8
Max	180	108
Anzahl	30	28

(U-Test; Z = -0,756; n.s.)

Dies ist insoweit interessant, als sich bei den Vordelikten an den Gesamtinhaftierungszeiten erkennen läßt, dass die durchschnittliche Dauer der Haftstrafen für die Vordelikte bei den später nach § 63 StGB untergebrachten Frauen wesentlich höher lag als bei den nach § 64 StGB untergebrachten Frauen.[260] Offensichtlich wird beim Strafausspruch die gleichzeitige Verhängung einer Maßregel in beiden Unterbringungsfällen ähnlich gewichtet und wirkt sich egalisierend auf die unterschiedlichen Haftstrafenhöhen aus.

Der Vergleich der männlichen und weiblichen nach § 63 StGB untergebrachten Patienten zeigt einen leicht erhöhten Durchschnittswert der zusätzlichen Freiheitsstrafe bei Patientinnen. Diese betrug mit 46 Monaten Freiheitsstrafe im Mittel 4 Monate länger als der von LEYGRAF festgestellte Wert von 42 Monaten.[261]

---

[258] Schumann, Psychisch kranke Rechtsbrecher, S. 71.

[259] Siehe hierzu Einleitung, S. 1.

[260] Zwar ist gemäß § 67 IV StGB eine Anrechnung der Maßregel auf die Strafe möglich, jedoch nicht in voller Höhe.

[261] Leygraf, Psychisch kranke Straftäter, S. 73.

Betrachtet man die Maximaldauer der Unterbringung von 180 Monaten, so wird erneut deutlich, wie einschneidend die kombinierte Anordnung von Haftstrafe und Maßregel sein kann.

Die kombinierte Anordnung von Haft und Maßregel bringt für die Patienten in der Praxis einen weiteren Nachteil mit sich. Im Laufe der Untersuchung fanden sich Fälle, in denen Patientinnen, die wegen der Kombination einer Maßregel mit einer langen Haftstrafe zu rechnen hatten, ein therapeutischer Nachteil entstanden war oder entstand.[262] Dieser Nachteil ist eindeutig eine Folge der „Zweispurigkeit im engeren Sinn".

Hintergrund war nach Auskunft der Behandler die erwartungsgemäß lange Unterbringungszeit der Patientinnen, die eine - sofort mit Beginn der Unterbringungszeit beginnende Behandlung - nicht angezeigt erschienen ließen. Es wurde beschrieben, dass aufgrund der Erkenntnisse über Therapieverläufe, deren durchschnittlicher Dauer und der für diese Therapien bestehende Notwendigkeit von Lockerungsmöglichkeiten wie Ausgänge, Urlaube und die Möglichkeit von extramuralen Arbeitstätigkeiten als Motivation der Patienten in der Endphase der Therapie den Behandlern zu Beginn bewußt ist, dass bei „normalem" Therapieverlauf diese erhebliche Zeit vor der zu erwarteten Entlassung oder Unterbringung in Strafhaft erfolgreich sein wird und für den Fortgang eines Lockerungsschritts bedarf. Da dieser Therapieerfolg jedoch nicht unbegrenzt aufrechterhalten werden kann, werde in der Praxis dazu übergegangen, mit der therapeutischen Arbeit erst zu beginnen, wenn der erwartete Therapieverlauf zeitlich in die Vollstreckung des Maßregelvollzugs passe. In den Anfangsmonaten (-jahren) gleiche der Vollzug zum Leidwesen von Behandlern und Patienten daher eher einer Verwahrunterbringung, die dem Unterbringungsanspruch der „Besserung" nicht genüge.[263]

Wäre in diesen Fällen die kombinierte Anordnung von Strafe und Maßregel nicht möglich gewesen, bestünde die Notwendigkeit zu solch absurden Vorgehensweisen nicht. Die reine Anordnung einer Maßregel würde eine sinnvolle Therapieplanung sofort nach der Unterbringung ermöglichen und die Patienten und Patientinnen nicht rechtswidrig verwahren.

---

[262] Zu den Nachteilen bei Anordnung der Maßregel neben einer langen Freiheitsstrafe bei § 64 StGB Patienten siehe Rasch, Voraussetzungen der Unterbringung nach § 64 StGB aus psychiatrischer Sicht, Gründe für die Bestimmung der Vollstreckungsreihenfolge gemäß § 67 StGB, § 67d V StGB, R&P 1991, 109; Volckart, Werden die Konsequenzen des Sachverständigengutachtens vom Gutachter ausreichend berücksichtigt?, in: Kury, Ausgewählte Fragen und Probleme forensischer Begutachtung, S. 267.

[263] Von ähnlichen Feststellungen berichten auch Wycisk/Noeres, Strafvollzug als Therapieziel?, R&P 1991, 114; Zur Kritik siehe Volckart, Werden die Konsequenzen des Sachverständigengutachtens vom Gutachter ausreichend berücksichtigt ?, in: Kury, Ausgewählte Fragen und Probleme forensischer Begutachtung, S. 267.

Eine solche Vorgehensweise könnte in den Alternativreaktionen der Einspurigkeit im weiteren und im engeren Sinn realisiert werden.

In einem Fall wirkte sich die nachfolgende Haftstrafenvollstreckung für eine der behandlungsbedürftigen Täterinnen darüber hinaus wie folgt aus: Eine neben der Maßregel ausgesprochene Haftstrafe von 8 Jahren führte dazu, dass die Patientin im Maßregelvollzug von sämtlichen Lockerungen ausgeschlossen war und auch keine Aussicht auf spätere Lockerungen bestand. Aufgrund der Schwere des Delikts wurde nicht von einer Aussetzung des Strafrests zur Bewährung ausgegangen. Wegen der zumindest teilweise noch zu vollstreckenden langen Haftstrafe war die Patientin in der am meisten gesicherten Station der Klinik - der Akutstation - untergebracht worden. Der Vorwegvollzug der Strafe war trotz des Bemühens der Klinik abgelehnt worden.[264] Zu den bereits beschriebenen Schwierigkeiten der dauerhaften Unterbringung auf einer Akutstation kam nun eine fehlende Therapiemotivation der Patientin hinzu, die nach Aussagen der Therapeuten lediglich situationsbedingt zu verstehen war und aus der Resignation der Patientin resultierte. Sei diese zu Beginn motiviert gewesen, so hätten die fehlenden Perspektiven auf Lockerung oder Entlassung aus der Maßregel ohne nachträgliche Strafvollstreckung diesen Eifer erlöschen lassen.

Diese praktischen Probleme der Zweispurigkeit im engeren Sinn müssen bei Anordnung einer langen Haftstrafe neben einer Maßregel zukünftig eine stärkere Berücksichtigung finden.

d) Besonderheiten

Die Beurteilung und inhaltliche Kontrolle eines Urteils wird ohne Kenntnis des genauen Akteninhalts, der Hauptverhandlungsprotokolle, der persönlichen Anwesenheit in der Hauptverhandlung und ohne Wissens um die mündliche Stellungnahme des Gutachters für nicht sinnvoll gehalten. Dennoch sollen einige Besonderheiten aus den sich in den Akten befindlichen Urteilen dargestellt werden, die trotz der Erkenntnis, dass es gerade in Unterbringungsfällen kein einfaches, der Mathematik entsprechendes „richtig“ oder „falsch“ gibt, deutliche Auffälligkeiten zeigten und vielleicht hätten in anderer Weise ausfallen müssen.

Erwartung erheblicher rechtswidriger Taten

Gemäß § 63 StGB darf eine Unterbringung in der Psychiatrie nur angeordnet werden, wenn erhebliche rechtswidrige Taten zu erwarten sind.

In einem Fall war die Patientin vor der Unterbringung im Maßregelvollzug zum Zwecke der Untersuchung nach § 81 StPO in einem psychiatrischen Krankenhaus untergebracht worden, nachdem sie in mindestens zwei Fällen eine völlig

---

[264] Zu den Einflußmöglichkeiten der Klinik siehe Volckart, Maßregelvollzug, S. 24 (zu § 67 III StGB).

fremde Person geohrfeigt und geschlagen hatte. Aus dieser Unterbringung war sie nach Erstellung des Gutachtens jedoch wieder entlassen worden und war bis zur Hauptverhandlung nicht untergebracht. Soweit ersichtlich, war es durch die Patientin auch bis zur Hauptverhandlung zu keinen weiteren Delikten gekommen. Die Unterbringung der Patientin nach § 63 StGB wurde angeordnet. In dem Urteil findet sich keine Begründung, warum erhebliche rechtswidrige Taten zu erwarten seien. Auch der Umstand, dass es in der Zeit bis zur Hauptverhandlung zu keinen rechtswidrigen Taten gekommen war, wird nicht berücksichtigt. Die Möglichkeit der Aussetzung der Maßregel zur Bewährung wurde im Urteil jedoch nicht erwähnt.

In einem anderen Fall hatte der Gutachter die Aussetzung der Maßregel zur Bewährung vorgeschlagen, da es sich bei der Tötung des Ehemanns um eine reine Beziehungstat gehandelt habe. Das Gericht nahm die Schuldunfähigkeit der Patientin an, hielt jedoch die Unterbringung in einem psychischen Krankenhaus aufgrund der „Schwere der Tat“ für erforderlich. Auf das Argument des Gutachters, dass es sich um eine in dieser Konstellation kaum wiederholbare Situation gehandelt habe, ging das Gericht in seinem Unterbringungsurteil weder im Rahmen der Erwartung erheblicher rechtswidriger Taten noch bei der Erwägung einer Aussetzung zur Bewährung ein. Die Argumentation der „Schwere der (vergangenen) Tat“ kann jedoch bei der Frage der Unterbringung nach §§ 20, 63 StGB keine Rolle spielen. Diese Argumentation läßt die Grenzen zwischen Schuldstrafrecht und den Anordnungsvoraussetzungen der Maßregel unzulässig verschwimmen.

In einem weiteren Fall hatte die Patientin vor der vorliegenden Unterbringung über 100 „einfache“ Diebstähle begangen. Es waren bereits mehrere Verfahren gegen diese Patientin wegen § 20 StGB eingestellt worden, diese hatte jedoch immer weitere Diebstähle begangen. 35 Fälle dieser „Anlaßdiebstähle“ wurden eingestellt, wegen 71 Fällen erfolgte die Maßregelunterbringung. Die Frage der Erheblichkeit wurde anhand der Vielzahl der Delikte bejaht. Bis zum Untersuchungszeitpunkt war die Patientin mit der aktuellen Diagnose einer „paranoiden Persönlichkeitsstörung und pathologischem Stehlen“ bereits 52 Monate nach § 63 StGB untergebracht. In der Zwischenzeit war es mehrfach zu Entweichungen und weiteren Diebstählen gekommen. Laut Auskunft des Therapeuten bestand bei der Patientin wenig Krankheitseinsicht. Die Entlassung aus der Maßregel wurde durch diesen eher im mittelfristigen denn im kürzeren Zeitraum gesehen.

Vor diesem Hintergrund stellt sich zum einen die Frage, ob nicht die rechtlich zwar mögliche Unterbringung bei dieser Vielzahl von Taten[265] im Hinblick auf die lange und bisher erfolglos gebliebene Behandlung beendet werden sollte, ob diese noch verhältnismäßig im Sinne des § 62 StGB ist.

---

[265] BGH, MDR 76, 767; BGHSt 27, 246.

Zum anderen stellt sich bereits bei dem Ausspruch der Maßregel nach § 63 StGB aufgrund von Diebstählen die Frage, ob nicht die Gesellschaft derartige Delikte einer schuldunfähigen Person zu tragen und das Bedürfnis der Sicherung der Allgemeinheit hinter einem dauerhaften Freiheitsentzug zurückzustehen hat.

Beschäftigung des Gerichts mit dem Gutachten

Wie bereits beschrieben, dient die Erstellung von Gutachten und die Anwesenheit eines Gutachters in der Hauptverhandlung mit mündlichem Gutachten dazu, dem Gericht den notwendigen Sachverstand zu vermitteln. Indes kann sich das Gericht nicht auf eine passive Rolle zurückziehen, es hat die Aufgabe das Gutachten zu verstehen und bei Rückfragen den Gutachter so lange zu bemühen, bis es sein Urteil aufgrund der gewonnenen Erkenntnisse aus eigener Überzeugung sprechen kann.

In einem Urteil wurde die Annahme des § 20 StGB wie folgt begründet: „Es liegt eine krankhafte seelische Störung im Sinne einer schweren anderen seelischen Abartigkeit vor“. Eine weitere Erklärung zur Annahme des § 20 StGB erfolgte nicht. Der Gutachter selbst hatte nur das Vorliegen einer krankhaften seelischen Störung angenommen.

Zum einen ist die Aussage im Urteil widersprüchlich, da ein Tatbestandsmerkmal mit einem anderen Tatbestandsmerkmal begründet wird, zum anderen findet sich keine Erklärung für die Annahme des § 20 StGB. Es entsteht der Eindruck, dass Gericht habe sich mit dem Gutachten nicht in der Weise auseinandergesetzt, wie es für einen Urteilsausspruch Voraussetzung gewesen wäre.

Urteilsumfang und Urteilsgründe

Eines der Unterbringungsurteile war derart kurz, dass es trotz fehlender Aktenkenntnis und Hauptverhandlungsprotokoll, der Nichtanwesenheit in der Hauptverhandlung und in Unkenntnis der mündlichen Stellungnahme des Gutachters als fehlerhaft bezeichnet werden kann.

Angeklagt waren die Patientin und eine weitere Person. Diese hatten den Abend mit einer dritten Person und dem späteren Opfer verbracht, in dessen Verlauf es zum Streit kam und dem Dritten schwere Schnitt- und Stichverletzungen zugeführt wurden, an denen dieser zweieinhalb Wochen später verstarb. Der Mitangeklagte wurde wegen dem Vorliegen einer Notwehrsituation freigesprochen, bei der Patientin wurde deren Schuldunfähigkeit angenommen und eine Unterbringung nach § 63 StGB angeordnet.

Das Urteil für zwei Angeklagte, einen Freispruch und eine Unterbringung, bei einem zu Tode gekommenen Opfer hat einen Gesamtumfang von 3 1/3 Seiten! Anderthalb Seiten werden durch das Rubrum ausgefüllt, der Urteilsausspruch füllt den Rest der zweiten Seite. Die Urteilsgründe betragen für den Tathergang und beide Angeklagte eine Seite und sieben Zeilen. Aufgrund dieses Urteils war die Patientin zum Untersuchungszeitpunkt bereits 44 Monate untergebracht, nach Ansicht der Therapeuten wurde mit einer weiteren langfristigen Unterbringung gerechnet.

Es kann dahinstehen, ob die Unterbringung zu Recht erfolgte, der aktuellen Diagnose zu Folge liegt bei der Patientin ein ausgeprägter Schwachsinn sowie eine paranoid-halluzinatorische Psychose vor. Doch vermögen 1 1/3 Seiten die Notwendigkeit einer freiheitsentziehenden Maßregel nicht zu begründen!

Verhältnismäßigkeit

Für manche der untergebrachten Patientinnen stellte sich im Laufe der Untersuchung die Frage nach der Verhältnismäßigkeit der Maßregel im Zusammenhang mit der rechtswidrigen Unterbringungstat. Hierbei ist zwischen der Anordnung der Maßregel und der Entlassung aus der Maßregel zu unterscheiden, im Rahmen der Unterbringungsurteile werden die Besonderheiten bei der Anordnung dargestellt werden.

Das Rechtsprinzip der Verhältnismäßigkeit hat Verfassungsrang, der aus dem Rechtsstaatsprinzip und aus dem Wesen der Grundrechte selbst herzuleiten ist.[266]

Dennoch ist der Grundsatz der Verhältnismäßigkeit für den Bereich der Maßregeln in § 62 StGB nochmals ausdrücklich geregelt, was dessen besondere Bedeutung im Bereich der Maßregeln der Besserung und Sicherung hervorhebt.

Die Anordnungsmöglichkeit des § 63 StGB wird insoweit beschränkt, als dass auch ein Blick auf die begangene Tat als Korrektiv zu der primär auf die künftige Gefährlichkeit des Täters gerichtete Sichtweise des § 63 StGB erfolgt. Für die Anordnung der Unterbringung im psychiatrischen Krankenhaus muß lediglich die zu erwartende Tat, nicht jedoch die Anlaßtat erheblich sein.[267] Die Anlaßtat gewinnt erst im Zusammenhang mit der Prüfung der Verhältnismäßigkeit Bedeutung. An dieser Stelle wird die begangene Tat in ihrer Schwere, Art und Häufigkeit als Indiz für künftige Taten gewertet. Diese Gesamtwürdigung der vergangenen Tat mit den erwarteten Taten soll unverhältnismäßige Eingriffe unterbinden. Unverhältnismäßigkeit ist in der Regel gegeben, wenn es sich bei den begangenen Taten um Bagatelldelikte handelt.[268]

---

[266] Fischer, in Tröndle/Fischer, Strafgesetzbuch, § 62, Rdnr. 1.

[267] Fischer, in Tröndle/Fischer, Strafgesetzbuch, § 63, Rdnr. 2a.

[268] BGHSt 20, 232.

In zwei der untersuchten Fälle hatten Bagatelldelikte zur Unterbringung geführt, dennoch wurde Verhältnismäßigkeit angenommen. In einem Fall hatte eine Patientin, die sich zu diesem Zeitpunkt in einer Allgemeinpsychiatrie befand (keine Maßregelunterbringung) eine Pflegerin mit einer leeren Wasserflasche bedroht, diese jedoch nicht verletzt. In einem anderen Fall hatte eine Patientin, die sich ebenfalls in der Allgemeinpsychiatrie befand, einen Papierkorb angezündet, jedoch sofort nach dem Anzünden Hilfe geholt, so dass die Tat durch das Gericht als reine Sachbeschädigung bewertet wurde. Gegen beide Patientinnen wurde eine Maßregel ausgesprochen und diese nach § 63 StGB untergebracht.

Im Hinblick auf die gesetzlichen Bestimmungen war dies möglich, auch stand das Prinzip der Verhältnismäßigkeit nicht entgegen. Zwar handelte es sich bei den Taten alleine betrachtet um Bagatelltaten, die indizielle Bedeutung für künftigen Taten wurde jedoch als für die Täterinnen ungünstig bewertet. In beiden Fällen waren Rechtsgüter von bedeutendem Wert - nämlich Leib und Leben - betroffen, die bei erneuter Tatbegehung hätten verletzt werden können. Gerade am Beispiel der Inbrandsetzung des Papierkorbs innerhalb einer geschlossenen Einrichtung wird deutlich, dass diese Handlung bei ungünstigerem Verlauf viele Menschenleben hätte kosten können. Vor diesem Hintergrund war trotz geringer Anlaßtat eine Maßregel ausgesprochen worden.

Der tatsächliche Hintergrund der Unterbringung – und nur deshalb werden diese an sich verhältnismäßigen Unterbringungen erwähnt – war subjektiv gesehen jedoch ein ganz anderer. In beiden Fällen handelte es sich bei den Patientinnen um solche, die bereits „Psychiatriekarrieren" außerhalb des Maßregelvollzugs hinter sich hatten. Diese waren schon mehrfach untergebracht, entlassen und wieder untergebracht worden und hatten sich auch während der Unterbringung als schwierige Patienten dargestellt. Bei der Patientin mit der Inbrandsetzung des Papierkorbs war es auch nicht die erste Brandlegung gewesen, andere Brandlegungen in gleich niedrigem Umfang waren vorausgegangen, hatten jedoch zu keiner Anzeige geführt.

Bei der Durchsicht der Krankenakte mit den Berichten der Allgemeinpsychiatrie entstand der Eindruck, als sei die Maßregel als letztes Mittel verwandt worden, da keine Alternativlösung zur schwierigen Unterbringungssituation zwischen Entlassung und erneuter Einweisung gefunden wurde und die Anlaßtat „gerade recht kam", um die bestehende und immer wiederkehrende Situation für Behandler und Patientin aufzubrechen.

Sowohl die Klinik hätte, gerade im Hinblick auf die besondere Situation in einer Psychiatrie, in der eben nicht mit „gesunden" Maßstäben gemessen werden kann, eine Anzeige unterlassen können, als auch die Justiz hätte diese Delikte bereits im Vorverfahren als auch in der gerichtlichen Hauptverhandlung anders - als geschehen - behandeln können.

Dies ist jedoch nicht geschehen, es erfolgte die Unterbringung in einer Einrichtung des Maßregelvollzugs.

Diese Ausführungen sollen nicht Kritik üben, sondern zeigen, dass unter Umständen sachfremde, aber durchaus nachvollziehbare Motive die Maßregelunterbringung bedingen. Unter Umständen kann die Maßregelunterbringung für die Patientin die letzte Rettung darstellen, um aus der „Drehtürpsychiatrie" herauszukommen und eine fortdauernde und konsequente Behandlung zu erfahren.

In einem der Untersuchungsfälle war eine Patientin immer wieder in die Psychiatrie eingewiesen worden und aus dieser regelmäßig nach einer Dauer von 6 Wochen (vermutlich aus Kostengründen) wieder entlassen worden. Regelmäßig kam es schnell nach der Entlassung zu Suizidversuchen mit schwersten Verletzungen, gefolgt von einer erneuten Einweisung und Entlassung. Aufgrund einer verbalen Bedrohung einer Ärztin der Allgemeinpsychiatrie, des Kratzens einer Pflegerin und dem Versuch, sich durch Anzünden des eigenen Bettes von der Fixierung zu befreien, wurde die Patientin in einer Maßregeleinrichtung untergebracht. Dort wurde sie über einen längeren als in der Allgemeinpsychiatrie üblichen Zeitraum betreut. Zum Zeitpunkt der Untersuchung befand sich die Patientin bereits im „Probewohnen" außerhalb der Klinik, zu erneuten Suizidversuchen war es nicht gekommen.

Vorwegvollzug von Maßregel oder Strafhaft

Grundsätzlich wird bei gleichzeitiger Anordnung von Strafe und Maßregel die Maßregel vor der Strafe vollzogen (§ 67 I StGB). Nach § 67 II StGB kann es jedoch zu einer Umkehrung der gesetzlich vorgeschriebenen Reihenfolge kommen.

In einem der Unterbringungsurteile wurde dieser Möglichkeit jedoch nicht in der gebotenen Weise Rechnung getragen.

Sowohl dem Unterbringungsgutachten als auch dem Unterbringungsurteil war zu entnehmen, dass der Gutachter aus behandlerischen Gründen und bei einem etwaigen Ausspruch einer Strafe neben einer Maßregel den Vorwegvollzug – zumindest eines Teils – der Haftstrafe angeregt hatte. Unabhängig davon, ob diese Gründe gegeben waren oder ob ein Vorwegvollzug überhaupt zu befürworten ist, ist die Art der Begründung des Gerichts als fehlerhaft zu bezeichnen:

„[...] Indes kann es nicht Aufgabe der Tatsacheninstanz sein, mit dem Risiko kosten- und zeitaufwendiger Urteilsaufhebungen die grundsätzliche Entscheidung des Gesetzgebers (Therapie vor Strafverbüßung) selbst nur in Einzelfällen vorzugreifen, bevor nicht die von psychiatrischen Experten in gerichtlichen Verhandlungen nahezu beständig geäußerten Zweifel zu einem umfassend akzeptierten Betrachtungswandel geführt haben.[...]"

5. Unterbringungszeiten vor der Maßregel und deren Anrechnung

Ein Großteil der Patientinnen hatte sich bereits vor Rechtskraft des Urteils nicht mehr in Freiheit, sondern in Untersuchungshaft, der einstweiligen Unterbringung nach § 126a StPO oder in Einrichtungen der Allgemeinpsychiatrie befunden. Ein weiterer Teil der Patientinnen hatte sich vor der rechtskräftigen Unterbringung im Maßregelvollzug sowohl in Untersuchungshaft als auch in der einstweiligen Unterbringung nach § 126a StPO befunden.

Die Untersuchungshaft wird zum Zwecke der Sicherung des Erkenntnisverfahrens oder der Vollstreckung angeordnet und dient den Zielen der:

1. Sicherung der Anwesenheit des Beschuldigten im Strafverfahren (§ 112 II Nr.1,2 StPO)
2. Gewährleistung einer ordnungsgemäßen Tatsachenermittlung (§ 112 II Nr.3 StPO)
3. Sicherstellung der Strafvollstreckung (§ 457 StPO).

Die Anordnung der einstweiligen Unterbringung nach § 126a StPO dient nicht ausschließlich verfahrenssichernden, sondern überwiegend präventiv-polizeilichen Zwecken und ist an drei Voraussetzungen geknüpft:

1. Dringende Gründe müssen dafür sprechen, dass jemand eine rechtswidrige Tat im Zustand der Schuldunfähigkeit oder verminderten Schuldfähigkeit begangen hat.
2. Dringende Gründe müssen eine endgültige Unterbringung in einem psychischen Krankenhaus oder einer Entziehungsanstalt erwarten lassen.
3. Die öffentliche Sicherheit muß die Unterbringung schon vor der endgültigen Entscheidung erfordern.[269]

Von den Patientinnen hatten sich im Zusammenhang mit der aktuellen Unterbringung in Untersuchungshaft befunden:

---

[269] Roxin, Strafverfahrensrecht, § 36, S. 303.

Tabelle 46: Unterbringungszeiten U-Haft in Monaten.

	§ 63 StGB	**§ 64 StGB**
Mittelwert	**5,7**	**6,1**
Standardabweichung	2,7	3,0
Median	6	6
Modalwert	5	6
Minimum	1	2
Maximum	11	13
Anzahl	21	16

(U-Test; Z = -0,216; n.s.)

Sowohl der Mittelwert als auch der am häufigsten auftretende Wert (Modalwert) zeigen, dass sich die Unterbringungszeiten in der Regel im Rahmen der gesetzlichen Höchstfrist von 6 Monaten halten. Diese Frist wird für die Untersuchungshaft durch § 121 StPO bestimmt, eine weitere Fortdauer kann nur durch das Oberlandesgerichts (OLG) angeordnet werden. Die Fortdauer ist nur zulässig, wenn besondere Schwierigkeiten oder der besondere Umfang der Ermittlungen oder ein anderer wichtiger Grund den weiteren Vollzug rechtfertigen. Im Gegensatz hierzu ist die Unterbringungszeit nach § 126a StPO unbegrenzt. Eine zeitliche Beschränkung auf 6 Monate oder einen sonstigen Zeitrahmen gibt es bei der Unterbringung nach § 126a StPO nicht. Eine Überprüfung der Fortdauer der einstweiligen Unterbringung ist durch das Gesetz folglich ebenfalls nicht vorgesehen. Dies findet sogleich Niederschlag in der Dauer der Unterbringung nach § 126a StPO:

Tabelle 47: Einstweilige Unterbringungszeiten nach § 126a StPO.

	§ 63 StGB	**§ 64 StGB**
Mittelwert	**9,6**	**7,9**
Standardabweich.	4,4	4,5
Median	9	8
Modalwert	8	3
Minimum	1	3
Maximum	24	14
Anzahl	81	8

(U-Test; Z = -0,906; n.s.)

Die durchschnittliche Unterbringungsdauer weist in der zeitlich unbeschränkten Unterbringung gegenüber dem Mittelwert der beschränkten Untersuchungshaft in beiden Patientinnengruppen eine Erhöhung auf.

Diese erhöhten Werte der durchschnittlichen Unterbringungsdauer in der einstweiligen Unterbringung nach § 126a StPO entsprechen auch den von JABEL[270] in seiner Untersuchung festgestellten durchschnittlichen Unterbringungszeiten von 275,5 Tagen, mithin von ca. 9 Monaten.

Diese vorgefundene Erhöhung war im Hinblick auf die überlasteten Gerichte und Staatsanwaltschaften erwartet worden, denn entgegen der drohenden Entlassung des Untersuchungsgefangenen nach der Prüfung durch das OLG drängt bei den nach § 126a StPO untergebrachten Personen keine Frist. Diese fehlende Frist schlägt sich unmittelbar in den Unterbringungszeiten nieder.

Dass in allen Fällen der einstweiligen Unterbringung psychiatrisch-psychologische Untersuchungen und Begutachtungen vor einer Hauptverhandlung erforderlich sind, vermag zwar die erhöhte Unterbringungszeit zu erklären, gleichwohl ist nicht einzusehen, warum nicht auch den vorläufig Untergebrachten die Rechtsgarantie einer Fristenkontrolle zugute kommen soll. Liegt die Ursache der Verzögerung in der notwendigen Begutachtung der Untergebrachten, so stellt dies einen sachlichen Grund dar und rechtfertigt die Fortdauer.

Betrachtet man insbesondere die Maximalzeiten der § 126a StPO Unterbringung, so wird die Notwendigkeit einer zeitlichen Befristung der einstweiligen Unterbringung geradezu zwingend. Eine der nach § 63 StGB untergebrachten Patientinnen hatte 2 Jahre (!) in dieser Unterbringungsform verbracht. Angesichts der Ausgestaltung der einstweiligen Unterbringung ist diese Dauer einfach unvorstellbar. In der Praxis befindet sich die nach § 126a StPO untergebrachte Patientin in aller Regel auf dem „Wartegleis". Da bis zum Zeitpunkt eines rechtskräftigen Urteils noch nicht feststeht, ob überhaupt eine Maßregel ausgesprochen werden wird, wird mit arbeits- und zeitintensiven Therapien (außer den medikamentösen Therapien) in der Regel nicht begonnen. Die Patientin wird bis zur endgültigen Entscheidung „verwahrt".

Neben der nahezu ungenutzt verstreichenden Wartezeit ist zusätzlich die Unterbringungssituation besonders einschneidend. Die Unterbringung nach § 126a StPO erfolgt unter hohen Sicherheitsaspekten, um das Entweichen der Patientin zu verhindern. Wie bereits mehrfach beschrieben, gipfeln diese „sicheren Unterbringungen" zum Teil in der dauerhaften Unterbringung auf Akutstationen mit all ihren Nachteilen. So können die Patientinnen während dieser Zeit keine Lockerungen bekommen. Darüber hinaus sind in vielen Fällen die Arbeits- und Beschäftigungsmöglichkeiten für Patientinnen in dieser Sicherheitsstufe aufgrund der in den Kliniken bestehenden Gegebenheiten eingeschränkt oder gar nicht vorhanden.

---

[270] Jabel, Die vorläufige Unterbringung nach § 126a StPO, in: Gebauer/Jehle, Die strafrechtliche Unterbringung in einem psychiatrischen Krankenhaus, S.59.

Einem der ausgewerteten Gutachten konnte entnommen werden, dass sich der Zustand der Patientin während der langen Unterbringung nach § 126a StPO erheblich verschlechtert hatte. Diese Patientin hatte die dauerhaft geschlossene Unterbringung über einen Zeitraum von 14 Monaten als stark belastend empfunden, und es war aufgrund der Unterbringung zur Verstärkung ihrer psychischen Beeinträchtigungen gekommen.

Daher ist die zeitliche Begrenzung der Unterbringungszeiten nach § 126a StPO unabdingbar, die Kontrolle durch das OLG unverzichtbar.

Die nach Monatsabschnitten differenzierte Untergliederung der Unterbringungszeiten macht deutlich, dass es sich bei der „Überschreitung" der für die Untersuchungshaft geltenden Frist auch nicht nur um wenige Ausrutscher handelt, sondern den Großteil der Patientinnen betrifft:

Tabelle 48: Nach Monaten untergliederte Unterbringungszeit nach § 126a StPO.

	§ 63 StGB		**§ 64 StPO**	
	Anzahl	%	Anzahl	%
bis 6 Monate	18	**22,2**	4	**50,0**
bis 8 Monate	19	**23,5**	2	**25,0**
bis 12 Monate	28	**34,6**	2	**25,0**
bis 18 Monate	12	**14,8**	---	---
bis 24 Monate	4	**4,9**	---	---
Gesamtwert	81	100,0	8	100,0

(Chi^2-Test: Aufgrund der zu niedrigen Fallzahlen, ist keine akzeptable Aussage möglich)

Die Dauer der Unterbringung nach § 126a StPO überschritt bei den Patientinnen der § 63 StGB Gruppe die für die Untersuchungshaft geltende Frist von 6 Monaten in 77,8% der Fälle, in der Gruppe der § 64 StGB Patientinnen in 50,0% der Fälle.

In nur einem aller Untersuchungsfälle kam es durch den Zustand der Patientin zu einer zeitlichen Verzögerung der Gutachtenerstellung. Diese war zu Beginn der Unterbringung aufgrund ihres psychischen Zustands weder untersuchungs- noch verhandlungsfähig, so dass bis zur Hauptverhandlung 17 Monate verstrichen.

Gründe aus der Sphäre der Patientin stellen jedoch eine Ausnahme dar, würden bei der Fortdauerprüfung durch das OLG selbstverständlich Berücksichtigung finden und zu der Anordnung der Fortdauer führen.

Besonderen Nachdruck bekommt die Forderung nach einer zeitlichen Begrenzung der Unterbringung nach § 126a StPO bei der Betrachtung der Zeiten kumulativer Unterbringung.

Teilweise hatten sich Patientinnen im Zusammenhang mit der jetzigen Unterbringung sowohl in Untersuchungshaft als auch in der einstweiligen Unterbringung befunden. Insgesamt traf das auf 13 der 139 Patientinnen (9,4%) zu. Die Dauer der 6-Monatsfrist wurde bei diesen Patientinnen in nur 2 Fällen (15,4%) eingehalten, im übrigen lagen die Summen der Unterbringungszeiten weit über der 6 Monatsfrist.

Tabelle 49: Summe der Unterbringungszeiten U-Haft und § 126a StPO.

	Anzahl	%
bis 6 Monate	2	**15,4**
7 bis 10 Monate	3	**23,1**
11 bis 15 Monate	6	**46,2**
über 16 Monate	2	**15,4**
Gesamtwert	13	100,0

Während bei der Berechnung der 6-Monatsfrist der Untersuchungshaft die Zeiten der Unterbringung nach § 126a StPO einbezogen werden,[271] ist dies - mangels Frist der § 126a StPO Unterbringung - umgekehrt natürlich nicht der Fall. Kommt zu der 6-monatigen Untersuchungshaft noch eine unbegrenzt lange einstweilige Unterbringung hinzu, kann dies für die Patienten eine fast jahrelange behandlungslose Verwahrung bedeuten.

Die längste kumulative Unterbringungsdauer lag bei 29 Monaten. Die Forderung einer Beschränkung der Dauer liegt bei solchen Zeiträumen auf der Hand.

6. Unterbringungsdelikt

Unter dem Unterbringungsdelikt versteht man die Tat, die zu der aktuellen Unterbringung der Patientin im Maßregelvollzug nach §§ 63 oder 64 StGB geführt hat.

Vielfach hatten die Patientinnen nicht nur einen Straftatbestand erfüllt, sondern gleich mehrere. So waren in manchen Fällen durch dieselbe Handlung der Patientin mehrere Tatbestände erfüllt worden (Tateinheit), in anderen

[271] Roxin, Strafverfahrensrecht, § 30, S. 258; OLG Düsseldorf, NStZ 1987, 475.

Untersuchungsfällen hatte die Patientin vor der Unterbringung mehrfach und durch verschiedene Handlungen Straftatbestände erfüllt (Tatmehrheit).

Im Rahmen der Untersuchung wurde bei einer Mehrzahl von verwirklichten Tatbeständen innerhalb eines einheitlichen Tatgeschehens das gravierendste Einzeldelikt aufgenommen, bei mehreren Einzeltaten wurden diese nur dann getrennt aufgenommen, wenn andere Delikte oder Deliktsgruppen betroffen waren. Daraus ergibt sich auch eine die Anzahl der Patientinnen übersteigende Deliktsanzahl. Da in der folgenden Auswertung die Unterbringungsdelikte nicht nach allen Delikten differenziert aufgeführt werden können, erfolgte nach der Erhebung eine Einteilung in 10 Untergruppen. Innerhalb dieser Gruppen erfolgt keine Unterscheidung zwischen vollendeten Taten und solchen, die nur im Versuch vorlagen.

Die Unterbringungsdelikte der nach §§ 63 und 63 StGB untergebrachten Patientinnen wurden aus den Unterbringungsurteilen entnommen und stellen sich wie folgt dar :

Tabelle 50: Unterbringungsdelikte.

	§ 63 StGB		**§ 64 StGB**	
	Anzahl	%	Anzahl	%
Leben (§§ 211, 212)[272]	37	**26,8**	3	**7,1**
Körperverletzung (§§223-226)	26	**18,8**	3	**7,1**
Persönliche Freiheit (§§239-239b, 240)	3	**2,2**	1	**2,4**
Diebstahl (§§242-244)	8	**5,8**	8	**19,0**
Raub/Erpressung (§§249-255)	14	**10,1**	9	**21,4**
Betrug/Urkundenfälschung (§§263, 267)	5	**3,6**	3	**7,1**
Sachbeschädigung (§§303-305)	6	**4,3**	---	---
Brandstiftung (§§306-308)	34	**24,6**	2	**4,8**
Verstoß gegen BetäubungsmittelG	---	---	10	**23,3**
Sonstiges	5	**3,6**	3	**7,1**
Gesamt	138	100,0	42	100,0

(Chi^2-Test: Aufgrund der zu niedrigen Fallzahlen, ist keine akzeptable Aussage möglich)

---

[272] Die Normen beziehen sich auf das Strafgesetzbuch in der Form vor der Reform von 1998, da die untergebrachten Patientinnen nach „altem Recht" abgeurteilt wurden.

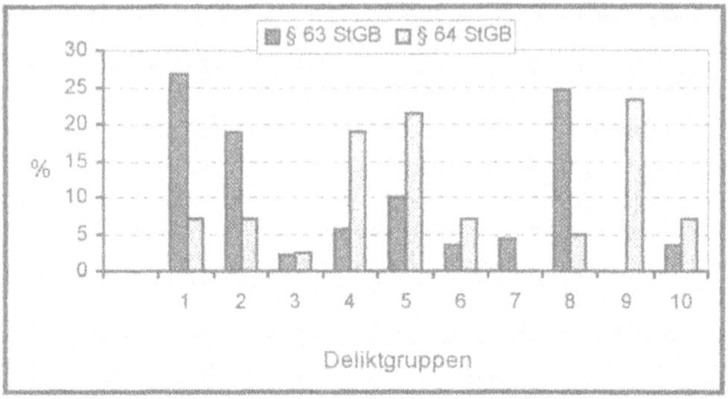

Abbildung 6: Unterbringungsdelikte nach Deliktgruppen

1=Leben; **2**=Körperverletzung; **3**=Persönliche Freiheit; **4**=Diebstahl; **5**=Raub u. Erpressung; **6**=Betrug u. Urkundenfälschung; **7**=Sachbeschädigung; **8**=Brandstiftung; **9**=Verstöße gegen BetäubungsmittelG; **10**=sonstiges

Bei den Patientinnen der § 63 StGB Gruppe ist der hohe Anteil der Delikte gegen das Leben besonders auffällig. Nicht in allen Fällen war es zu einer vollendeten Tötung gekommen, teilweise blieben die Taten auch im Versuchsstadium stecken. In manchen der unter diese Kategorie fallenden Fälle handelte es sich weniger um direkte Taten gegen die Opfer selbst, sondern eher um eine Form der „Mitnahmesuizide", bei denen die Patientin überlebte. Dies waren Fälle von Müttern, die ihr(e) Kind(er) aus unterschiedlichen Motivationen umbrachten und in der Folge versuchten, sich selbst das Leben zu nehmen, was jedoch mißlang.[273]

a) Alkoholeinfluß

Die Delikte wurden bei den Patientinnen der § 63 StGB Gruppe zu „nur" 23,4% unter Alkoholeinfluß begangen, während der Anteil der unter Alkoholeinfluß begangenen Taten der nach § 64 StGB Untergebrachten bei 43,3% lag.[274] (Chi^2: x^2=4,661; $p \leq 0,05$).

Der Vergleich der männlichen und weiblichen nach § 63 StGB untergebrachten Maßregelpatienten zeigt eine höhere Anzahl von Delikten unter Alkoholeinfluß bei den männlichen Patienten. Diese waren nach LEYGRAF[275] zu 38,4% alkoholisiert.

---

[273] Siehe hierzu auch oben, Suizidversuche, S. 64.

[274] Dabei ist von einer Gesamtpatientinnenzahl von 137 Frauen auszugehen, da bei jeweils einer Patientin jeder Gruppe diese Information nicht der Akte entnommen werden konnte.

[275] Leygraf, Psychisch kranke Straftäter, S. 97.

b) Brandstiftungsdelikte

Besonders auffällig ist der hohe Anteil der Brandstiftungsdelikte, der in dieser Höhe nicht erwartet worden war. Diese stellen bei den psychisch kranken Frauen fast ein Viertel der gesamten Delikte dar.

Tabelle 51: Vergleich der Häufigkeit von Brandstiftungsdelikten bei verschiedenen Tätergruppen.

§§ StGB	§63 StGB (Frauen)		§63 StGB (Männer)[276]		Strafvollzug (Frauen)[277]		Strafvollzug (Männer)[278]		§64 StGB (Frauen)	
	Anz.	%	Anz.	%	Anz.	%	Anz.	%	Anz.	%
§§306 -308	34	**24,6**	202	**10,8**	14	**0,6**	369	**0,7**	2	**4,8**
Gesamt	138	100,0	1914	100,0	2296	100,0	54665	100,0	42	100,0

Der Vergleich unterschiedlicher Tätergruppen macht deutlich, dass der Anteil der Brandstiftungsdelikte bei Maßregelpatientinnen am höchsten ist, jedoch im Vergleich zu den Strafgefangenen auch der Anteil der männlichen Maßregelpatienten mit Brandstiftungsdelikten eine deutliche Erhöhung aufweist. Auch in der Studie von MISSENHARDT[279] zeigte sich bei den männlichen Maßregelpatienten ein Anteil von 10,4% an Brandstiftungsdelikten, SCHUMANN[280] fand einen Anteil von 9,3% und SEIFERT/LEYGRAF[281] in Nordrhein-Westfalen einen Anteil von 10,6%.

Als ein Grund für das erhöhte Vorkommen dieses Delikts bei Patienten und Patientinnen des Maßregelvollzugs ist eine unterschiedliche Begutachtungspraxis vorstellbar. Während sich gerade bei Eigentumsdelikten oder z.B. bei Verstößen gegen das Betäubungsmittelgesetz die Motivation - zumindest vordergründig - bereits aus dem Delikt erkennen läßt, oder sich auch bei Straftaten gegen Leib und Leben häufig vieles aus dem Tatzusammenhang erklärt, so stellt doch die Brandstiftung ein hierzu unterschiedliches Delikt dar. Nimmt man Brandstiftungen aus Rache, aus Verdeckungs- und Verdunklungsabsicht, zur Bereicherung, zum Erhalt der Versicherungssumme, aus rassistischen Motiven oder ähnliche Fälle mit ebenfalls auf der Hand liegender Motivation heraus, so bleibt doch gerade bei diesem Delikt eine erhebliche Anzahl von Fällen, bei denen das Motiv auf den ersten Blick rätselhaft erscheint. Oft scheint jedes

---

276 Leygraf, Psychisch kranke Straftäter, S.68.

277 Zahlen des Statistischen Bundesamtes Wiesbaden, Fachserie 10, Reihe 4.1. 1998.

278 Zahlen des Statistischen Bundesamtes Wiesbaden, Fachserie 10, Reihe 4.1. 1998.

279 Missenhardt, Psychisch kranke Straftäter im Maßregelvollzug, S. 63.

280 Schumann, Psychisch kranke Rechtsbrecher, S. 66.

281 Seifert/Leygraf, Die Entwicklung des Psychiatrischen Maßregelvollzugs in NRW, Psychiatrische Praxis 24, 1997, 237.

Motiv zu fehlen. Dann kann es sich beispielsweise um den Ausgleich sozialer Defizite und Frustrationen, um die Lösung innerer Spannungen, um die Kompensation von Minderwertigkeitskomplexen, um die Lösung sexueller Spannungen, um eine sexuelle Ersatzhandlung, um Geltungsdrang oder um einen Suizidversuch handeln.[282] Um der von SPÖHR[283] umschriebenen Schwierigkeit: „Alle Motive, die nach der Tat von den Brandlegern genannt werden, erscheinen als Umsetzung eines in Wahrheit sehr komplizierten inneren Vorgangs", gerecht zu werden, bedarf es einer sachverständigen Einschätzung, die es dem Gericht ermöglicht, sich ein Urteil über die Tat zu bilden. Die dadurch entstehende höhere Begutachtungsquote bei Brandstiftungsdelikten könnte mitursächlich für die Erhöhung sein.[284]

Trotz dieses Erklärungsversuchs erschien - aufgrund der eklatant hohen Quote dieser Delikte - das Phänomen der Brandstiftung einer näheren Beleuchtung wert, insbesondere war dabei natürlich die psychisch kranke Brandstifterin von Interesse. Um die Affinität von psychischer Krankheit zu der Begehung von Brandstiftungsdelikten zu verstehen, wurde der - provokative - Versuch unternommen, die „typische psychisch kranke Brandstifterin" zu beschreiben.

Exkurs zur motivisch unklaren Brandstiftung

Die Anfänge der Pyromanieforschung sind in den Lehren von Esquirol (1772-1842, Lehren von den Willenskrankheiten) zu finden, der die Pyromanie als eine Unterform der Monomanie[285] begreift und einen krankhaften Brandstiftungstrieb annimmt. In Deutschland fand diese Sichtweise zu Beginn des 19. Jahrhunderts zahlreiche Anhänger[286], welche in der Pyromanie eine Geisteskrankheit sahen, deren einziges Symptom in einer unwiderstehlichen Brandstiftungslust zu sehen

---

[282] Siehe eine Einteilung von Motivationsgruppen bei Kästle, Brandstiftung, S.87.

[283] Spöhr, Brandstifter und ihre Motive, S. 50.

[284] Was zugleich auch die Frage aufwirft, ob nicht generell bei einer höheren Begutachtungsquote eine höhere Anzahl vermindert oder gar schuldunfähiger Täter festgestellt werden würde, die ebenfalls einer Behandlung bedürften.

[285] Die Monomanie (Einzelwahn) nahm ihren Ursprung im 19. Jahrhundert in Frankreich und beschreibt eine bestimmte Form der Manie mit zwanghafter Steigerung einer bestimmten Handlungsweise bzw. mit Vorherrschen einer bestimmten fixen Idee unter Ausschaltung der normalen Denkabläufe. Der Begriff der Monomanie wird heute in dieser Form nicht mehr angewendet, sondern durchweg als Symptom einer größeren psychopathologischen Einheit verstanden. Sie entsprechen in ihrer Gesamtheit den endogenen Psychosen und depressiven Reaktionen. Peters, Wörterbuch Psychiatrie, Psychotherapie, medizinische Psychologie.

[286] Federführend waren hierbei Osiander (1813); Henke (1817), Meckel (1820) und Platner (1824), siehe hierzu Rechlin/Weis, Der Nervenarzt, 1992, 63, 683 sowie Barnett, Zur Psychologie und Psychopathologie der Brandstiftung, Fortschritte der Neurologie, Psychiatrie und ihrer Grenzgebiete 1992, 274.

war. Ab Mitte des 19. Jahrhunderts entwickelte sich hingegen die Auffassung[287], dass Brandlegungen nicht auf einen einheitlichen Brandstiftungstrieb, sondern auf sehr unterschiedliche psychische Abartigkeiten, Fehlentwicklungen und Krankheitsprozesse zurückzuführen seien.[288] Verstehenspsychologische Ansätze begannen im Jahre 1882 durch die Arbeit von Emminghaus[289] Eingang zu finden. Im 20. Jahrhundert nahm die Suche nach den unbewußten Hintergründen der Brandlegung an Bedeutung zu[290], in der Feuerlegung wird ein lusterzeugendes Surrogat, eine Symbolhandlung zum Abfluß einer Libidostauung gesehen wird, das Feuer wird zum Symbol der Sexualität.[291]

Während damit eine Abkehr vom reinen - isolierten - Brandstiftungstrieb zu erkennen war, enthält der heutige Pyromaniebegriff durch die Abgrenzung der Brandstiftungen bei anderen psychischen Störungen durch das Klassifikationssystem der psychischen Störungen DSM-III-R[292] erneut die Richtung eines eigenen, reinen Brandstiftungstriebs. Nach DSM-III-R wird Feuerlegung in Verbindung mit einer psychischen Störung ausdrücklich von der Pyromanie abgegrenzt, diese erhält damit im Umkehrschluß wieder eine eigene Krankheitsbedeutung. Jedoch die in der eigenen Untersuchung häufiger angetroffene Methode der Gruppierung im Sinne der Internationalen Klassifikation der psychischen Störungen (ICD-10) geht soweit nicht, macht lediglich deutlich, dass von einer Pyromanie nicht zu sprechen ist, wenn eine deutliche andere psychische Störung vorhanden ist.

Eine Überprüfung der aufgezeigten unterschiedlichen Ansichten zu den Hintergründen der Brandlegung, d.h. eine genaue Analyse der 36 Fallgeschichten im Lichte der unterschiedlichen Ansätze, hätte Aufschluß darüber geben können, ob

---

[287] Insbesondere Flemming (1830), Casper (1846), die Lehren von Greisinger (1817-1868), Willers-Jessen (1860), siehe hierzu Rechlin/Weis Der Nervenarzt, 1992, 63, 683 sowie Barnett, Zur Psychologie und Psychopathologie der Brandstiftung, Fortschritte der Neurologie, Psychiatrie und ihrer Grenzgebiete 1992, 274.

[288] Zu der sich verändernden Einstellung siehe Langelüddeke/Bresser, Gerichtliche Psychiatrie, S. 61.

[289] Siehe zur Entwicklung dieser Richtung: Rechlin/Weis, Der Nervenarzt 1992, 63, 683.

[290] Insbesondere durch Bloch (1903), Stekel (1922), Freud (1931); siehe de Boor, Zur Psychologie und Psychopathologie der Brandstiftung (1917-1955), Fortschritte der Neurologie, Psychiatrie und ihrer Grenzgebiete 1955, 367.

[291] Zu den Vertretern dieser verschiedenen Theorien siehe Roehrich, Die Problematik der motivisch unklaren Brandstiftung, S. 1ff, 38f; de Boor, Zur Psychologie und Psychopathologie der Brandstiftung (1917-1955), Fortschritte der Neurologie, Psychiatrie und ihrer Grenzgebiete 1955, 367; Rechlin/Weis; Empirische Befunde bei Brandstiftern, Der Nervenarzt 1992, 63, 683.

[292] Diagnostic and Statistikal Menual of Mental Disorders, 3. revidierte Fassung.

die verschiedenen Theorien[293] z.B. zum Symbol des Feuers[294] sowie des Hintergrunds der Brandlegung[295] auch bei psychisch kranken Täterinnen hätten aufrecht erhalten werden können. Diese Analyse war nicht jedoch nicht möglich, da zum Zeitpunkt der Untersuchung nicht von einer derart hohen Anzahl von Brandstiftungsdelikten bei psychisch kranken Straftäterinnen ausgegangen worden war, somit die Aktenanalyse den Blick nicht spezifisch auf diese Fragestellung richtete. Zudem hätte dies den Rahmen der Untersuchung gesprengt und auch die Zielrichtung dieser Arbeit verändert.[296]

Daher wurde ein Versuch der „Typisierung" anhand der sich aus den aufgenommenen Daten ergebenden Strukturen durchgeführt. Daneben konnten noch einige „weiche Daten" berücksichtigt werden, die sich in den eigenen „nicht-systematisierten" Aufzeichnungen zum Leben und Tatgeschehen fanden.

Auffällig war zunächst, dass keine motivisch eindeutigen Brandstiftungen wie z.B. Brandlegung zum Versicherungsbetrug, aus sonstigen Bereicherungsabsichten oder zur Verdeckung einer Straftat vorlagen. Aufgrund der Unterbringung in einer Maßregel war diese zielgerichtete Brandstiftung auch nicht zu erwarten.

Die Unterbringungsdiagnosen der psychisch kranken Brandstifterinnen stellen sich wie folgt dar:

---

[293] Siehe dazu die Entwicklung der Pyromanieforschung, S. 122 und die darin bezeichneten Strömungen. Eine Übersicht geben die Zusammenfassenden Aufsätze von de Boor (1917-1955) und Barnett (1955-1991), Zur Psychologie und Psychopathie der Brandstiftung, Fortschritte der Neurologie, Psychiatrie und ihre Grenzgebiete 1955, 367 bzw. 1992, 274.

[294] Siehe hierzu Bachelard, Psychoanalyse des Feuers; Spöhr, Brandstifter und ihre Motive, m.w.N..

[295] Spöhr, Brandstifter und ihre Motive; Roehrich, Zur Problematik der motivisch unklaren Brandstiftung.

[296] Da eine Überprüfung jedoch spannende Ergebnisse erwarten läßt, wäre eine solche zu begrüßen.

Tabelle 52:Diagnosenvergleich

	§ 63 StGB[297]		**Brandstifterinnen**	
	Anzahl	%	Anzahl	%
organ. Psychose u. Perskveränder.	10	**9,3**	2	**5,6**
schizoph. Psychose einschließlich paranoider Syndrome	45	**41,7**	13	**36,1**
affektive Psychose	---	---	---	---
Borderline	21	**19,4**	6	**16,7**
Neurosen u. Perskst. o. Minderbeg.	15	**13,9**	7	**19,4**
Neurosen u. Perskst. m. Minderbegab.	2	**1,9**	1	**2,8**
geist. Behind. mit deutlichen Verhaltensstörungen	13	**12,0**	6	**16,7**
primäre Suchterkr.	2	**1,9**	1	**2,8**
Gesamtwert	108	100,0	36	100,0

Zwar ließe sich eine Diagnosehäufung in der Gruppe der „schizophrenen Psychosen einschließlich paranoider Syndrome" feststellen. Diese Häufung stellt jedoch gerade keine Besonderheit der „Brandstiftungspatientinnen" dar, sondern spiegelt - wie im übrigen die gesamte Diagnoseverteilung - lediglich die allgemeine Verteilung der Diagnosen der Patientinnen[298] wider. Eine vorrangig bei Brandstifterinnen vorkommenden Diagnose konnte daher nicht festgestellt werden.

Gleiches findet sich auch im Zusammenhang mit der angenommenen De- bzw. Exkulpation:

---

[297] An dieser Stelle und den folgenden Vergleichen der psychisch kranken Straftäterinnen mit Brandstiftungsdelikten und der Gesamtgruppe wurden die § 63 StGB Patientinnen als Vergleichsgruppe gewählt, da diese 34 der insgesamt 36 Patientinnen mit Brandstiftungen ausmachen.

[298] Es wurde hierbei die Gruppe der § 63 StGB Patientinnen als Vergleichsgruppe gewählt, da diese 34 der 36 Patientinnen mit Brandstiftungsdelikten stellen.

Tabelle 53:Schuldfähigkeit

	§ 63 StGB[299]		Brandstifterinnen	
	Anzahl	%	Anzahl	%
voll verantwortlich	---	---	1	**2,8**
§ 21 StGB	37	**34,3**	12	**33,3**
§ 20 StGB	71	**65,7**	23	**63,9**
Gesamtwert	108	100,0	36	100,0

Dieser entspricht ebenfalls dem Grad der Schuldfähigkeit der Gesamtgruppe.

Auch das Alter der Patientinnen zum Tatzeitpunkt läßt keine bedeutende Abweichung zur Allgemeinheit der Maßregelpatientinnen erkennen. Vielmehr ist eine leichte Angleichung der Bereiche zu finden:

Tabelle 54: Altersverteilung

	§ 63 StGB[300]		Brandstifterinnen	
	Anzahl	%	Anzahl	%
bis 21	11	**10,2**	5	**13,8**
bis 30	29	**26,9**	7	**19,4**
bis 40	46	**42,6**	15	**41,7**
bis 50	13	**12,0**	5	**13,9**
Über 50	9	**8,3**	4	**11,1**
Gesamtwert	108	100,0	36	100,0

Eine Typisierung über das Alter ist nicht möglich, dieses entspricht in etwa dem der § 63 StGB Gruppe und ist nicht brandstiftungsspezifisch. Viel eher läßt die Angleichung der Altersbereiche den Schluß zu, dass diese Deliktsart in allen Altersbereichen zu finden ist. Die Erhöhung im Bereich der Altersgruppe bis 40 entspricht ebenfalls der allgemeinen Maßregelklientel.

299 An dieser Stelle und den folgenden Vergleichen der psychisch kranken Straftäterinnen mit Brandstiftungsdelikten und der Gesamtgruppe wurden die § 63 StGB Patientinnen als Vergleichsgruppe gewählt, da diese 34 der insgesamt 36 Patientinnen mit Brandstiftungen ausmachen.

300 An dieser Stelle und den folgenden Vergleichen der psychisch kranken Straftäterinnen mit Brandstiftungsdelikten und der Gesamtgruppe wurden die § 63 StGB Patientinnen als Vergleichsgruppe gewählt, da diese 34 der insgesamt 36 Patientinnen mit Brandstiftungen ausmachen.

Auch innerhalb der Unterbringungstaten lagen höchst unterschiedliche und damit wenig kategorisierbare Ausgestaltungen vor:

So hatten 20 der 36 Patientinnen bereits vor dem Unterbringungsdelikt Brandstiftungen begangen[301], für die restlichen Patientinnen handelte es sich bei dem Unterbringungsdelikt um die erste Brandstiftung.

Die Brandstiftung erfolgte bei 11 Patientinnen unter Alkoholeinfluß, bei 25 Patientinnen geschah das Delikt ohne Alkoholisierung der Patientin.

In vier Fällen erfolgte die Brandstiftung infolge des Befehls religiöser Stimmen zur Brandlegung.

In fünf Fällen war der Suizid der Patientin als Hintergrund der Feuerlegung zu sehen.

Gegen völlig fremde Objekte (Brandstiftungsobjekte ohne jeglichen persönlichen Bezug zur Patientin, z.B. fremde Häuser, Container, Möbelhäuser) richtete sich das Delikt in vier Fällen.

Gegen den eigenen Aufenthaltsort zum Zeitpunkt der Tat richtete sich die Brandlegung in fünfzehn Fällen, wobei wiederum die eigene[302] Wohnung und sonstige Unterbringungseinrichtungen (Psychiatrie, Pflegeheim, Wohnheim) getrennt werden müssen. Teilweise lebte die Patientin allein, teilweise mit der Primär- oder Sekundärfamilie.

Diese Aufzählung der einzelnen Situationen und Tatbegehungsumstände könnte noch weitergeführt werden. Doch wird spätestens an dieser Stelle deutlich, wie sehr sich die Patientinnen voneinander und in ihren Handlungsweisen unterscheiden.

Insgesamt beweist die Inhomogenität der Gruppe der psychisch kranken Straftäterinnen mit einem Brandstiftungsdelikt, dass es sich nicht um „eine Sorte von Brandlegerinnen" innerhalb der Maßregelpatientinnen handelt. Die Patientinnen mit Brandstiftungsdelikten stellen vielmehr ein genaues Abbild aller psychisch kranken Straftäterinnen und zwar in all ihren Facetten dar. Woher die Affinität der psychisch kranken Straftäterinnen zu gerade diesem Delikt stammt, konnte nicht geklärt werden.

c) Eigentumsdelikte bei nach § 64 StGB untergebrachten Patientinnen

Eine Besonderheit der nach § 64 StGB untergebrachten Patientinnengruppe ist in der deutlichen Erhöhung im Bereich der Eigentumsdelikte zu sehen. Faßt man

---

[301] Diese mußten nicht alle als strafrechtliches Vordelikt bewertet worden sein.

[302] Mit „eigener Wohnung der Patientin" ist nicht gemeint, dass diese im Eigentum der Patientin stand. Vielmehr kam es darauf an, dass die Patientin diese bewohnte. Motive der Eigenbrandstiftung z.B. zum Erhalt der Versicherungssumme fanden sich ohnehin nicht.

die auf eine Bereicherung hinauslaufenden Gruppierungen „Diebstahl", „Erpressung/Raub" und „Betrug/Urkundenfälschung" zusammen, ergibt sich ein Anteil von fast 50% (47,5%). Diese Delikte sind zum Großteil als Delikte der Beschaffungskriminalität zu begreifen. Zählt man zu diesen Delikten die Verstöße gegen das Betäubungsmittelgesetz hinzu, so ergibt sich für die nach § 64 StGB untergebrachten Patientinnen ein Deliktanteil von 70,8%, der sich um die Beschaffung von Suchtmitteln und deren Konsum dreht. Wenn es sich bei den begangenen Delikten teilweise auch um die Suchtmittel Alkohol handelt, so entsteht doch eine Vielzahl der strafbaren Handlungen durch die Einstufung von Suchtmitteln als illegal.

d) Geständnis

Die Erhebung zeigt einen auffallend hohen Teil geständiger Patientinnen:

Tabelle 55: Geständnis bezüglich des Unterbringungsdelikts.

	§ 63 StGB		**§ 64 StGB**	
	Anzahl	%	Anzahl	%
ja	99	**91,7**	28	**90,3**
nein	8	**7,4**	---	---
unbekannt	1	0,9	3	9,7
Gesamtwert	108	100,0	31	100,0

(Chi²-Test: $\chi^2 = 2{,}23$; n.s.; in 25% der Zellen $N \leq 5$)

Zudem zeigten viele der Patientinnen ihre Tat selbst bei der Polizei an oder blieben bis zum Eintreffen der Polizei am Tatort. In den wenigsten Fällen mußten Ermittlungen zur Feststellung der Täterin erfolgen. Es wird vermutet, dass sich ein Großteil der Patientinnen zum Zeitpunkt der Tat aufgrund ihres psychischen Zustands der Tragweite und Folgen ihres Handelns gar nicht bewußt waren, der kriminelle Aspekt hinter der Krankheit zurücktrat und damit der hohe Anteil geständiger Patientinnen zu erklären ist.

Ähnlich hoch war der Anteil geständiger männlicher Untergebrachter bei MISSENHARDT[303] mit 89,0% Geständnissen. Hierbei war der Zeitpunkt des Geständnisses (vor, nach oder in der Hauptverhandlung) unerheblich. 2,6% der Patienten gestanden die Tat, leugneten diese aber zu einem späteren Zeitpunkt wieder, nur 8,4% leugneten die Tat ganz.

---

[303] Missenhardt, Psychisch kranke Straftäter im Maßregelvollzug, S. 70.

e) Alter bei Unterbringungsdelikt

Das durchschnittliche Alter der Patientinnen bei Tatbegehung lag bei der Gruppe der § 63 StGB Frauen mit einem Wert von 33,1 Jahren und einer Standardabweichung von 10,3 Jahren nur unwesentlich höher als das Durchschnittsalter der nach § 64 StGB untergebrachten Frauen mit 31,2 Jahren und einer Standardabweichung von 9,3 Jahren.

Im einzelnen sieht die Altersverteilung wie folgt aus:

Tabelle 56: Altersverteilung bei Unterbringungsdelikt.

	§ 63 StGB		**§ 64 StGB**	
	Anzahl	%	Anzahl	%
bis 21	11	**10,2**	2	**6,5**
bis 30	29	**26,9**	13	**41,9**
bis 40	46	**42,6**	10	**32,3**
bis 50	13	**12,0**	5	**16,1**
über 50	9	**8,3**	1	**3,2**
Gesamt	108	100,0	31	100,0

(Chi²-Test: $\chi^2 = 4{,}00$; n.s.)

Es fällt auf, dass der Prozentteil in der Gruppe der bis 30jährigen Patientinnen bei den nach § 64 StGB den der nach § 63 StGB untergebrachten Frauen übersteigt. Bei den § 63 StGB Patientinnen werden die meisten Unterbringungsdelikte im Alter von 31 bis 40, bei den nach § 64 StGB untergebrachten Frauen im Alter von 21 bis 30 begangen.

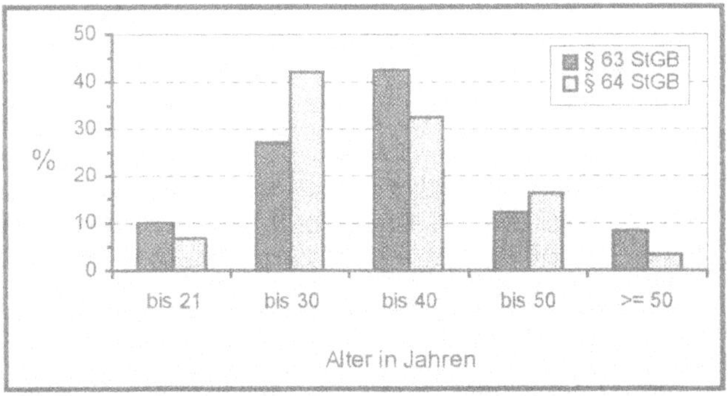

Abbildung 7: Altersverteilung bei Unterbringungsdelikt

Die Altersverteilung bei den männlichen § 63 StGB Patienten entspricht eher der Altersverteilung bei nach § 64 StGB untergebrachten Frauen als der nach § 63 StGB untergebrachten Patientinnen. SCHUMANN[304] fand einen Anteil von 42,0% im Alter zwischen 21 und 30 Jahren, 30% zwischen 31 und 40 Jahren und von 51 bis 68 Jahren einen Anteil von 1,8%.

f) Vergleichsstudien

Ein weiterer Vergleich der Deliktgruppen der Patientinnen mit Patienten des Maßregelvollzugs war nur durch eine Umgruppierung der Deliktgruppen nach dem Schema der anderen Untersuchungen möglich. Danach ergibt sich folgendes Bild:

Tabelle 57: Unterbringungsdelikte im Vergleich.

	§ 63 StGB (Frauen; eigene)		**§ 63 StGB** (Männer; Leygraf)		**§ 63 StGB** (Frauen; Nowara)[305]	
	Anzahl	%	Anzahl	%	Anzahl	%
Sexualdel. oh. Gewalt	---	---	277	**14,5**	---	---
Sexualdel. m. Gewalt	---	---	251	**13,1**	---	---
Eigentum o. Gewalt	13	**9,4**	256	**13,4**	14	**23,7**
Eigentum m. Gewalt	14	**10,1**	137	**7,2**	5	**8,5**
Tötung	37	**26,8**	518	**27,1**	28	**47,5**
sonst. Gewalt	26	**18,8**	220	**11,5**	1	**1,7**
Brandstiftung	34	**24,6**	202	**10,6**	11	**18,6**
sonstiges	14	**10,1**	53	**2,8**	---	---
Gesamt	138	100,0	1914[306]	100,0	59	100,0

(Chi²-Test: Maßregel Frauen vs. Männer: $\chi^2 = 164{,}85$; $p \leq 0{,}001$)

Sexualdelikte

Der Vergleich macht einen wesentlichen Unterschied zwischen männlichen und weiblichen Maßregelvollzugspatienten deutlich. Weder in der Studie von NOWARA noch in der eigenen Untersuchung waren Sexualdelikte durch

---

[304] Schumann, Psychisch kranke Rechtsbrecher, S. 55.

[305] Die Zahlen dieser Patientinnenstudie sind der Untersuchung von Leygraf, Psychisch kranke Straftäter, entnommen und reduzieren damit auch die Anzahl der § 63 StGB Patientengruppe der dieser Studie um 59 Patienten.

[306] Die Patientenanzahl von N=1914 ergibt sich aus der Extraktion der weiblichen Patientinnen.

Patientinnen zu verzeichnen, während Sexualdelikte im Bereich der männlichen Unterbringung einen Anteil von 27,6% der Delikte darstellten.

Während sich im Zusammenhang mit der Unterbringung von psychisch kranken Straftäterinnen keine Sexualdelinquenz fand, lassen sich in allen anderen Erhebungen - beispielsweise bei ATHEN[307] (24,6%), ALBRECHT[308] (41,7%), MISSENHARDT[309] (37,5%), RITZEL[310] (39,1%), SCHUMANN[311] (28,8%), GRETENKORD/LIETZ [312] (20,6%), GEBAUER[313] (16,2%) und DIMMEK/DUNKER[314] (18,8%) - wenn auch divergierende so doch eine beträchtliche Anzahl von sexualdelinquenten männlichen Patienten erkennen.

Richtigerweise muß jedoch in allen Untersuchungen von einem über diesem Anteil liegenden Teil von Delikten ausgegangen werden, die sexuell motiviert waren. Denn ein Teil der sexuell motivierten Delikte endeten in der Tötung des Opfers, so dass diese in die Gruppierung der Tötungsdelikte fallen, der sexuelle Hintergrund nicht erkennbar ist.

Die eigene Untersuchung fand in 2 von 139 Fällen ein sexuell motiviertes Delikt, das mit der Tötung des Opfers endete. Daher liegt der Anteil sexuell motivierter Taten bei psychisch kranken Frauen mit 1,4% in einem, im Vergleich zu dem Anteil der oben genannten „reinen" Sexualdelikte, zu vernachlässigenden Bereich.

Trotz dieser geringen Anzahl sexuell motivierter Delikte wird die Maßregelunterbringung in der Bevölkerung vielfach mit der Unterbringung von „Sexualverbrechern" gleichgesetzt. Dieses vor allem durch einseitige Berichterstattung der Medien bei auflageträchtigen Fällen hervorgerufene Bild entspricht schon für männliche Patienten des Maßregelvollzugs kaum den Tatsachen, für weibliche Maßregelpatienten trifft es hingegen gar nicht zu.

Die in der Folge von spektakulären Delikten, bei denen es sich im übrigen nicht ausschließlich um Delikte psychisch kranker Straftäter handelte, Mitte der 90er

---

307 Athen, Behandlung psychisch kranker Rechtsbrecher, MSchrKrim 68, 1985, 34.

308 Albrecht, Aspekte des Maßregelvollzugs im psychischen Krankenhaus, MSchrKrim, 61, 1978. 104.

309 Missenhardt, Psychisch kranke Straftäter im Maßregelvollzug, S. 63.

310 Ritzel, Stand und Entwicklung des Maßreglvollzugs in Niedersachsen, MSchrKrim 72, 1989, 123.

311 Schumann, Psychisch kranke Rechtsbrecher, S. 66.

312 Gretenkord/Lietz, Zur Entwicklung des Maßregelvollzugs (§ 63 StGB) in Hessen, MSchrKrim 66, 1983, 376.

313 Gebauer, Entwicklung und Struktur der strafrechtlichen Unterbringungspraxis, in Gebauer/Jehle, Die strafrechtliche Unterbringung in einem psychiatrischen Krankenhaus, S. 30.

314 Dimmek/Dunker, Rückfallgefährdung durch Patienten des Maßregelvollzugs, R&P 1996, 50.

Jahre verschärften Gesetze differenzieren in ihrer Anwendbarkeit jedoch nicht. Trotz der geringen Gefährlichkeit von Maßregelpatientinnen im Bereich der Begehung von Sexualdelikten unterfallen diese den strengen Regelungen, mit welchen die Politik auf die begangenen und medienwirksam aufbereiteten Straftaten reagierte.[315]

Wie sehr die aktuelle Meinung der Bevölkerung, der Politik und der Medien Einfluß auf die Maßregelentscheidungen hatte, erwies sich im Laufe der Untersuchung ein um das andere Mal. War es in einem beliebigen Land der Bundesrepublik gerade zu einem schweren Delikt z.B. im Rahmen von Lockerungen oder Entweichungen gekommen, so fand dies schnell bundesweite Verbreitung und mediale Vermarktung. Dem folgte wie von selbst der „Ruf nach absoluter Sicherheit", und stets hatte dies nach Auskunft der Behandler für alle Beteiligten an Lockerungsentscheidungen, vor allem aber für alle Maßregelpatienten einschneidende Auswirkungen.[316] Es wurde beschrieben, dass es nach schweren Straftaten in den betroffenen Bundesländern und Kliniken zu generellen Lockerungsstops für Maßregelpatienten gekommen war[317] und dass auch in den nicht betroffenen Ländern die Lockerungspraxis restriktiver zu erfolgen hatte. Eine schonendere Differenzierung nach Deliktsgruppen, dem Geschlecht oder bereits erfolgreich straflos durchgeführten Lockerungen erfolgte hierbei nicht. So wurde – in Umkehrung der gesetzlichen Rangfolge, ohne Not und zum Nachteil der Mehrzahl der Maßregelpatienten - der Sicherung ein wesentlich stärkeres Gewicht eingeräumt als der Besserung.

Tötungsdelikte

Der Vergleich der Unterbringungsdelikte der eigenen Untersuchung zeigt weiterhin eine deutliche Abweichung zu der Auswertung von NOWARA, die bei weiblichen Maßregelvollzugspatientinnen einen Anteil von 47,5% Tötungsdelikte feststellte. Dieser hohe Anteil von Tötungsdelikten fand sich in der eigenen Untersuchung nicht.

Die Abweichung könnte in der unterschiedlichen Erhebungsmethode der Patientinnendaten zu sehen sein. So wurden Maßregelpatientinnen in der Studie von LEYGRAF nur dann erhoben, wenn sie sich in den für die Gruppe der männlichen Patienten aufgesuchten Unterbringungseinrichtungen befanden.[318] Wie

---

[315] Siehe Pollähne, Maßregelvollzug zwischen Strafvollzug und Psychiatrie, in: Weigand, Der Maßregelvollzug in der öffentlichen Diskussion, S. 37, 40.

[316] Siehe zur Verschärfung des materiellen Rechts und des Prozeßrechts auch Pollähne, Maßregelvollzug zwischen Strafvollzug und Psychiatrie, in: Weigand, Der Maßregelvollzug in der öffentlichen Diskussion, S. 37.

[317] U.a. in Eickelborn, siehe hierzu Kobbé, Die Prognoseberatende Fachgruppe im Westf. Zentrum für Forensische Psychiatrie Lippstadt, R&P 1997, 95.

[318] Leygraf, Psychisch kranke Straftäter, S. 11.

bereits beschrieben, war dies jedoch nicht immer der Fall. Aufgrund der geringen Anzahl der Patientinnen waren diese sehr oft gerade nicht in Maßregeleinrichtungen, sondern in Einrichtungen der Allgemeinpsychiatrien ohne Sonderabteilungen untergebracht, während für die größere Anzahl männlicher Patienten gesonderte Einrichtungen oder Abteilungen bestanden.

Es besteht die Annahme, dass die Patientinnen bei schweren Delikten (Tötungsdelikten) aufgrund der Straftat nicht mehr in Allgemeinpsychiatrien ohne Sonderabteilungen unter psychisch kranken aber nicht straffälligen Patienten untergebracht, sondern in Maßregeleinrichtungen oder Einrichtungen mit Sonderabteilungen eingewiesen wurden. Diese Patientinnen mit schweren Delikten wurden in der Folge durch die Studie von LEYGRAF mit erfaßt, während die Patientinnen mit geringeren Delikten in der Allgemeinpsychiatrie von dieser Studie möglicherweise „unentdeckt" blieben.

Sozialer Nahraum

Der von NOWARA[319] festgestellte Zusammenhang von Tötungsdelikten und verwandtschaftlichen Beziehungen zum Opfer bei weiblichen Patientinnen (71,4%) konnte ebenfalls, wenn auch in geringerem Anteil, festgestellt werden.

Im Vergleich zu den männlichen Maßregelpatienten lag der Anteil der „Beziehungstaten" bei nach § 63 StGB untergebrachten Frauen mit 59,5% fast 20 Prozentpunkte über dem von LEYGRAF gefundenen Wert von 42,9%.

Bei den sogenannten „Beziehungstaten" handelt es sich in der Regel um Taten, die weniger einem Impuls entspringen, vielmehr eines gewissen Vorlaufs bedürfen, nämlich der Entwicklung einer bestimmten Beziehungskonstellation, in der es zu einer schweren Konfliktlage kommt.[320]

Die Einordnung einer Tat als sogenannte Beziehungstat kann ein Indiz für die künftige Gefährlichkeit der Täterin darstellen und somit wesentlichen Einfluß auf die Frage der Unterbringung und der Vollstreckung haben. Denn wenn es sich bei der Tat tatsächlich nur um eine reine Beziehungstat, eine besondere Konfliktlage in einer besonderen Beziehungskonstellation gehandelt haben sollte, so besteht eine künftige Gefährlichkeit nicht. Als Konsequenz dürfte kein Sicherungsbedürfnis der Allgemeinheit bestehen und die Unterbringung im Maßregelvollzug nicht erfolgen. Wie NOWARA in ihrer Untersuchung zu Recht zu bedenken gibt, erfordert diese Entscheidung sehr viel Mut von allen Beteiligten, da der Öffentlichkeit nach einer schweren Straftat nur schwer zu vermitteln ist, dass die Tat für den Täter oder die Täterin keine (strafrechtlichen) Konsequenzen haben soll.

---

[319] Nowara, Psychisch kranke Straftäterinnen, in: Leygraf/Volbert/Horstkotte/Fried, Die Sprache des Verbrechens, Festschrift für Wilfried Rasch, S. 270.

[320] Rode/Scheld, Sozialprognose bei Tötungsdelikten, S. 24.

Eine solche Einschätzung des Gerichts - fehlende Gefährlichkeit für die Allgemeinheit durch die Täterin - konnte anhand der Untersuchungsmethode (Analyse der Akten der im Maßregelvollzug untergebrachten Patientinnen) sachnotwendig nicht vorgefunden werden.

7. Unterbringungsdiagnose

a) Aktuelle Diagnose

Die aktuelle Diagnose gibt diejenigen psychischen Störungen der Patientinnen an, die zum Zeitpunkt der Erhebung vorlagen:

Tabelle 58: Aktuelle Primärdiagnose zum Erhebungszeitpunkt.

	§ 63 StGB		**§ 64 StGB**	
	Anzahl	%	Anzahl	%
organ. Psychose u. Perskveränder.	10	**9,3**	---	---
schizoph. Psychose einschließlich paranoider Syndrome	45	**41,7**	----	----
affektive Psychose	---	---	---	---
Borderline	21	**19,4**	1	**3,2**
Neurosen u. Perskst. o. Minderbeg.	15	**13,9**	1	**3,2**
Neurosen u. Perskst. m. Minderbegab.	2	**1,9**	1	**3,2**
geist. Behind. mit deutlichen Verhaltensstörungen	13	**12,0**	---	---
primäre Suchterkr.	2	**1,9**	28	**90,3**
Gesamtwert	108	100,0	31	100,0

(Chi^2-Test: Aufgrund der zu niedrigen Fallzahlen ist keine akzeptable Aussage möglich).

(Organische Psychose und Persönlichkeitsveränderungen; schizophrene Psychose einschließlich paranoider Syndrome; affektive Psychosen; Borderline-Syndrom; Neurosen und Persönlichkeitsveränderungen ohne Minderbegabung; Neurosen und Persönlichkeitsveränderungen mit Minderbegabung; geistige Behinderung mit deutlichen Verhaltensstörungen; primäre Suchterkrankung)

In die Tabelle wurden die psychischen Störungen aufgenommen, die den Schwerpunkt der Krankheit bilden. In einigen Fällen lagen verschiedene Störungen kumulativ vor, wobei eine Gewichtung nach Rücksprache mit den Behandlern erfolgen konnte.

Bei den nach § 63 StGB untergebrachten Frauen kamen zu den 108 Diagnosen noch 29 weitere hinzu. Diese weiteren Diagnosen waren vorwiegend im Bereich der Suchterkrankungen (44,8%), geistigen Behinderungen (20,7%), Neurosen und Persönlichkeitsstörungen ohne Minderbegabung (17,2%) angesiedelt.

Bei den nach § 64 StGB untergebrachten Frauen kamen noch 8 weitere Diagnosen aus den Bereichen Neurose und Persönlichkeitsstörung ohne Minderbegabung (37,5%), zusätzlichen Suchterkrankungen (37,5%) und jeweils eine Diagnose von einer organischen Psychose und Persönlichkeitsveränderung und eine Borderline-Störung hinzu.

Erwartungsgemäß war der Anteil der primär suchtkranken Patientinnen bei den nach § 64 StGB untergebrachten Frauen mit 90,3% sehr hoch. Da diese Patientinnen in einer Entziehungsanstalt untergebracht worden waren, war damit gerechnet worden, dass bei allen § 64 StGB Patientinnen die Sucht im Vordergrund stünde, die dominante Störung darstelle. Bei 10% der Frauen trat jedoch die Sucht hinter einer anderen psychischen Störung zurück.

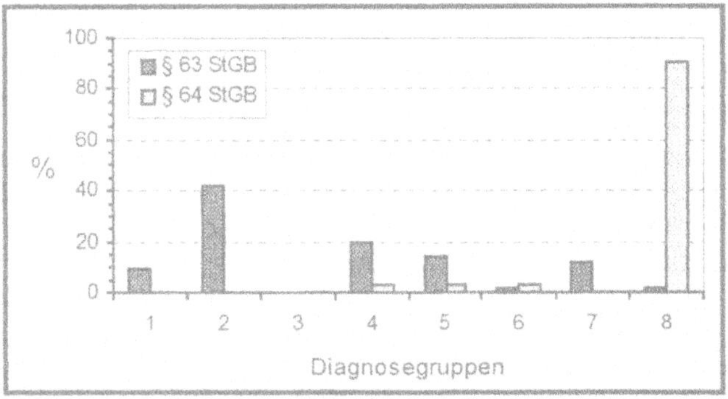

Abbildung 8: Aktuelle Diagnose

1=organische Psychose u. Persönlichkeitsveränderung; **2**=schizophrene Psychose einschl. paranoider Syndrome; **3**=affektive Psychose; **4**=Borderline; **5**=Neurosen u. Persönlichkeitsstörung ohne Minderbegabung; **6**=Neurosen u. Persönlichkeitsstörung mit Minderbegabung; **7**=geistige Behinderung mit deutlichen Verhaltensstörungen; **8**=primäre Suchterkrankung

In den Gesprächen mit dem behandelnden Personal wurde deutlich, dass bei diesen Patientinnen die Sucht zwar die offensichtliche Störung darstellt, dass der Ursprung des Suchtverhaltens jedoch in einer anderen psychische Störung zu finden ist, in der die eigentliche Problematik liegt.

Im übrigen konnte im Rahmen der Erhebungen festgestellt werden, dass der Suchtmittelgebrauch und psychische Probleme in engem Zusammenhang zu sehen sind.

Der suchtartige Konsum von Alkohol, Drogen und Medikamenten trat oft als Nebeneffekt zu den psychischen Problemen hinzu. Darüber hinaus erschien es bei der Durchsicht einiger Patientinnenakten fast zufällig, ob sich letztendlich die psychischen Defizite oder der Suchtmittelgebrauch in der der Unterbringung zugrundeliegenden Störung (psychische Krankheit oder Sucht) manifestiert hatte. Teilweise konnte den Akten sogar eine Schwerpunktverlagerung zwischen diesen beiden Störungen entnommen werden.

So fand sich in einem Fall eine Patientin, bei der zu den zunächst schlichteren psychischen Problemen eine Alkoholproblematik hinzukam, welche im Folgenden die psychischen Ausgangsprobleme der Patientin derart verstärkte, dass die Voraussetzungen einer Unterbringung nach § 63 StGB vorlagen.

Auffällig hoch erschien bei der Feststellung der aktuellen Diagnose der Patientinnen der Anteil von Borderlinediagnosen bei nach § 63 StGB untergebrachten Frauen.

Diese Auffälligkeit gewann besondere Bedeutung vor dem Hintergrund, dass z.B. die von LEYGRAF durchgeführte Untersuchung eine Diagnosegruppe „Borderlinestörung“ gar nicht enthält.

Die Erklärung ergibt sich aus dem unterschiedlichen Untersuchungszeitpunkt (Anfang der 80er Jahre ./. Ende der 90er Jahre) der beiden Studien. Bei der sogenannten Borderlinestörung handelt es sich um eine seit langem diskutierte aber erst Mitte der 80er Jahre als eigene Diagnose anerkannte Störung[321], die im Grenzbereich zwischen Neurose und (schizophrener) Psychose angesiedelt ist. Während vor der Definition des Grenzbereichs als eigener Diagnose psychische Störungen aus diesem Bereich entweder den Neurosen oder den Psychosen „zugeschlagen“ wurden, bekamen diese ab Mitte der 80er Jahre eine eigene Zuordnung. Da diese „Umdefinition“ nach der durch LEYGRAF durchgeführten Studie erfolgte, konnte sich in dessen Studie die Borderlinediagnose nicht finden.

Da sich an die Abgrenzung zwischen neurotischen und psychotischen Krankheitsbildern die Fragen der Beurteilung der strafrechtlichen Verantwortlichkeit, der Behandlungsansätze und Behandlungsaussichten sowie Prognosefragen knüpfen, erschienen diese Grenzfalldiagnosen aus rechtlicher Sicht jedoch unbefriedigend.

Der fehlenden Festlegung konnte jedoch noch ein positiver Aspekt abgewonnen werden.

---

[321] Obwohl die Anerkennung der Borderlinestörung als Diagnose erst in den 80er Jahren erfolgte, findet sich deren Thematik bereits in den Anfängen des 20.Jahrhunderts. Zur Historie des Borderlinebegriffs siehe Dulz/Schneider, Borderline-Störungen, S. 3.

Es wurde berichtet, dass eine Festlegung auf die schwerwiegende Diagnose einer Psychose, insbesondere bei sehr jungen Patientinnen, wesentlichen Einfluß auf deren weitere Behandlung und deren weiteres Leben haben kann, während die Einstufung der psychischen Störung als Borderlinestörung die Patientin nicht schon frühzeitig stigmatisiere. Der Einstufung der Störung als im Grenzbereich liegend impliziere deren Dynamik, Veränderbarkeit und eben auch deren Verbesserung, verhindere, dass die Patientin - unter Umständen verfrüht - „abgestempelt" werde.

Im übrigen war bei den nach § 63 StGB untergebrachten Frauen mit 41,7% eine große Anzahl schizophrener Psychosen zu verzeichnen.

Die Erhebung ergab, dass innerhalb der Diagnose der schizophrenen Psychose 15 Patientinnen, mithin ein Anteil von 33,3% dieser Diagnosegruppe, an Wahnideen litten, die religiöse Themen zum Inhalt hatten. Diese Wahnvorstellungen drehten sich größtenteils um den Teufel und traten in Form optischer oder akustischer Halluzinationen auf. Die Patientinnen erhielten Befehle des Teufels, fühlten sich vom Teufel besessen, verfolgt und/oder bedroht, sie verfolgten, bedrohten oder bestraften im Namen des Teufels oder richteten den Teufel im Namen Gottes.

Der Vergleich der Diagnosen von männlichen und weiblichen § 63 StGB Patienten ergab folgendes Bild:

Tabelle 59: Diagnosevergleich männlicher und weiblicher § 63 StGB Patienten.

	§ 63 StGB (Frauen)		**§ 63 StGB** (Männer)[322]	
	Anzahl	%	Anzahl	%
hirnorganische Störung	10	**9,3**	125	**6,3**
schizophrene Psychose	45	**41,7**	748	**37,9**
affektive Psychose	---	---	24	**1,2**
Perskeitsst. o. Minderbeg.	15	**13,9**	367	**18,6**
Perskeitsst. m. Minderbeg.	2	**1,9**	501	**25,4**
intellektuelle Behinderung	13	**12,0**	102	**6,1**
primäre Suchterkrankung	2	**1,9**	87	**4,4**
Borderline	21	**19,4**	---	---
Gesamt	108	100,0	1954	100,0

(Chi²-Test: $\chi^2 = 534{,}25$; $p \leq 0{,}001$; in 25% der Zellen $N \leq 5$)

Der Vergleich der aktuellen Diagnose läßt deutliche Unterschiede innerhalb der Gruppen der Borderlinestörung und der Persönlichkeitsstörung mit Minderbegabung erkennen. Die Abweichung im Bereich der Borderlinestörung wurde oben bereits erläutert. Die zunächst augenscheinliche Erklärung, dass auch die Abweichung im Bereich der Persönlichkeitsstörung mit Minderbegabung in der Kreation der Diagnose Borderlinestörung ihre Begründung findet, ist nicht haltbar. Es gibt keinen plausiblen Grund für die Annahme, dass in früheren Diagnoseerstellungen alle Patienten aus der Gruppe der Borderlinestörungen der Diagnose der Persönlichkeitsgestörten mit Minderbegabung zugefallen wären. Vielmehr muß von einer anteiligen Verteilung der Borderlinediagnosen innerhalb der Diagnosen der schizophrenen Psychose und den Persönlichkeitsstörungen mit und ohne Minderbegabung ausgegangen werden.

Selbst wenn man den anteiligen Teil der Borderlinepatientinnen den Persönlichkeitsgestörten mit Minderbegabung hinzurechnet und auch davon ausgeht, dass ein Teil der Persönlichkeitsgestörten mit Minderbegabung aufgrund unterschiedlicher Einstufung der Behandler den Patientinnen mit intellektueller Behinderung zugefallen sein könnten, ist bei den nach § 63 StGB untergebrachten Frauen ein geringerer Teil von Persönlichkeitsstörungen mit Minderbegabung festzustellen.

---

322 Leygraf, Psychisch kranke Straftäter, S. 48.

b) Gutachtendiagnose

Im Hinblick auf den relativ kurzen Untersuchungszeitraum vor der Hauptverhandlung im Gegensatz zu weiträumigen Beobachtungs- und Untersuchungsmöglichkeiten während einer längeren Maßregelunterbringung bestand die Vorstellung, dass die aktuelle Diagnose von der Diagnose des Gutachtens der Hauptverhandlung abweichen könne.[323]

Tatsächlich fanden sich zwischen der Unterbringungsgutachtendiagnose und der Diagnose zum Zeitpunkt der Erhebung Abweichungen. Bei den nach § 63 StGB untergebrachten Patientinnen fand sich in 15 Fällen (13,9%), bei den nach § 64 StGB untergebrachten Frauen in 5 Fällen (16,1%) eine abweichende Diagnose. Im wesentlichen sind Veränderungen im Bereich der Neurosen, Psychosen und Borderlinestörungen zu verzeichnen. Festzustellen ist hierbei, dass sich die aktuelle Diagnose - trifft man eine Schweregradeinteilung von Neurose über die Borderlinestörung zur Psychose - immer in eine schwerer wiegende psychische Störung veränderte. Eine im Schweregrad unter der Gutachtendiagnose liegende psychische Störung konnte also in der aktuellen Unterbringung nicht diagnostiziert werden; die Patientinnen litten eher unter einer intensiveren Störung als zunächst angenommen.

8. Behandlung

a) Medikamentöse Therapie

Im Bereich der medikamentösen Behandlung wurde die regelmäßige Einnahme von Psychopharmaka aufgenommen. Die Verabreichung von Psychopharmaka wurde nur dann als solche bezeichnet, wenn es um die Beeinflussung psychopathologischer Zustände und psychischer Störung ging, eine Unterscheidung nach Psycholeptika und Psychoanaleptika erfolgte nicht. Bei Psycholeptika handelt es sich um Psychopharmaka mit sedierender, d.h. dämpfender, schlafförderndеr Wirkung, während Psychoanaleptika anregend, stimmungsaufhellend, antriebsfördernd wirken.

Erwartungsgemäß zeigten sich deutliche Unterschiede zwischen den nach § 63 und nach § 64 StGB untergebrachten Patientinnen:

---

[323] Zu den Fehlerquellen und Irrtumsmöglichkeiten bei der gerichtspsychiatrischen Begutachtung siehe Venzlaff, Fehler und Irrtümer in psychiatrischen Gutachten, NStZ 1983, 199.

Tabelle 60: Behandlung mit Psychopharmaka.

	§ 63 StGB		§ 64 StGB	
	Anzahl	%	Anzahl	%
ja	87	**80,6**	3	**9,7**
nein	21	**19,4**	28	**90,3**
Gesamt	108	100,0	31	100,0

(Chi2-Test: $\chi 2 = 53{,}01$; $p \leq 0{,}001$)

Während bei den nach § 63 StGB untergebrachten Frauen ein Großteil medikamentös behandelt wurde, erfolgte bei den wenigsten suchtkranken Frauen eine Behandlung mit Psychopharmaka. Bei den Patientinnen der § 64 StGB Gruppe, die eine medikamentöse Behandlung erhielten, handelte es sich um die Patientinnen, bei denen die Suchterkrankung nicht als primäre Störung angesehen werden konnte.[324]

Darin zeigt sich, dass eine medikamentöse Behandlung von Suchtkranken als wenig erfolgversprechend angesehen wird.

Auffällig war bei den nach § 63 StGB untergebrachten Patientinnen der große Anteil medikamentöser Behandlungen bei Patientinnen mit schizophrener Psychose. Von den 45 Patientinnen mit der Hauptdiagnose einer schizophrenen Psychose wurden 42 (93,3%) mit Psychopharmaka behandelt. Dies entspricht auch dem von LEYGRAF bei männlichen Patienten dieser Diagnosegruppe gefundenen Anteil von 92,1%.

Während die hohe Anzahl von medikamentösen Behandlungen bei schizophrenen Psychosen dafür spricht, dass die Verabreichung bestimmter Medikamente von Behandlern offensichtlich als erfolgsversprechend angesehen wird, fand sich bei Durchsicht der Patientinnenakten eine dazu grundlegend andere Auffassung der Patientinnen selbst. Einige der Patientinnen waren schon vor der aktuellen Unterbringung untergebracht (Allgemeinpsychiatrie oder Maßregel) und mit Psychopharmaka zur Behandlung schizophrener Psychosen behandelt worden.

Trotz der Verbesserung der Krankheitssymptome kam es bei diesen Patientinnen nach der Entlassung zu Krankheitsrückfällen, die auf die Nichteinnahme der verordneten Medikamente zurückzuführen waren.

Für die Nichteinnahme der Medikamente sind verschiedene Erklärungsmodelle denkbar. Entweder waren die Patientinnen selbst von der Notwendigkeit der dauerhaften Einnahme der Medikamente nicht überzeugt, so dass sie die Einnahme entweder sofort oder nach einiger Zeit abbrachen, oder, was als Haupt-

---

[324] Siehe hierzu die Diagnoseverteilung, S. 134.

ursache angesehen wird, die mit einer schizophrenen Erkrankung häufig einhergehenden Mängel in der allgemeinen Lebensführung zeigen sich auch im Bereich der Medikamenteneinnahme in der Form, dass die Medikamente nicht, nicht regelmäßig oder nur mit einer externen Kontrolle eingenommen werden.

Die Notwendigkeit einer fortwährenden Einnahme, ggf. auch der dauerhaft kontrollierten Einnahme bei chronischen Erkrankungen des schizophrenen Formenkreises, und die Folgen einer Nichteinnahme wurden in einem Unterbringungsfall besonders deutlich:

Die Patientin litt seit ihrem 23. Lebensjahr an Schizophrenie und war wegen einer in einem Schizophrenieschub begangenen Tat (Einschlagen auf den Sohn mit der Axt) von 1977 an 3 Jahre nach damaligem DDR-Recht in einer Psychiatrie untergebracht. Nach der Entlassung wurde sie regelmäßig durch einen ortsansässigen Arzt behandelt und führte 15 Jahre lang ein „normales" Leben. Nachdem der behandelnde Arzt 1994 verstarb, suchte die Patientin keinen neuen Arzt auf, um die Behandlung fortzuführen, so dass es 15 Jahre nach der Entlassung zu einem Krankheitsrückfall kam und die Patientin in einem Schizophrenieschub erneut eine schwere Straftat (Einstechen auf den Ehemann mit einem Messer) beging. Daraufhin wurde die Patientin erneut untergebracht.

Bei eigener Krankheitseinsicht, darüber hinaus der Einsicht, dass die Notwendigkeit der Behandlung auch über einen langen Zeitraum fortbesteht, und der Fähigkeit, sich um die Medikamente selbst zu kümmern, hätte eine schwere Straftat und die erneute Unterbringung verhindert werden können.

Im übrigen unterscheidet sich die Gesamtzahl der medikamentösen Behandlungen der weiblichen Patientinnen deutlich von der der männlichen Klientel. Während LEYGRAF einen Anteil von 43,5% fand, wurde bei der Erhebung der weiblichen § 63 StGB Patientinnen ein Anteil von 80,6% festgestellt. Bei SCHUMANN erfolgte eine regelmäßige Behandlung mit Psychopharmaka in 46,2% und gelegentlich in 8,7% der Fällen.

Der Anteil von 80,6% medikamentöser Therapien zum Erhebungszeitpunkt erscheint vor dem Hintergrund, dass zum Zeitpunkt der Untersuchung keine Patientin einer Behandlung mit triebhemmenden oder triebdämpfenden Mitteln (im Vergleich hierzu erfolgte die Unterdrückung männlicher Sexualhormone mit Antiandrogenen in 4,2% der von LEYGRAF untersuchten Fälle) unterzogen wurde, besonders hoch.[325]

Zusammenfassend ist festzustellen, dass die Anzahl der medikamentösen Behandlung der nach § 63 StGB Patientinnen die *aller* männlichen Vergleichsstudien übersteigt. Dies verwundert, kann aber hier nicht näher erklärt werden.

---

[325] Ausgehend von dem angenommenen unterschiedlichen Verständnis von Frauen zu psychischer Krankheit wird vermutet, dass sich Frauen gegen die Medikamenteneinnahme weniger auflehnen als männliche Patienten.

Auf den ersten Blick finden sich keine Gründe warum eine intensivere Behandlung von psychisch kranken Frauen mit Psychopharmaka erfolgversprechender sein sollte, als es die von Männern wäre, warum also Psychopharmaka eine geschlechtlich differenzierte Wirkung haben sollte. Doch muß die weitere Wertung anderen Professionen überlassen werden.

b) Sonstige Therapien

Neben der medikamentösen Behandlung werden im Maßregelvollzug auch psycho- und sozialtherapeutische Behandlungskonzepte verfolgt. Diese fanden sich in Form von psychotherapeutischen Einzelgesprächen, Gruppen- oder Stationsgesprächen, Verhaltens- und Konflikttrainings.

Ziel dieses therapeutischen Bemühens ist der gesetzgeberische Auftrag der Besserung. Zwischen der Verabreichung von Medikamenten zur „Besserung“ und sonstigen Therapiemaßnahmen besteht jedoch ein bedeutender Unterschied. Hat man den Patienten oder die Patientin erst einmal dazu gebracht, Medikamente einzunehmen, sei es mit Zwang[326], auf sonstigen Druck oder freiwillig, so ist davon auszugehen, dass das Medikament seine Wirkung entfaltet, ohne dass es weiterer Aktivitäten oder der Mitarbeit des/der Behandelten bedarf. Gerade bei Schizophreniekranken wurde aus den Akten ersichtlich, dass die Notwendigkeit einer ständigen medikamentösen Einwirkung von den Patientinnen nur bedingt für richtig und notwendig gehalten wurde, dass aber diese Therapien trotz solcher Vorbehalte erfolgreich verliefen.

Im Unterschied hierzu sind psychotherapeutische und sozialtherapeutische Behandlungsformen vom Willen der Patientin abhängig und nicht erzwingbar. Mag der Wille des Gesetzgebers sich noch so sehr auf das Ziel der „Besserung“ richten, diese steht und fällt mit der Behandlungsbereitschaft der Patientin.

Sowohl Gesprächs- als auch Verhaltenstherapien setzen die aktive Mitwirkung und Mitarbeit der Patientin voraus, was sich in der Zwangsunterbringung einer Maßregel oft als schwierig erweist. Sowohl aus Gesprächen mit den psychiatrisch Tätigen als auch aus den Akten war die besondere Problematik einer therapeutischen Behandlung in einem psychiatrischen Krankenhaus oder einer Entziehungsanstalt vor dem Hintergrund einer strafgerichtlichen Zwangseinweisung ersichtlich.

Während außerhalb von Maßregelunterbringungen eine Therapie in der Regel freiwillig oder aufgrund eines nicht mehr auszuhaltenden Leidensdrucks erfolgt, wird den Patientinnen des Maßregelvollzugs eine Therapie „verordnet“, auf den diese zunächst keinen Einfluß haben. Auf diese „Zwangstherapien“ reagierten die Patientinnen sehr unterschiedlich.

---

[326] Zu der Möglichkeit der Zwangstherapie in den einzelnen Bundesländern siehe Volckart, Maßregelvollzug, S. 152.

Manche der Patientinnen nahmen die bestehenden Möglichkeiten gerne wahr, empfanden diese als Chance oder nur als Möglichkeit, über ihre Situation zu sprechen, sich jemandem mitteilen zu können. Diese Patientinnen waren zu Gesprächs- oder sonstigen Therapien bereit, ihre aktive Mitarbeit erfolgte unproblematisch und auch aus eigenem Antrieb.

In zwei Fällen bestand eine dauerhafte Problematik dieser Patientinnen sogar darin, zu wenig mit dem Therapeuten oder der Therapeutin sprechen zu können, die Patientinnen empfanden die - in der Regel einmal wöchentlich stattfindenden - Sitzungen als nicht ausreichend.

In anderen Fällen führte die zwangsweise Unterbringung in einer Einrichtung des Maßregelvollzugs jedoch zu generellen Blockadehaltungen der Patientinnen. Um sich gegen die Unterbringung zu wehren, wurden alle von dieser Institution ausgehenden Maßnahmen verweigert und damit eine Behandlung - zunächst - unmöglich gemacht.

Als weiteres Problem der therapeutischen Behandlung im Rahmen einer Maßregelunterbringung fand sich die Schwierigkeit, ein Vertrauensverhältnis zwischen dem Therapeuten (der Therapeutin) und der Patientin aufzubauen.

Während sich als Voraussetzung einer erfolgreichen Behandlung außerhalb des Maßregelvollzugs das notwendige Vertrauensverhältnis[327] zwischen Behandler und Patient schon aufgrund der Möglichkeit der freien Therapeutenwahl und Therapiewahl meist ohne Probleme einstellt (wenn dieses sich nicht einstellt, kann zwang- und sanktionslos der Therapeut gewechselt werden), wird für die Patientin im Maßregelvollzug zunächst sowohl der Therapeut/die Therapeutin als auch die Therapieform bestimmt. Die Patientin hat keinerlei Einfluß auf die Entscheidung.[328]

Die in einer psychiatrischen Klinik oder einer Entziehungsanstalt des Maßregelvollzugs psychiatrisch Tätigen werden von den Untergebrachten als Teil dieser „totalen Institution“ und in der Folge eher als Gegner denn als Person ihres Vertrauens empfunden. Das Aufbauen eines Vertrauensverhältnisses ist unter solchen Umständen besonders schwierig und nach Auskunft der Behandler oft sehr langwierig.

In einem Aktenstück war die über Monate andauernde Annäherung zwischen Therapeutin und Patientin anschaulich dokumentiert. Während die Patientin zu

[327] Zu der Notwendigkeit eines Vertrauensverhältnisses siehe Bochnik/Gärtner/Richtberg, Zerstörung des Vertrauensverhältnisses Patient/Arzt durch Verrechtlichung ?, in: Bergener, Psychiatrie und Rechtsstaat, S. 31.

[328] Einen plausiblen Grund für das fehlende Mitbestimmungsrecht der Patientin ist nicht ersichtlich. Eine Auswahl unter verschiedenen Therapeuten und Methoden dürfte die Therapiemotivation erhöhen, die Abwehrhaltung gegenüber der „totalen Institution“ verringern.

Beginn alle an sie gestellten Anforderungen, Aktivitäten und die Teilnahme am Stationsleben im allgemeinen verweigerte und völlig in sich zurückgezogen war, konnte sie im Laufe der Zeit dazu gebracht werden, als stille Beobachterin an Stationsgesprächen teilzunehmen. Nach weiteren Monaten war sie hin und wieder bereit, sich mit der Therapeutin allein zu treffen, wenn sie auch zunächst die ihr gemachte Option - während der Sitzung nichts sagen zu müssen - wahrnahm. Zum Untersuchungszeitpunkt (11 Monate nach der Unterbringung) war es möglich, regelmäßige Sitzungen durchzuführen, wobei es teilweise zu kürzeren Gesprächen zwischen Patientin und Therapeutin kam. Es bestand die Hoffnung, dass sich diese Gespräche weiter intensivieren lassen würden und auch vermehrt therapeutische Inhalte haben könnten.

Unter den genannten schwierigen Therapievoraussetzungen und vor dem Hintergrund, dass die intellektuellen Fähigkeiten mancher Patientinnen eine Beeinflussung im Sinne einer Verhaltensveränderung oder kognitiven Umstrukturierung gar nicht zuließen, wurden nicht nur „klassische Psychotherapieformen“, sondern alle Formen des Verhaltenstrainings, Gruppen-, Stationsgespräche oder Einzelgespräche, an denen die Patientinnen teilnahmen, in der Erhebung als Therapie aufgenommen.[329]

Tabelle 61: Therapie

	§ 63 StGB		§ 64 StGB	
	Anzahl	%	Anzahl	%
ja	81	**75,7**	27	**90**
nein	26	**24,3**	3	**10**
Gesamt[330]	107	100,0	30	100,0

(Chi²-Test: $\chi^2 = 2{,}87$; n.s.; in 25% der Zellen $N \leq 5$)

Eine therapeutische Behandlung erfolgte bei einer hohen Anzahl der nach § 64 StGB untergebrachten Frauen. In Anbetracht der fehlenden medikamentösen Behandlung dieser Patientinnengruppe und vor dem gesetzlichen Unterbringungsziel der „Besserung“ war eine hohe Anzahl therapeutischer Maßnahmen zu erwarten.

Die therapeutischen Maßnahmen erfolgten bei den nach § 63 StGB untergebrachten Frauen in 40 Fällen (49,4%) durch einen Psychiater/eine Psychiaterin, in 32 Fällen (39,5%) durch einen Psychologen/eine Psychologin

[329] Zur Bewertung von Arbeits- und Beschäftigungsmethoden als Therapie siehe S. 145.

[330] Die Abweichungen zu der Gesamtzahl der an der Untersuchung teilnehmenden Patientinnen ergibt sich aus dem Umstand, dass sich zwei Patientinnen (je eine der §§ 63 und 64 StGB Gruppe) erst sehr kurz in einer Unterbringung befanden, Therapieüberlegungen für diese daher noch nicht abgeschlossen waren.

und in neun Fällen durch sonstige Behandler. Der Anteil der weiblichen Behandler lag bei 44,4%.[331]

Bei den nach § 64 StGB untergebrachten Frauen erfolgte die Behandlung in 6 Fällen (22,2%) durch einen Psychiater/eine Psychiaterin, in 17 Fällen (63%) durch einen Psychologen/eine Psychologin und in 4 Fällen (14,8%) durch sonstige Behandler. Der Anteil der weiblichen Behandler lag bei den suchtkranken Patientinnen ebenfalls bei 44,4%.

In neun von 139 untersuchten Fällen erfolgte – trotz des in dieser Untersuchung sehr weit verstandenen Begriffs der Therapie – weder eine medikamentöse Therapie noch nahm die Patientin an sonstigen Therapien teil. In keinem der untersuchten Fälle war der Patientin jedoch aktiv eine Behandlung vorenthalten worden. Entweder waren die Patientinnen zu therapeutischen Maßnahmen nicht bereit - möglicherweise wurden die angebotenen Möglichkeiten von der Patientin als nicht ausreichend attraktiv empfunden - oder sie waren aufgrund ihres Krankheitszustands zum Zeitpunkt der Erhebung oder aufgrund ihrer intellektuellen Fähigkeiten nicht in der Lage, an einer Behandlungsmaßnahme teilzunehmen.

In einem Fall war eine Patientin zum Untersuchungszeitpunkt in keiner therapeutischen Maßnahme, sie hatte bis zu diesem Zeitpunkt alle Maßnahmen nach kurzer Zeit abgebrochen. Nun sollte im Wege einer regelmäßigen Beschäftigung zunächst das Durchhaltevermögen der Patientin gesteigert werden.

c) Arbeits- und Beschäftigungsmaßnahmen

Durchgeführte Maßnahmen

Als Beschäftigungsmaßnahmen wurden Tätigkeiten erfaßt, die entweder aufgrund ihres Umfangs oder Inhalts nicht mit einer Arbeitstätigkeit gleichzusetzen waren. Hierbei kam es für die Eingruppierung als Arbeitsmaßnahme nicht darauf an, ob die Tätigkeit wirtschaftlich verwertbar war oder verwertet wurde, sondern auf Umfang und Inhalt der Tätigkeit. Klassische Form der Beschäftigungsmaßnahmen waren Mal- und Bastelstunden, während die Tätigkeit auf Stationen oder in Werkstätten als Arbeitsmaßnahme aufgenommen wurden.

Eine Differenzierung zwischen „reiner“ Arbeit bzw. Beschäftigung und Arbeits- bzw. Beschäftigungstherapie erfolgte nicht. Eine Abgrenzung war nicht möglich, da sich unterschiedliche Maßnahmen für unterschiedliche Patientinnen als mehr oder weniger therapeutisch darstellten. War für die eine Patientin ein

---

[331] Zu der unter Umständen sinnvolleren Behandlung von Patientinnen durch weibliche Therapeuten siehe Nowara, Psychisch kranke Straftäterinnen, in: Leygraf/Volbert/Horstkotte/Fried, Die Sprache des Verbrechens, Festschrift für Wilfried Rasch, S. 272.

geregelter Tagesablauf mit festen Arbeitszeiten und vorgegebener Tätigkeit schon eine schwer zu bewältigende Aufgabe, so kam es weniger auf den Inhalt der Tätigkeit, sondern auf das kontinuierliche Fortsetzen der Tätigkeit z.B. zur Stärkung des Durchhaltevermögens an; dies konnte bereits als therapeutische Maßnahme begriffen werden. Für eine andere Patientin war das Durchhalten kein Problem, für diese war die gleiche tägliche Verrichtung - von z.B. einfachen Auftragsarbeiten in einem Wirtschaftbetrieb der Unterbringungseinrichtung - Arbeit ohne jeden therapeutischen Effekt.

Die Benennung einer Tätigkeit als Arbeits- oder Beschäftigungstherapie durch die Unterbringungseinrichtung ließ keinen gesicherten Rückschluß auf deren tatsächliche therapeutische Wirkung zu, da viele Kliniken alle Tätigkeiten der Patientinnen als Arbeits- und Beschäftigungstherapien deklarierten[332], ohne nach deren tatsächlichem therapeutischen Wert für die einzelne Patientin zu differenzieren.[333]

Arbeits- und Beschäftigungsmaßnahmen erfolgten in folgender Häufigkeit:

Tabelle 62: Teilnahme an Arbeits- und Beschäftigungsmaßnahmen.

	§ 63 StGB		**§ 64 StGB**	
	Anzahl	%	Anzahl	%
Beschäftigung	17	**15,7**	2	**6,5**
Stationsarbeit	12	**11,1**	1	**3,2**
einfache, unqual. Tätigkeit, intramural	32	**29,6**	6	**19,4**
gelernte o. angelernte Tät. intramural	19	**17,6**	6	**19,4**
Tätigkeit extramural	6	**5,6**	7	**22,6**
keine	21	**19,4**	8	**25,8**
unbekannt	1	0,9	1	3,2
Gesamt	108	100,0	31	100,0

(Chi^2-Test: $\chi^2 = 12,52$; $p \leq 0,05$)

Von den 21 § 63 StGB Patientinnen bzw. 9 § 64 StGB Patientinnen, die keiner Arbeits- oder Beschäftigungsmaßnahme nachgingen, befanden sich 15 bzw. 6 in schulischen oder beruflichen Fördermaßnahmen. Von den neun Patientinnen, die weder an einer Arbeits- oder Beschäftigungsmaßnahme noch an einer schulischen- oder beruflichen Förderung teilnahmen, war die fehlende Beschäftigung in 4 Fällen krankheits- oder altersbedingt und in 5 Fällen sicherheitsbedingt. Die

---

[332] Zu den sozialversicherungsrechtlichen Folgen einer Einstufung von Arbeitstätigkeit als Arbeitstherapie siehe, Volckart, Maßregelvollzug, S. 76.

[333] Im übrigen kann auch jeder Maßnahme ein therapeutischer Wert zugeschrieben werden, auch wenn deren Qualität zweifelhaft erscheint. Siehe hierzu Pollähne, Fernsehverbot als therapeutische Maßnahme, R&P 1992, 47.

sicherheitsbedingte Unbeschäftigung der Patientinnen hing in allen Fällen mit der besonderen Situation der weiblichen Maßregelvollzugsunterbringung in der Allgemeinpsychiatrie zusammen.[334]

Im Bereich der einfachen, unqualifizierten und intramural durchgeführten Tätigkeiten war der Großteil der Patientinnen (28 von 32 Frauen (§ 63 StGB) und 4 von 6 Frauen (§ 64 StGB)) in der industriellen Fertigung beschäftigt. Hierbei handelte es sich in der Regel um externe Auftragsarbeiten, die keiner besonderen Fertigkeit bedurften und in großer Stückzahl per Hand durchgeführt werden mußten.

In den angelernten oder gelernten Bereichen fand sich ein hoher Anteil von rollentypischen Tätigkeiten in Küche, Schneiderei, Wäscherei oder im Klinikcafé/-kiosk. Von den nach § 63 StGB untergebrachten Patientinnen übten 14 der 19 Patientinnen und 4 der 6 nach § 64 StGB untergebrachten Patientinnen eine solche rollenspezifische Tätigkeit aus.

Der Vergleich der Patientinnengruppen zeigt deutliche Unterschiede. Sieht man von den Patientinnen ohne Arbeit und Beschäftigung ab, so findet sich bei den intramuralen, gering qualifizierten Tätigkeiten der Beschäftigung, der Stationsarbeit und der einfachen Tätigkeiten bei den nach § 63 StGB Untergebrachten ein Anteil von 71,0% und in der § 64 StGB Gruppe hingegen ein Anteil von nur 40,9%. Bei den extramuralen Tätigkeiten fanden sich hingegen nur 7,0% der § 63 StGB Patientinnen und 31,8% der § 64 StGB Frauen.

Auch im Bereich der reinen Beschäftigungsmaßnahmen zeigt sich ein deutlicher Unterschied der Patientinnengruppen, der mit unterschiedlichen intellektuellen Fähigkeiten zusammenhängt und sich bereits im Bereich der höheren Anzahl von Sonderschulbesuchen bei nach § 63 StGB untergebrachten Frauen ankündigte.

Das Angebot an Arbeits- und Beschäftigungsmöglichkeiten in den Unterbringungseinrichtungen

Die Beschäftigungsmöglichkeiten glichen sich in den 35 besuchten Kliniken. Diese hatten gestalterische Aufgaben wie Malen, Arbeiten mit Holz[335], Stein und Ton, Batik, Seidenmalerei, Basteln, Knüpfen o.ä. zum Inhalt.

Im Bereich der Arbeitsmaßnahmen war das Angebot der einzelnen Kliniken sehr unterschiedlich. Abhängig von der Größe der Klinik und der Angliederung an die Allgemeinpsychiatrie wurden den Patienten und Patientinnen sehr unter-

---

[334] Siehe zur Unterbringungssituation S. 78.

[335] Hiervon ist die regelmäßige Arbeit mit Holz in einer Holzwerkstatt oder in einem Schreinereibetrieb der Klinik zu unterscheiden, bei der es nicht primär um die Beschäftigung und die Gestaltung nach eigenen Vorstellungen geht.

schiedliche Möglichkeiten geboten. In den 35 besuchten Kliniken fanden sich Arbeitsmöglichkeiten in folgenden Bereichen:

Industrielle Fertigung	26 Kliniken
Schreinerei/ Holzwerkstatt	24 Kliniken
Gärtnerei/Landwirtschaft	21 Kliniken
Schlosserei/Metallwerkstatt	11 Kliniken
Maler	8 Kliniken
Küche	8 Kliniken
Klinikcafé/Kiosk	5 Kliniken
Maurer	5 Kliniken
Elektroarbeiten	5 Kliniken
Wäscherei	4 Kliniken
Schneiderei	4 Kliniken

Vereinzelt fanden sich noch Arbeitsmöglichkeiten im Bereich Druckerei, Buchbinderei, Metzgerei, Polsterei, Korbflechterei, in der Tierpflege und in einer Fahrradwerkstatt.

Bei den Tätigkeiten in den Bereichen Gärtnerei, Malerei, Küche, Wäscherei, Schneiderei sowie der Elektro- und Maurerarbeiten handelte es sich zumeist um solche, die der Instandhaltung der Kliniken selbst dienten und innerhalb des Klinikgeländes ausgeführt wurden.

9. Aus- und Fortbildungsmöglichkeiten

a) schulische Förderung

Eine schulische Förderung war innerhalb der Maßregelvollzugseinrichtungen in 19 Kliniken möglich. In diesen Einrichtungen wurden spezielle Fähigkeiten der untergebrachten Personen wie Lesen und Schreiben gefördert, teilweise Deutsch und auch Englisch gelehrt. Von den 19 Kliniken boten 13 auch den Unterricht zu einem Schulabschluß und die Ablegung eines qualifizierten Abschlusses an. Dabei handelte es sich in der Regel um einen Hauptschulanschluß. Zwei der Kliniken boten den Abschluß der mittleren Reife an.

Darüber hinausgehende Schulabschlüsse konnten in den Unterbringungseinrichtungen selbst nicht abgelegt werden; es fanden sich doch Möglichkeiten zur Absolvierung eines Fernabschlusses, z.B. zur Erlangung der Hochschulreife.

In einem Unterbringungsfall wurde zum Zeitpunkt der Untersuchung ein Fernstudium ermöglicht.

Von den untergebrachten Maßregelpatientinnen (§ 63 und § 64 StGB) befanden sich 9 Frauen in schulischen Maßnahmen innerhalb der Klinik. Bei 6 Patientinnen richtete sich die schulische Förderung auf die Förderung von allgemeinen Fähigkeiten (Lesen, Schreiben, d.h. Förderung im Grundschulniveau), 3 Patientinnen strebten einen qualifizierten Abschluß an.

Neben der schulischen Förderung innerhalb der Klinik fand sich in 15 Fällen die (zumindest theoretisch bestehende) Möglichkeit, spezielle Fähigkeiten und/oder auch Schulabschlüsse durch den Besuch von Kursen oder Unterricht außerhalb der Einrichtung zu fördern und abzulegen. Theoretisch deshalb, weil die Nutzung externer Fort- und Ausbildungsmaßnahmen nicht allein von der Bereitschaft der Klinik, der Kursveranstalter und den Wünschen und Fähigkeiten der Patientinnen abhängig war, sondern vor allem von der Lockerungsstufe der Patientin.

Zum Zeitpunkt der Untersuchung befanden sich 2 der untergebrachten Patientinnen in externen schulischen Maßnahmen.

Nimmt man die externen und internen Maßnahmen (Förderungs- und Abschlußkandidatinnen) zusammen, so fand eine schulische Bildung bei 11 von 139 Patientinnen, mithin 7,9% der Untergebrachten, statt. Diese Anzahl entspricht in etwa der von LEYGRAF[336] gefundenen Anzahl von 7,3% und 9,7% bei MISSENHARDT[337] der den Hauptschulabschluß anstrebenden oder Grundfertigkeiten erlangenden männlichen Patienten.

Trotz der geringen Zahl von Patienten und Patientinnen, die an solchen schulischen Maßnahmen teilnahmen, ist eine wichtige Veränderung festzustellen. Während sich in der Untersuchung von LEYGRAF 1983/84 nur 2 Maßregelvollzugseinrichtungen fanden, welche die Möglichkeit zu einem Schulabschluß boten, gab es zum Erhebungszeitpunkt 1998 bereits in 13 der 35 besuchten Einrichtungen[338] die Möglichkeit, einen Hauptschulabschluß zu erlangen.

---

[336] Leygraf, Psychisch kranke Straftäter, S. 162.

[337] Missenhardt, Psychisch kranke Straftäter im Maßregelvollzug, S. 81.

[338] Es wurden nicht alle Unterbringungseinrichtungen Deutschlands, sondern nur solche Einrichtungen besucht, in denen weibliche Maßregelvollzugspatienten untergebracht waren, die der Untersuchung zugestimmt hatten.

b) berufliche Förderung

Die Förderung beruflicher Fähigkeiten war in 12 der 35 Unterbringungseinrichtungen möglich. 9 Kliniken boten neben der Förderung einzelner Fähigkeiten einen qualifizierten Abschluß an.

Lehrabschlüsse konnten vor allem in den handwerklichen Bereichen wie Gärtner, Schreiner, Schlosser, Drucker, Maler und Maurer abgelegt werden. Im Bereich der Förderung einzelner Fähigkeiten nahmen diese Arbeitstechniken ebenfalls den breitesten Raum ein, wurden aber durch Bürotätigkeiten, Computerkurse, Sprach- und Elektrokurse ergänzt.

Trotz des nicht unbeachtlichen Angebots erreichte eine berufliche Förderungsmaßnahme nur 10 der 139 untergebrachten Maßregelpatientinnen. Von diesen nahmen 9 Patientinnen an Kursen zur Förderung spezieller Fähigkeiten teil (z.B. Computerkurs, Bürotraining), nur eine Patientin befand sich zum Untersuchungszeitpunkt in einer beruflichen Lehrausbildung.

Dieser Anteil von 7,2% ist, vor dem Hintergrund des - mit einem Durchschnittsalter von 37,1 Jahren (§ 63 StGB) bzw. 33,2 Jahren (§ 64 StGB) noch weit von dem Ausstieg aus dem Erwerbsleben entfernten - Alters und des von den Patientinnen bislang erreichten Berufsabschlusses als beklagenswert gering zu bezeichnen.

Faßt man die Patientinnen ohne Berufsabschluß zusammen (noch in schulischer Ausbildung, ungelernte Arbeiterin, kein Beruf), so findet sich in der Gruppe der § 63 StGB Patientinnen ein Anteil von 80,6% und bei § 64 StGB Patientinnen ein Anteil von 59,0% ohne Berufsabschluß.

Sind auch aufgrund der psychischen Störung und/oder Suchtmittelabhängigkeit nicht alle Patientinnen in der Lage oder Willens, einen Berufsabschluß zu erlangen, so erscheint überdies auch das Angebot der primär angebotenen Ausbildungsmöglichkeiten für Patientinnen nur bedingt reizvoll, da dieses sich auf klassische Handwerksberufe beschränkt. Diese Berufe werden auch außerhalb von Unterbringungseinrichtungen in der Hauptsache von Männern erlernt und offensichtlich von der Mehrheit der weiblichen Gesamtbevölkerung als für Frauen wenig attraktiv betrachtet. Die sehr geringe Anzahl von beruflichen Förderungsmaßnahmen und beruflichen Ausbildungen bei weiblichen Maßregelpatientinnen zeigt, dass sich die hergebrachte Einstellung der Frauen zu diesen Berufen auch in der Unterbringung fortsetzt, so dass diese Ausbildungsarten auch dort kaum angenommen werden.

Festzustellen ist, dass sich ein Mangel an differenzierten und vor allem zeitgemäßen Ausbildungsangeboten in allen Formen des geschlossenen Vollzugs findet, sei es des Maßregel- oder des Strafvollzugs. Während aber offensichtlich im Bereich der männlichen Unterbringung seit der Untersuchung von LEYGRAF zumindest quantitative Veränderungen stattgefunden haben, die

Kliniken mittlerweile vermehrt berufliche Förderungsmaßnahmen und Berufsabschlüsse anbieten, befindet sich die berufliche Fortbildungssituation der Frauen nach wie vor in einem desolaten Zustand. Die Angebote, die geschaffen wurden, sind ausschließlich auf die männliche Klientel ausgerichtet, entsprechen aber nicht den spezifisch weiblichen Bedürfnissen.

Der Grund für diesen Mangel ist hauptsächlich in der geringen Zahl an untergebrachten Frauen in Verbindung mit dem in weiten Teilen durchgeführten dezentralen Vollzug der Maßregel zu sehen.

Abhilfe kann im bestehenden System erneut nur durch eine - optionale - Konzentration der weiblichen Patienten geschaffen werden.

In zentralisierten Einrichtungen könnten berufliche Förderungen nach Neigung, Fähigkeiten und späteren Berufsaussichten speziell für Frauen angeboten und durchgeführt werden. Nur durch derartige Maßnahmen könnte der geringe Teil von Maßregelpatientinnen mit einer Berufsausbildung erhöht und manche Patientin mit einer verbesserten Zukunftschance aus der Maßregel entlassen werden.

10. Lockerung

Im Bereich der Lockerungen muß zwischen den Lockerungen des Strafvollzugs und denen des Maßregelvollzugs unterschieden werden. Diese an sich selbstverständliche und überhaupt nicht frauenspezifische Unterscheidung soll im Hinblick auf die in der Öffentlichkeit und in den Medien permanent vorkommende Vermischung von Straf- und Maßregelvollzug und den in diesen Einrichtungen getroffenen Entscheidungen nochmals erläutert werden.[339]

Der Unterschied zwischen Straf- und Maßregelvollzug wird hier erneut betont, da die Frage, wozu solche Lockerungen überhaupt gewährt werden, bei Mißbräuchen (i.d.R. zur Flucht, teilweise unter Begehung schwerwiegender rechtswidriger Taten) immer wieder in die öffentliche Diskussion gerät, eine Diskussion, in der es aufgrund fehlender Differenzierung zu Fehlinformationen und in der Folge auch zu falschen Forderungen und Konsequenzen kommt.[340]

---

[339] Zum Zeitpunkt der Auswertung befand sich der psychisch kranke Straftäter Frank Schmöckel auf der Flucht. An diesem Fall konnte erneut beobachtet werden, wie wenig differenziert und teilweise falsch die Berichterstattung verlief. Dies Fehler setzten sich in den folgenden Diskussionen und Forderungen fort, die im Laufe dieser Tage geführt und gestellt wurden und primär mit dem fehlenden Verständnis der Unterschiedlichkeit von Strafe und Maßregel und deren Voraussetzungen zusammenhingen.

[340] Auch diese - für eine produktive Diskussion schädliche - Vermischung von Straf- und Maßregelvollzug könnte durch ein einheitliches Behandlungssystem (Einspurigkeit im weiteren Sinn) vermieden werden.

Während die Unterbringung im Strafvollzug die Schuld des Täters voraussetzt und eine Bestrafung darstellt, hat die Maßregel keinen Strafcharakter.[341] Dieser Unterschied wirkt sich auch bei der Entscheidung über die Gewährung von Lockerungen aus.

Ausgehend von dem Strafcharakter des Strafvollzugs sind die Lockerungen in dieser Unterbringungsform gesetzlich nach Art und Umfang begrenzt (§§ 11-15 StVollzG). Bei der Entscheidung über die Gewährung von Strafvollzugslockerungen hat der Anstaltsleiter einen Ermessensspielraum, der sich lediglich mit dem erarbeiteten Vollzugskonzept decken muß.

Anders sind Vollzugslockerungen im Maßregelvollzug zu begreifen. Hier geht es zu keinem Zeitpunkt darum, einen Täter zu bestrafen, sondern darum, die Allgemeinheit zu sichern und während der Dauer der Unterbringung dahingehend auf den Täter einzuwirken, dass es einer Sicherung nicht mehr bedarf, dass er vielmehr - gefahrlos - wieder in Freiheit entlassen werden kann. Die häufig vertretene Ansicht in der Öffentlichkeit, man dürfe diese Patienten (bei diesen Stellungnahmen sind in der Regel Sexualstraftäter gemeint) einfach nicht mehr auf freien Fuß setzen, ist nicht nur unmenschlich, sie widerspricht dem gesetzgeberischen Auftrag und ist mit rechtsstaatlichen Grundsätzen unvereinbar. Der Maßregelvollzug soll eben nicht nur sichern, sondern auch bessern. Der Versuch der Besserung eines Täters durch die Behandlung im Maßregelvollzug muß Möglichkeiten zur Erprobung in Freiheit einschließen. Dazu bedarf es der Gewährung von Lockerungen.

Die Behandlung psychisch kranker Straftäter erfolgt in der Regel durch medikamentöse und/oder psychotherapeutische Einwirkung. Will man nicht alle psychisch kranken Straftäter bis zu ihrem Lebensende einsperren, sondern diese auf ein Leben außerhalb des Maßregelvollzugs ohne Begehung rechtswidriger Taten vorbereiten, muß man Lockerungen als Behandlungsmaßnahme und deren Gewährung als integrativen und notwendigen Bestandteil der verschiedenen Therapien begreifen. Lockerungen dienen hierbei nicht dem Vergnügen der Patienten, sondern sind Teil des an die Kliniken gestellten Auftrags der Besserung. Sie dienen als Lebens- und Sozialtraining, als Verhaltenserprobung, wirken Hospitalisierungsschäden[342] entgegen, fördern die Kooperationsbereitschaft, helfen, Außenkontakte aufrechtzuerhalten oder Bindungen zu

---

[341] Zur Verdeutlichung der Unterschiede wird an dieser Stelle nicht zwischen schuldunfähigen und vermindert schuldfähigen Personen und der Möglichkeit einer gleichzeitigen Verhängung einer Haftstrafe differenziert.

[342] Zu den Hospitalisierungsschäden siehe unten, S. 160.

schaffen, und erhöhen damit das Maß an Sicherheit nach einer endgültigen Entlassung aus dem Maßregelvollzug.[343]

a) Zuständigkeit für Lockerungsentscheidungen

Die Entscheidung über die Gewährung von Vollzugslockerungen trifft die Unterbringungseinrichtung. Ausgehend von dem Zweck der Maßregel besteht bei positiver Gefahrenprognose kein Ermessen der Klinik, ob eine solche Lockerung zu gewähren ist. Ist die vom Patienten ausgehende Gefahr soweit zurückgedrängt, dass eine befristete Freilassung die Sicherheit der Allgemeinheit nicht gefährdet, hat die Entscheidung innerhalb des Maßregelvollzugs zugunsten einer Vollzugslockerung auszufallen.

In manchen Bundesländern bestehen für alle Lockerungsentscheidungen oder auch nur für Entscheidungen über unbegleitete Ausgänge Anhörungs- oder Zustimmungserfordernisse[344] der Strafvollstreckungskammern, der Vollstreckungsbehörden oder in Jugendsachen der Vollstreckungsleiter. Darüber hinaus fordert das Land Brandenburg vor der erstmaligen Gewährung unbeaufsichtigten Ausgangs bei bestimmten Unterbringungstaten die Einholung eines externen Sachverständigengutachtens.[345]

b) Lockerungsformen

In der Untersuchung fanden sich sowohl Lockerungsformen, die den Lockerungen der §§ 11,13 StVollzG entsprechen, als auch klinikspezifische Lockerungen. Neben der Beschäftigung außerhalb des gesicherten Klinikbereichs mit und ohne Aufsicht (Außenarbeit/Freigang), dem Verlassen der Klinik mit und ohne Aufsicht (Ausführung/Ausgang) und der Beurlaubung fand sich die Möglichkeit des durch Familienangehörige oder sonstige Bekannte begleiteten Ausgangs innerhalb und außerhalb des Geländes der Unterbringungseinrichtung und der des Gruppenausgangs mehrerer Patienten mit und ohne Beaufsichtigung durch Klinikpersonal innerhalb und außerhalb der Klinik.

Zudem erfolgten die Lockerungen zweifach gestaffelt, d.h. zumeist wurde innerhalb der einzelnen Lockerungsmaßnahme zunächst mit einer kurzen Lockerungsdauer begonnen (z.B. Ausgang innerhalb des Klinikgeländes unbegleitet für 1 Std.) und diese im Laufe erfolgreich durchgeführter Lockerungen erhöht (zeitlich unbegrenzter Ausgang im Klinikgelände), und auch zwischen

---

343 Siehe hierzu auch Schumann, Lockerungen, Entlassungsvorbereitungen und –hindernisse aus therapeutischer Sicht, in: Gebauer/Jehle, Die strafgerichtliche Unterbringung in einem psychiatrischen Krankenhaus. S. 131ff.

344 Zu der Problematik der Anhörungs- und Zustimmungserfordernisse siehe, Volckart, Maßregelvollzug, S. 118, 120.

345 § 38 Abs.3 i.V.m. § 37 Abs.4 BbgPsychKG .

den unterschiedlichen Lockerungsmaßnahmen erfolgte eine abgestufte Gewährung. Damit soll den Patienten schrittweise die Möglichkeit geschaffen werden zu zeigen, dass sie sich in Freiheit bewähren können.

Im einzelnen stellte sich die Lockerungssituation der untergebrachten Patientinnen zum Untersuchungszeitpunkt wie folgt dar:

Tabelle 63: Lockerungssituation zum Untersuchungszeitpunkt.

	§ 63 StGB		§ 64 StGB	
	Anzahl	%	Anzahl	%
streng geschlossen	16	**14,8**	7	**22,6**
Ausgang mit Personal	22	**20,4**	6	**19,4**
Ausgang mit Angehörigen	3	**2,8**	---	---
Ausgang mit Mitpatienten	8	**7,4**	2	**6,5**
Einzelausgang im Gelände	20	**18,5**	2	**6,5**
Einzelausgang außerhalb begrenzt	24	**22,2**	10	**32,3**
Einzelausgang unbegrenzt	15	**13,9**	4	**12,9**
Gesamtwert	108	100,0	31	100,0

(Chi^2-Test: $\chi^2 = 5{,}01$; n.s.; in 36% der Zellen $N \leq 5$)

Faßt man die unbegleiteten Ausgänge zusammen, ergibt sich in beiden Patientinnengruppen ein Anteil von über 50% (54,6% bzw. 51,6%) Frauen, die sich außerhalb der geschlossenen Einrichtung bewegen. Bedenkt man, dass auch Angehörige oder Mitpatienten lediglich eine psychische Flucht- und Straftatenbarriere darstellen, so ist der zum Zeitpunkt der Untersuchung bestehende Lockerungsgrad beachtlich und gibt einen Hinweis auf die recht geringe Gefährdung der öffentlichen Sicherheit durch untergebrachte Maßregelpatientinnen. Trotz einer Anzahl von mindestens 116 „freilaufenden" Frauen (bei einer Hochrechnung auf die gesamte Patientinnenpopulation ergeben sich 232 nicht streng geschlossen untergebrachte psychisch kranke Straftäterinnen) ist noch kein Fall bekannt geworden (und diese verbreiten sich dank der modernen Medien sofort), in dem eine Patientin im Rahmen einer gewährten Lockerung eine schwere rechtswidrige Straftat, insbesondere ein Tötungs- oder Sexualdelikt, begangen hat. Auch unter den an der vorliegenden Untersuchung teilnehmenden Patientinnen fand sich keine schwere Straftat im Zusammenhang mit einer gewährten Lockerung. Vereinzelt war der Mißbrauch von Drogen und Alkohol zu verzeichnen.

Dies entspricht auch den Ergebnissen einer Untersuchung von Mahler, Pokorny und Pfäfflin, welche die Gefährdung der öffentlichen Sicherheit bei Entweichungen aus dem Maßregelvollzug untersuchten.[346] Dies Studie fand in den Jahren 1992 bis 1996 im Westfälischen Zentrum für Psychiatrie in Lippstadt-Eickelborn statt und untersuchte 86 Unterbringungsfälle (9 Frauen) mit insgesamt 190 Entweichungen (16 von Frauen). Hierbei wurde als Entweichung jede unerlaubte Entfernung aus den hochgesicherten, gesicherten oder ungesicherten Bereichen des Krankenhauses wie auch eine verspätete (ca.10 bis 20 min.) oder gar keine Rückkehr aus dem begleiteten oder unbegleiteten Ausgang definiert. Im Rahmen dieser Entweichungen war es in 22 Fällen zu erneuten Delikten, in 12 Fällen zu für die Patienten einschlägigen Delikten gekommen. Gemessen an der Gesamtzahl der gewährten Lockerungen in diesem Zeitraum lag die Rückfallrate bei 0,008%!

Die Entweichungshäufigkeit lag bei weiblichen Maßregelpatienten noch deutlich niedriger; erneute Delinquenz fand sich bei den entwichenen Frauen auch in dieser Untersuchung nicht. Dennoch werden in Fällen von Mißbräuchen durch einzelne männliche Maßregelpatienten auch die weiblichen Patientinnen vom generellen, politisch motivierten Vollzugslockerungsstop getroffen; sie müssen wie alle anderen Maßregelpatienten des gesamten (Bundes-) Landes die Folgen der Verfehlungen einzelner psychisch kranker Straftäter „ausbaden".

Der Vergleich der gewährten Lockerungsmaßnahmen zum Untersuchungszeitpunkt zwischen männlichen und weiblichen Maßregelpatienten der § 63 StGB Gruppe zeigt einen deutlichen Unterschied. Während LEYGRAF einen Gesamtanteil von 21,5% Patienten mit freiem Ausgang feststellen konnte, fand sich bei den Frauen ein Anteil von 54,6%.[347]

Dieser höhere Anteil von Frauen mit weitreichenden Lockerungen läßt erkennen, dass diese auch von den Behandlern als weniger gefährlich eingestuft werden, und dürfte mit der unterschiedlichen Deliktstruktur von Männern und Frauen zu begründen sein.[348]

Im übrigen konnte festgestellt werden, dass die Lockerungsstufe mit der Dauer der Unterbringung korreliert. Je länger die Unterbringung andauerte, desto weitreichender waren in der Regel die den Patientinnen gewährten Lockerungsmaßnahmen.

Dieses Ergebnis war auch erwartet worden, da naturgemäß die länger untergebrachten Patientinnen auch die länger behandelten Patientinnen darstellen. Ausgehend davon kann auch die erhöhte Anzahl streng geschlossen unterge-

---

[346] Mahler/Pokorny/Pfäfflin, Wie groß ist die Gefährdung der öffentlichen Sicherheit bei Entweichungen aus dem Maßregelvollzug ?, R&P 2000, S. 3.

[347] Dazu ist zu bemerken, dass auch 21,5% von 1973 Patienten eine hohe Anzahl gelockerter Patienten ergibt, von denen auch nur in Einzelfällen schwere Mißbräuche zu verzeichnen sind.

[348] Siehe hierzu die Unterbringungsdelikte der Patientinnen im Vergleich zu denen der männlichen Patienten, S. 118.

brachter Patientinnen in der § 64 StGB Gruppe erklärt werden. Bei den nach § 64 StGB untergebrachten Frauen lag der Zentralwert (Median) der bisherigen Unterbringung bei 8 Monaten, während der der § 63 StGB Gruppe bei 20 Monaten lag.[349] Bei einer mittleren Unterbringungsdauer von 8 im Vergleich zu 20 Monaten und einem mit der Dauer der Unterbringung ansteigenden Lockerungsgrad wird deutlich, warum der Anteil streng geschlossener Patientinnen mit 22,6% der § 64 StGB Gruppe den der § 63 StGB Gruppe von 14,8% übersteigt.

c) Besonderheit

Eine besondere Lockerungsform fand sich in der Unterbringungseinrichtung Eickelborn. Dort hatte 1994 ein Maßregelpatient während eines Einzelausgangs ein Kind getötet. Deshalb wurde in dieser Einrichtung eine neue, deliktspezifische Ausgangsregelung getroffen. Seither dürfen Patienten mit dem Einweisungsdelikt einer versuchten oder vollendeten Sexualstraftat oder eines versuchten oder vollendeten Tötungsdelikts im Ort Eickelborn nur noch in Form einer 1:1 Begleitung gelockert werden. Alle weiteren Lockerungen und Beurlaubungen (begleitete Gruppenausgänge, Einzelausgänge) von Patienten dieser Deliktgruppe dürfen ausschließlich in deren Herkunfts- oder zukünftiger Entlassungsregion erfolgen.[350]

Diese offenbar nur der Beruhigung der Bevölkerung rund um die Klinik Eickelborn dienende Regelung hat zur Folge, dass Patienten bei gewährtem Einzelausgang begleitet in die Regionen außerhalb Eickelborns und näherer Umgebung gebracht werden, dort von dem Begleiter in den Einzelausgang entlassen, nach der vereinbarten Zeit wieder an dieser Stelle abgeholt und begleitet in die Klinik zurückgebracht wurden. Abgesehen von der emotionalen Belastung der Patienten durch eine solche Maßnahme ist diese Regelung paradox[351]. Es fragt sich, welche Bedürfnisse mit dieser Maßnahme befriedigt werden sollen. Das Bedürfnis nach Sicherung der Allgemeinheit kann es nicht sein, denn es ist nicht davon auszugehen, dass fehlschlagende Lockerungen und hierbei begangene rechtswidrige Taten sich direkt gegen den Ort Eickelborn und seine Bevölkerung richten, hingegen die - in einem Mißbrauch sich realisierende - Gefahr außerhalb der Eickelbornschutzzone nicht gegeben ist. Unzweifelhaft ist nach der oben erwähnten Tat das Sicherheitsbedürfnis hoch. Die getroffene Regelung stellt jedoch keine adäquate Maßnahme dar.

---

[349] Zu weiteren Informationen bezüglich der bisherigen Unterbringungsdauer siehe unten, S. 162.

[350] Siehe hierzu auch Kobbé, Die prognoseberatende Fachgruppe im Westf. Zentrum für Forensische Psychiatrie Lippstadt, R&P 1997, 95.

[351] Der Unsinn einer solchen Vorgehensweise wird auch von den Behandlern gesehen und empfunden, die jedoch die bestehenden Regelungen einhalten müssen.

Gänzlich unberechtigt wird diese Maßnahme, wenn sie auch auf untergebrachte Frauen angewandt wird. Frauen stellen ein geringfügiges Gefahrenpotential bei Lockerungsgewährungen dar. Betrachtet man ihre Tötungsdelikte, so handelt es sich in fast 60% aller Fälle um Delikte im sozialen Nahraum. Diese und auch die weiteren Tötungsdelikte hatten einen situativen, familiären oder krankheitsbedingten (primär schizophrene Psychose) Hintergrund. Ein solcher Hintergrund zu einem erneuten Tötungsdelikt im Rahmen einer Vollzugslockerung ist nicht zu erwarten. Des weiteren würde eine unbehandelte Patientin von der Unterbringungseinrichtung keinen Einzelausgang erhalten, wenn die Gefahr besteht, dass sie sofort bei Lockerung wieder der Krankheit verfallen und ein Tötungsdelikt begehen wird.

Trotz dieser Unterschiede gelten für die untergebrachten Frauen die gleichen Lockerungserschwernisse. Dem Umstand, dass diese eine völlig andere Deliktsstruktur aufweisen, wird nicht Rechnung getragen.

d) Urlaube

Die Gewährung von Urlaub aus dem Maßregelvollzug stellt ebenfalls eine Behandlungsmaßnahme dar. Ausgehend von der Legitimation der Maßregelunterbringung dürfte die Gewährung von Urlaub, anders als im Strafvollzug mit Strafcharakter, keiner gesetzlichen Beschränkung unterliegen. [352] Dennoch findet sich in dem Landesgesetz von Schleswig-Holstein (§§ 29,38 PsychKG) eine Höchstfrist von 2 Wochen, welche die Urlaubsdauer beschränkt und damit die Grenzen zwischen Straf- und Maßregelvollzug verwischt.[353] Bezüglich der Gewährung von Urlauben sehen die Landesgesetze ebenfalls unterschiedliche Zustimmungs- und Anhörungspflichten der Vollstreckungsbehörden vor, nur in Hessen bedarf es der Zustimmung des Vollstreckungsgerichts[354]. In den Bundesländern Brandenburg, Bremen und Hamburg bestehen zur Gewährung von Vollzugslockerungen keine Zustimmungs- und/oder Anhörungserfordernisse.

In der Regel erfolgt die Gewährung eines Urlaubs ebenfalls gestaffelt. Es wird mit einer kurzen Erprobung von 1 bis 2 Tagen begonnen. Im Bewährungsfall werden Anzahl und Dauer der Urlaube erhöht.

---

[352] Siehe hierzu Volckart, Maßregelvollzug, S. 125.

[353] Wenn schon im Bereich der Gesetzgebung eine Vermischung von Strafe und Maßregel zu finden ist, so verwundert diese in der der öffentlichen Diskussion kaum noch. In einem einheitlichen Behandlungsvollzug im Sinne der Zweispurigkeit im weiteren Sinn bestünde diese Problematik zumindest nicht.

[354] Die Zustimmung des Vollstreckungsgerichts erscheint problematisch, da dieses auch zur Überprüfung von Vollstreckungsentscheidungen der Unterbringungseinrichtung angerufen wird.

Zum Zeitpunkt der Untersuchung hatte sich folgende Anzahl von Patientinnen bereits mindestens einmal für mindestens 24 Stunden außerhalb der Unterbringungseinrichtung „im Urlaub" befunden:

Tabelle 64: durchgeführter Urlaub.

	§ 63 StGB		**§ 64 StGB**	
	Anzahl	%	Anzahl	%
ja	26	**24,1**	10	**32,2**
nein	82	**75,9**	21	**67,7**
Gesamt	108	100,0	31	100,0

(Chi²-Test: $\chi^2 = 0{,}84$; n.s.)

Wie sehr diese Urlaube als Behandlungsmaßnahmen zu verstehen sind, ergab sich aus der in den Patientinnenakten dokumentierten Vorbereitung dieser Termine. Alle Beurlaubungen waren neben der zeitlichen Beschränkung auch örtlich, oft auch inhaltlich begrenzt. Die Unterbringungseinrichtungen planten genau, wo die Patientin den Urlaub verbringen, mit wem sie Kontakt haben würden, und untersagten im Regelfall auch bestimmte Verhaltensweisen (Genuß von Alkohol und Drogen, Vermeidung von bestimmten Plätzen und Personen). Bei längeren Beurlaubungen ging es häufig um die Reintegration in Familie und Entlassungsumfeld, es waren den Patientinnen konkrete Aufgaben (Behördengänge, Vorstellungsgespräche) gestellt oder eine Selbständigkeit in Form einer Selbstversorgung außerhalb der Einrichtung (Lebenstraining) gefordert. Die beurlaubten Patientinnen wurden von den Behandlern eng kontrolliert und betreut. Einen klassischen Urlaubscharakter hatten diese Maßnahmen – entgegen dem allgemeinen Wortverständnis – somit nicht.

e) Hospitalisierungsschäden

Ausgehend von dem Wiedereingliederungsgebot und der Verpflichtung, den untergebrachten, schuldlos handelnden Menschen so lang wie nötig aber so kurz wie möglich die Freiheit zu entziehen, müssen schädliche Folgen des Freiheitsentzugs vermieden werden.[355] Dies gilt um so mehr, wenn die schädlichen Folgen der Unterbringung als ursächlich für deren Verlängerung anzusehen sind.

---

[355] In seiner Entscheidung zur lebenslangen Freiheitsstrafe hat das Bundesverfassungsgericht dem Staat ausdrücklich die Pflicht aufgetragen, Maßnahmen gegen Hospitalisierungsschäden zu ergreifen; BVerfGE 45, 187, 240. Was für die lebenslange Freiheitsstrafe gilt, muß für eine schuldunabhängige Maßregel besonders beachtet werden.

In einem Fall fand sich eine Patientin, die zum Erhebungszeitpunkt seit 65 Monaten wegen einer versuchten gefährlichen Körperverletzung untergebracht war. Eine Betreuung der Patientin bestand bereits seit Mitte der siebziger Jahre. Die Patientin war aufgrund immer wiederkehrender Wahnvorstellungen vermehrt in Allgemeinpsychiatrien untergebracht, hatte aber auch immer wieder allein in einer eigenen Wohnung gewohnt. Nach der Tat im Zusammenhang mit einer Wahnvorstellung war die Patientin im Maßregelvollzug untergebracht und medikamentös behandelt worden. Aus Sicht der Unterbringungseinrichtung wäre die Verlegung der Patientin aus der Maßregel - prospektiv in eine Heimeinrichtung - bereits mehrere Monate vor dem Zeitpunkt der Einsichtnahme in die Akten denkbar gewesen. Auch die Strafvollstreckungskammer hielt eine Verlegung der Patientin zu diesem Zeitpunkt für möglich. Zu einer solchen Verlegung der Patientin kam es jedoch nicht, da diese auf den Vorschlag verlegt zu werden, mit einer völligen Verstörung reagierte und es zu einem schweren medikamentös nicht abzufangenden Krankheitsrückfall kam. Die Patientin hatte sich zu diesem Zeitpunkt derart an das Leben in der Maßregel gewöhnt, dass eine Entlassung aus dieser ohne Verschlimmerung der psychischen Krankheit nicht möglich war. Auch führte der Krankheitsrückfall dazu, dass die zukünftige Heimeinrichtung nicht bereit war, die Patientin aufzunehmen. Diese blieb weiterhin in der Maßregel untergebracht; eine Veränderung war nicht absehbar.

Ein weiteres Beispiel zeigt, welche Folgen eine dauerhaft geschlossene Unterbringung haben, d.h. wie sich der Vollzug ohne Gewährung von frühzeitigen Lockerungen auswirken kann.

Die Patientin war in einer geschlossenen Station der Allgemeinpsychiatrie untergebracht. Aufgrund der zunächst aus Sicherheitsgründen erforderlichen Unterbringung ohne Lockerungen war die Patientin mehrere Monate 24 Stunden täglich auf dieser Station. Zum Untersuchungszeitpunkt erfolgten begleitete Ausgänge im Verhältnis 1:1. Aufgrund der Personalintensität eines solchen 1:1 Ausgangs erfolgte diese Lockerungsmaßnahme jedoch nur einmal wöchentlich, was die Patientin sehr unzufrieden machte und sie daher die Behandler täglich um weitere 1:1 Ausgänge bat. Diese konnten aufgrund der allgemeinen Arbeitsbelastung in dieser Einrichtung nicht regelmäßig ermöglicht werden, teilweise erfolgten weitere Ausgänge in der Freizeit der Behandler. Eine Gewährung weiterer Lockerungen, z.B. Einzelausgang innerhalb der Klinik, war aus zweierlei Gründen nicht möglich. Zum einen verfügte die Klinik lediglich über ein offenes Parkgelände, zum anderen waren bei der Patientin während der Unterbringung vermehrt Selbstgefährdungen in der Weise aufgetreten, dass diese alle ihr zur Verfügung stehenden Metallgegenstände schluckte. Diese sehr massiv auftretenden und teilweise lebensbedrohlichen, selbstzerstörerischen Verhaltensweisen stellten sich nach Auskunft des Behandlers jedoch weniger als Ausdruck der psychischen Krankheit denn als Reaktion auf die unzureichende Lockerungssituation dar. Auch in diesem Fall war eine Verlegung – hier in eine andere Maßregeleinrichtung – nicht möglich, da auch bei dieser Patientin bereits die Option eines Ortswechsels eine sofortige Dekompensation des Zustands ausgelöst hatte.

In einem weiteren Fall hatte ein im Strafvollzug erworbener Hospitalisierungsschaden zu der Maßregelunterbringung einer Patientin geführt.

Die alkoholabhängige Patientin war bereits mehrfach vor der aktuellen Maßregelunterbringung wegen Delikten der Beschaffungskriminalität in Strafhaft gewesen und wollte nach der Entlassung aus der letzten Strafhaft eine Therapie beginnen. Zum Entlassungszeitpunkt wurde sie jedoch in keiner Therapieeinrichtung aufgenommen, sondern in einer Pension untergebracht.[356] Nach der aus der Unterbringungsakte entnehmbaren eigenen Aussage der Patientin kam diese mit der Welt außerhalb der Justizvollzugsanstalt nicht zurecht und versuchte in der Folge alles, um erneut inhaftiert zu werden. Zunächst rief sie in der Justizvollzugsanstalt an und drohte mit Straftaten, danach kaufte sie sich eine Gaspistole und bedrohte einen Passanten, der die Patientin jedoch lediglich wegstieß. Auch der Versuch, sich eine Injektionsnadel in den Arm zu stechen, um als Drogenabhängige aufgegriffen zu werden, blieb erfolg- und reaktionslos. Sodann besorgte sich die Patientin ein Messer, bedrohte damit eine Ausländerin und versuchte so, die Herausgabe von Geld zu erreichen. Die Ausländerin verstand jedoch nicht, was von ihr verlangt wurde, und reagierte nicht. Daraufhin wurde sie von der Patientin niedergestochen. Erst nach der Begehung dieser Tat erfolgte der Aufgriff und die spätere Unterbringung der Patientin.

Diese Extrembeispiele machen deutlich, wie notwendig die frühzeitige, fortwährende und häufige Gewährung von Lockerungen und die langsame Gewöhnung an ein Leben außerhalb einer Maßregelvollzugs- oder auch Strafvollzugseinrichtung auf dem Weg zu einer erfolgreichen Entlassung sind und welche unerwünschten Dauerfolgen die fehlende Reintegration untergebrachter Personen haben kann.

11. Außenkontakte

Tragfähige, stabilisierende Außenkontakte stellen ebenfalls einen wichtigen Bestandteil einer erfolgreichen Behandlung und eine wichtige Voraussetzung der späteren Entlassung dar. Ein vorrangiges Ziel der Unterbringung muß daher darin liegen, die sozialen Kontakte der Maßregelpatienten zu vertrauten Personen außerhalb der Einrichtung aufrechtzuerhalten, zu fördern und zu stärken. Bei isoliert lebenden Patienten kommt es darauf an, nach Möglichkeit

[356] Dieser Fall macht deutlich, dass auch nach einer Justizvollzugsunterbringung adäquate Empfangsräume fehlen und erneute Unterbringungen begünstigen. Dies konnte bereits bei den Widerrufsunterbringungen festgestellt werden.

solche Kontakte zur Außenwelt zu schaffen, die eine planvolle Reintegration nach der Entlassung erleichtern.

Die Außenkontakte der Patientinnen stellten sich wie folgt dar:

Tabelle 65: Außenkontakte der Patientinnen.

	§ 63 StGB		§ 64 StGB	
	Anzahl	%	Anzahl	%
brieflich oder telefonisch	18	**16,7**	8	**25,8**
Besuch	71	**65,7**	19	**61,3**
keine	19	**17,6**	4	**12,9**
Gesamt	108	100,0	31	100,0

(Chi²-Test: $\chi^2 = 1{,}47$; n.s.)

Unter der Rubrik „Besuch“ wurden alle Besuche innerhalb der letzten 6 Monate vor dem Untersuchungszeitpunkt aufgenommen. Hierbei war der Umstand, ob es sich um einen einmaligen Besuch oder um mehrfache Besuche gehandelt hatte, nicht von Bedeutung, auch die Regelmäßigkeit und Dauer der Besuche spielte keine Rolle.

Der Anteil von Patientinnen mit Besuchskontakt von 65,7% weist gegenüber der Studie von LEYGRAF mit 59,1% männlicher Patienten mit Besuchskontakt eine leichte Erhöhung auf, ist jedoch dennoch als niedrig zu bezeichnen. Bedenkt man, dass schon ein einmaliger Besuch innerhalb der letzten 6 Monate ausreichte, um als „Patientin mit Besuchskontakt“ zu gelten, erscheint die Besuchssituation dürftig.

Bezüglich der Patientinnen ohne Besuchskontakt ist jedoch zu bemerken, dass die Ursache für fehlende Besuche nicht zwingend in fehlendem Kontakt zur Außenwelt zu sehen war, sondern teilweise auch die weite Entfernung zwischen Unterbringungseinrichtung und Wohnort der Besucher und/oder die schlechte Anbindung der Kliniken Besuche erschwerten oder unmöglich machten. In diesen Fällen stellten sich die fehlenden Besuchskontakte nicht als fehlender Empfangsraum außerhalb der Einrichtung für den Fall der Lockerung und der Entlassung dar, sondern waren als situationsbedingt zu verstehen.

Keinen Kontakt zur Außenwelt hatten 17,6% der nach § 63 StGB und 12,9% der nach § 64 StGB untergebrachten Patientinnen. Bei der besonderen Bedeutung solcher Kontakte erscheint die absolut gesehen geringe Zahl von Patientinnen ohne Außenkontakte dennoch unbefriedigend.

12. Entlassung

Zur Frage der Entlassung von Patientinnen des Maßregelvollzugs können nur einzelne mit der Entlassung zusammenhängende Aspekte aufgegriffen werden, da sich die an der Erhebung teilnehmenden Patientinnen zum Untersuchungszeitpunkt noch in der Unterbringungseinrichtung befanden.

a) Dauer der aktuellen Unterbringung

Die Dauer der Unterbringung bis zum Zeitpunkt der Untersuchung fiel bei den beiden Patientinnengruppen sehr unterschiedlich aus. Ausgehend von der durch § 67 d Abs.1 StGB auf zwei Jahre beschränkten Unterbringungsdauer bei nach § 64 StGB untergebrachten Patientinnen und der Unbeschränktheit der Dauer bei nach § 63 StGB untergebrachten Patientinnen war dieser Unterschied erwartet worden.

Tabelle 66: Bisherige Unterbringungsdauer in Monaten.

	§ 63 StGB	**§ 64 StGB**
Mittelwert	**27,9**	**11,2**
Standardabweichung	23,5	8,7
Median	20	8
Minimum	0	1
Maximum	138	38
Gesamtwert	108	31

(U-Test; Z = -4,409; $p \leq 0,001$)

Die Maximaldauer von 38 Monaten bei einer nach § 64 StGB untergebrachten Patientin verwundert zunächst angesichts der Höchstfrist von 2 Jahren. Gemäß § 67d Abs.1 S. 3 ist jedoch bei gleichzeitigem Ausspruch einer Freiheitsstrafe neben einer Maßregel und dem Vorwegvollzug der Maßregel eine Höchstfristverlängerung um die Dauer der Freiheitsstrafe, soweit die Zeit des Vollzugs der Maßregel auf die Strafe angerechnet wird, möglich.[357]

Bei der betreffenden Patientin war neben der Unterbringung in einer Entziehungsanstalt eine Haftstrafe von 48 Monaten ausgesprochen und der Vorwegvollzug der Maßregel angeordnet worden, so dass eine die Dauer von 24 Monaten überschreitende Unterbringungszeit rechtlich zulässig war.

Im übrigen ist die Maximaldauer einer § 63 StGB Unterbringung von 138 Monaten auffällig. In diesem Fall handelte es sich um eine Patientin mit einer chronisch schizophrenen Psychose. Diese Patientin hatte sich nach der Tötung des Ehemanns bereits von 1972 bis 1984 in einer Maßregel befunden. Diese wurde 1984 zur Bewährung ausgesetzt, nach Verweigerung der Medikation und einem Krankheitsrückfall 1987 jedoch weiter vollstreckt. Seit 1987 ist die

---

[357] Zur umstrittenen Berechnung der Verlängerung der Höchstfrist siehe, OLG Frankfurt, NStZ 1993, 453; OLG Hamm, StV 1995, 89.

Patientin wieder untergebracht. In dieser Unterbringung kam es zu Tätlichkeiten gegenüber dem Personal und auch vermehrt zu Selbstgefährdungen der Patientin. Daher war trotz der bereits lang andauernden Unterbringung nicht mit einer baldigen Entlassung der Patientin zu rechnen.

Diese langen Unterbringungszeiten stellten im Rahmen der Untersuchung jedoch die Ausnahme dar, was sich daran zeigt, dass der von „Ausreißern" unabhängige Zentralwert (Median) eine bisherige Unterbringungsdauer der nach § 63 StGB Patientinnen von 20 und der nach § 64 StGB untergebrachten Patientinnen von 8 Monaten aufweist.

Damit unterscheidet sich der Median der weiblichen § 63 StGB Maßregelpatienten eindeutig von den männlichen. LEYGRAF fand in seiner Untersuchung einen Zentralwert von 3,8 Jahren, mithin einen Wert von über 45 Monaten.

Diese Unterschiede lassen, trotz nicht erhebbarer Unterbringungsdauer bis zur Entlassung, den Schluß zu, dass die weiblichen Unterbringungszeiten im Maßregelvollzug wesentlich kürzer als die der männlichen Maßregelvollzugspatienten sind. Da nicht davon auszugehen ist, dass psychische Krankheiten bei Frauen doppelt so schnell behandelbar sind, als es bei männlichen Patienten mit psychischen Krankheiten der Fall ist, läßt die wesentlich kürzere (bisherige) Unterbringungsdauer den weiteren Schluß zu, dass es sich aus der Sicht der Unterbringungseinrichtungen, der Strafvollstreckungsbehörden und der Strafvollstreckungskammern um eine Patientengruppe handelt, deren Gefährdung der Allgemeinheit in großer Zahl mit milderen Mitteln als dem der dauerhaften Unterbringung unter Kontrolle gehalten werden kann.

Ob sich diese Einschätzung auch im Wandel der Terminologie der Entlassungsvoraussetzungen aus der Maßregel fortsetzt oder ob aufgrund des im Jahr 1998 vor dem Hintergrund des Gesetzes zur Bekämpfung der Sexualdelikte geänderten Wortlauts des § 67 d Abs.2 StGB an der Unterbringungsdauer der - für bis dahin für weniger gefährlich gehaltenen - Patientinnen eine Veränderung in Form einer Verlängerung der Unterbringungszeiten eintritt, bleibt abzuwarten. Fände eine solche Verlängerung auch in der Patientinnenklientel keine Rechtfertigung, so erscheint doch die Hoffnung einer differenzierten Lösung gering. Denn so wie die Verschärfung des Gesetzeswortlauts von „sobald verantwortet werden kann zu erproben" in „wenn zu erwarten ist" aufgrund von spektakulären Einzelfällen im Bereich der Sexualdelikte alle Maßregelpatienten trifft, so wird sich vermutlich eine restriktivere Entlassungspraxis auch auf die Unterbringungsdauer von weiblichen Untergebrachten auswirken, obwohl diese – wie aufgeführt – weniger gefährlich sind.

b) Strafvollstreckungskammer

Im Zusammenhang mit der Entlassung von Patientinnen aus dem Maßregelvollzug muß ein Aspekt angesprochen werden, der sich im Rahmen der Erhebungen vermehrt zeigte und mit den von den Strafvollstreckungskammern durchgeführten Anhörungsterminen zusammenhing.

Anhörungstermine der Strafvollstreckungskammer finden sich unter anderem im Zusammenhang mit der weiteren Vollstreckung der Maßregel. Die Mindesthäufigkeit der Überprüfung der weiteren Vollstreckung richtet sich nach der Art der Maßregel: eine Überprüfung der Vollstreckung einer Maßregel nach § 64 StGB hat alle 6 Monate, die einer Maßregel nach § 63 StGB jährlich zu erfolgen, eine Verkürzung der Frist ist möglich (§ 67 e StGB).[358] Die Entscheidung der weiteren Vollstreckung oder der Aussetzung der Vollstreckung zur Bewährung erfolgt gemäß §§ 463, 454, 462a StPO durch Beschluß. Vor Beschlußfassung ist der Untergebrachte mündlich zu hören.

Dieser mündliche Anhörungstermin wurde im Laufe der Untersuchung mehrfach als überaus problematisch, seine Handhabung und die Art der Vorgehensweise als für die Patientinnen belastend beschrieben.

Es wurde von mehreren Kliniken beschrieben, dass die Patienten dem Anhörungstermin der Strafvollstreckungskammer eine hohe Bedeutung zugemessen wurde, die Patientinnen diesem Termin mit großer Erwartung entgegen sahen. Es wurde berichtet, dass Patientinnen dem Anhörungstermin teilweise wochenlang entgegengefiebert hätten, dass sich die Euphorie der Patientinnen auch nicht durch die Behandler hätte bremsen lassen, dass alle Bedenken zur Seite geschoben worden seien.

Vielfach habe sich der tatsächliche Termin als große Enttäuschung heraus gestellt, welche nach Auskunft verschiedener Behandler fast traumatisierend wirkte. Dabei hatte der „Schock" über den Verlauf des Anhörungstermins weniger mit der darauffolgenden Entscheidung – der weiteren Unterbringung – zu tun, denn auf diese hatten die Behandler die Patientinnen bedingt vorbereiten können, sondern hatte seinen Ursprung in dem Ablauf des Termins.

Der seit Wochen erwartete Anhörungstermin stellte sich in der Realität für die Patientinnen als reiner Formalakt dar, als ein Prozeß, auf den sie unerwartet nicht hatten Einfluß nehmen können. Die Patientinnen hatten erwartet, dass ihnen ein klinikexternes und entscheidungsbefugtes Gremium zuhören werde und sie die Möglichkeit haben würden, ihre Position und Ansichten der Strafvollstreckungskammer darzulegen.

Diese Hoffnung der Patientinnen - und um mehr als die Darlegung der eigenen Sichtweise und des „Sichverstandenfühlens" ging es in vielen Fällen gar nicht -

---

[358] Zur Problematik dieser Fristen siehe Volckart, Maßregelvollzug, S. 19.

wurde nicht erfüllt. Der lang ersehnte Anhörungstermin dauerte entweder nur wenige Minuten, oder die Patientin erhielt zwar die Gelegenheit zur Äußerung, für die Darlegung eigener Vorstellungen und Sichtweisen blieb jedoch kein Raum.

Es wurde berichtet, eine Patientin hätte nur kurze Ausführungen machen dürfen und sei immer wieder gebeten worden, nur zur konkreten Frage Stellung zu nehmen. Im Hinblick auf die Arbeitsbelastung der Gerichte und bestehenden Zeitdruck ist diese Beschränkung verständlich, für die Patientin war der Termin jedoch unbefriedigend, sie fühlte sich unverstanden. Gerade bei psychisch vorbelasteten Personen sollten doch die Gründe der rationalen Arbeitsweise zurückstehen und diesen Gelegenheit gegeben werden, in Ruhe und mit den der Patientin zur Verfügung stehenden Mittel die eigenen Vorstellungen darzulegen. Mag dies auch manchmal zeitlich mehr Raum in Anspruch nehmen als bei anderen Personen, so sollte diese Zeit investiert werden, um diese Patienten nicht mit dem Gefühl zurückzulassen, in „ihrem“ Anhörungstermin nicht wirklich angehört worden zu sein.

In einem weiteren Fall wurde beschrieben, dass sich die Strafvollstreckungskammer ausschließlich über die erbeten anwesende Therapeutin mit der Patientin unterhielt, die Patientin vom Gericht nicht direkt angesprochen wurde. Auch die Intervention der Therapeutin änderte am Verhalten des Gerichts nichts. Im Ergebnis beschrieben sowohl die Patientin als auch die Therapeutin den Anhörungstermin als demütigend.

Auch die Anwesenheit eines Verteidigers ist kein Garant für einen besseren Ablauf des Anhörungstermins. Dennoch wird die Anwesenheit eines im Vollstreckungs- und Vollzugsrecht kundigen Verteidigers - trotz der noch zu schildernden Fälle - als eine der wichtigsten Voraussetzungen des Anhörungstermins gesehen.[359] Denn der Verteidiger hat im Anhörungstermin die Aufgabe, diejenigen Umstände deutlich zu machen, die dem Patienten positiv anzurechnen sind und die sich aus dem Prognosegutachten nicht ergeben. Voraussetzung hierfür ist die Kenntnis der Krankenakte des Patienten und des erstellten Prognosegutachtens. Dabei ist zu erwarten, dass der Anwalt die Vorstellungen und Wünsche des Patienten sowie die Einschätzung des behandelnden Therapeuten kennt. So informiert kann der Verteidiger im Anhörungstermin einen wichtigen Beitrag zur gerichtlichen Entscheidungsfindung aus Sicht der Klinik und der Patientin leisten.[360]

---

[359] Tondorf, Möglichkeiten und Schwierigkeiten anwaltlicher Vertretung von Mandanten im Maßregelvollzug, in: Blau/Kammeier, Straftäter in der Psychiatrie, S. 121, 125 ff.; Hohlfeld in KrimJ 1985, 92.

[360] Zur Problematik der geringen gesetzlichen Gebühren des Pflichtverteidigers, siehe Volckart, Maßregelvollzug, S. 242.

In einem Fall wurde allerdings die Anwesenheit des Verteidigers als zusätzliche Belastung beschrieben. Zunächst war der Verteidiger nicht vor dem Anhörungstermin erschienen, um mit der Patientin zu sprechen, sondern diese begegneten sich 10 Minuten vor Beginn des Termins erstmalig. Der Verteidiger hatte von den Erwartungen und Wünschen der Patientin keine Kenntnis, zu einer Kurzbesprechung vor dem Termin bat er einen Stationspfleger hinzu. Laut Aussage des Pflegers war dem Verteidiger sichtlich anzumerken, dass er sich gegenüber der Patientin unwohl fühlte, er dieser mit einer gewissen Skepsis oder gar Angst entgegentrat. Das Verhalten des „eigenen Anwalts" sei auch der Patientin nicht verborgen geblieben. Eine solche Abwehrhaltung des Anwalts fördert das Vertrauensverhältnis zwischen Patientin und Anwalt nicht und macht seine Handlungen für die Patientin weniger glaubhaft.

Weiterhin wurde von einem Verteidiger berichtet, der die ihm bisher fremde Patientin permanent duzte, während er bei alle anderen Beteiligten die üblichen Umgangsformen wahrte. Diese an sich nur unter Freunden, nach Vereinbarung oder zu Kindern übliche Verhaltensweise sollte bei einer fremden erwachsenen Person unterlassen werden. Die psychische Krankheit der Patientin stellt keinen Grund zur Überschreitung dieser Grenze dar, sie sollte respektiert und beachtet werden.

Aus Gesprächen mit Therapeuten war zu erfahren, dass der Ablauf einiger Anhörungstermine einer mehrwöchigen therapeutischen Nachbereitung bedurfte, in der der eigentliche Behandlungsauftrag vor dem Hintergrund des aktuell erlebten Termins zurücktreten mußte. Es kann jedoch nicht Sinn der Maßregelunterbringung sein, wochenlang die Folgen einer unreflektierten Behandlung der Patientin von institutioneller oder justizieller Seite zu therapieren, während die eigentliche Therapie hintenansteht.

Besonders betont werden soll an dieser Stelle, dass im Laufe der Gespräche nicht der Eindruck entstand, das Gericht oder der Verteidiger hätten diese Auswirkungen bei den Patientinnen hervorrufen wollen oder hätten diese gar beabsichtigt. Es wird viel eher vermutet, dass die Ursachen dieser Handhabung in der Überlastung der Beteiligten, der allgemein üblichen Vorgehensweisen, der fehlenden Bewußtmachung der Bedeutung des Termins für die Patientin, den Folgen und Auswirkungen des Termins, aber zu großen Teilen auch in einer Verunsicherung gegenüber einem psychisch kranken Menschen zu finden sind.

Vor diesem Hintergrund sind bereichsspezifische (Strafvollstreckungskammern und Verteidiger), interdisziplinäre Schulungen notwendig. Allein mit der Bewußtmachung der sich aus der Anhörungssituation für Patient und Klinik ergebenden Situation erscheint schon einiges gewonnen, darüber hinaus gehende Fortbildungsmaßnahmen wären zu begrüßen.

c) ambulante Nachsorge

Mehrfach wurde die fehlende Möglichkeit einer ambulanten Nachsorge bemängelt.

Dieses Problem fand sich fast ausschließlich in Einrichtungen, die nicht an eine Allgemeinpsychiatrie angegliedert waren, sondern nur Maßregelpatienten untergebracht hatten.[361] Während in Kliniken der Allgemeinpsychiatrie in der Regel Ambulanzen zu finden waren, gab es diese Möglichkeiten in den Spezialeinrichtungen häufig nicht. Diese Patienten hatten keine Möglichkeit in der ehemaligen Unterbringungseinrichtung kurzfristig aufgenommen oder ambulant behandelt zu werden.

Wenn auch nicht alle Maßregelpatienten einer speziellen Nachbetreuung durch die Unterbringungseinrichtung bedürfen, so erreichen doch die regulären Nachsorgeeinrichtungen zum Teil auch solche Patienten nicht, für die eine Nachsorge notwendig wäre. Verschiedene Untersuchungen haben gezeigt, dass ganzen Gruppen von Maßregelpatienten eine notwendige Nachbetreuung versagt bleibt oder diese sich der notwendigen Nachsorge entziehen können.[362]

Wenden sich diese ehemaligen Patienten in Problem- und Notsituationen nun direkt an die frühere Unterbringungseinrichtung, stellt sich die Situation für die Behandler als äußerst schwierig dar. Den vormals betreuenden Therapeuten ist es nicht möglich, den entlassenen Patienten von institutioneller Seite Hilfe zuteil werden zu lassen.

Die Patienten an zuständige andere Stellen (ambulante Einrichtungen) zu verweisen, stellt hierbei auch keine adäquate Maßnahme dar, da vielfach gerade das unter Umständen über Monate aufgebaute und damit besondere Vertrauensverhältnis zum ehemaligen Therapeuten die Patienten veranlaßt, dessen Hilfe in Anspruch zu nehmen, während unbekannte Einrichtungen und externe Hilfe abgelehnt werden. Den Behandlern bleibt in einem solchen Fall nur die Möglichkeit, die Patienten neben der Tätigkeit in der Einrichtung, quasi privat, zu versorgen oder die eigene Hilfe abzulehnen.

---

[361] Anders z.B. in Berlin, wo auch einer Maßregeleinrichtung eine Ambulanz angegliedert war.

[362] Dimmek/ Bargfrede, Modellprojekt, Ambulante Nachsorge für forensisch-psychiatrische Patienten im Rahmen der Beurlaubung und Entlassung auf Bewährung, Modellverbund Psychiatrie 49, Schriftenreihe des Bundesministeriums für Gesundheit 1996; Pelzer, Modellprojekt, Erprobung eines neuen Versorgungskonzepts durch eine mobile forensische Ambulanz, Modellverbund Psychiatrie 50, 1995; Warmuth, Drei Jahre forensisch-psychiatrische Ambulanz in West-Berlin, R&P 1990, 109. In der eigenen Untersuchung fand sich diese Feststellung auch an zwei Patientinnen mit Widerrufsunterbringungen bestätigt, diese hatten aufgrund ihrer Situation außerhalb des Maßregelvollzugs den Widerruf der Maßregel und damit die erneute Unterbringung in einer Maßregeleinrichtung provoziert.

Es ist durchaus typisch, dass Patienten, deren Zustand sich verschlechtert, Hilfe bei ihrem früheren Therapeuten suchen, aber Hilfe von jeder anderen Seite ablehnen. Diese unbefriedigende und unter Umständen auch gefährliche Situation könnte durch die Schaffung von kurzfristigen Aufnahmeplätzen oder ambulanten Behandlungsmöglichkeiten in der vertrauten Klinik abgefangen und zur Zufriedenheit von Patient und Behandler gelöst werden. In der Praxis könnte die ambulante Nachbetreuung oder die erneut einsetzende Betreuung direkt im Zusammenhang mit der Entlassung angeboten werden. Die Therapeuten müßten bereits konzeptionell einen gewissen Anteil für die ambulante Behandlung ehemaliger Patienten reservieren können und damit schnellstmöglich eine Eingriffsmöglichkeit und –legitimation haben.

Nicht zuletzt würde auch die Sicherheit der Allgemeinheit erhöht, wenn mögliche Risiken frühzeitig abgefangen und Patienten vor der Begehung einer erneuten krankheitsbedingten Straftat in der ehemaligen Unterbringungseinrichtung komplikationslos aufgenommen oder von dem früheren Behandler ambulant betreut werden könnten.

Sinnvoll wäre in diesem Zusammenhang die Normierung einer gesetzlichen Verpflichtung der Kliniken zur Aufnahme von ehemaligen Patienten in Krisensituationen sowie die generelle Verpflichtung der Kliniken zur ambulanten Nachsorge.[363] Die gesetzliche Verpflichtung zur Übernahme der Nachbetreuung hätte nicht nur für die Patienten den Vorteil einer gesicherten ambulanten Versorgung, sondern aus dem gesetzlichen Auftrag ließen sich auch personelle Forderungen der Kliniken ableiten.

---

[363] Nach der Novellierung des Maßregelvollzugsgesetzes in NRW besteht nach § 1 III MRVG-NRW eine Verpflichtung der Kliniken zur Aufnahme im Krisenfall, an einer generellen Nachsorgeverpflichtung fehlt es indes.

D. Zusammenfassung

I. Vergleichsuntersuchungen

Bei der zusammenfassenden Darstellung der gefundenen Unterschiede werden, um eine Wiederholung der gesamten Ergebnisse zu vermeiden, nur deutliche und wichtige Unterschiede zwischen den beiden Gruppen (§ 63 StGB und § 64 StGB Patientinnen – weibliche und männliche Patienten) erneut aufgegriffen. Bei der Auswahl spielte die statistische Signifikanz eine untergeordnete Rolle, da eine Reihe von statistischen Tests aufgrund der geringen Fallzahl nicht mit den geforderten Prämissen durchgeführt werden konnten.

1. Unterschiede zwischen § 63 StGB und § 64 StGB Patientinnen

Bei dem Vergleich der nach § 63 StGB und § 64 StGB untergebrachten Frauen konnte festgestellt werden, dass die Unterschiede wesentlich geringer ausfielen, als im Vorfeld der Untersuchung erwartet worden war. Zu diesem Zeitpunkt war davon ausgegangen worden, dass die unterschiedlichen Unterbringungsnormen zwei völlig getrennt zu betrachtende Personengruppen behandeln, deren Problem entweder im Bereich der psychischen Krankheit mit den Folgen des § 63 StGB oder im Bereich der Sucht mit den Folgen des § 64 StGB zu finden seien. Bereits bei der Aktenanalyse mußte diese Annahme jedoch revidiert werden. Es stellte sich heraus, dass sowohl Patientinnen der § 63 StGB Gruppe zu einem Großteil einen starken Gebrauch von Suchtmitteln (Alkohol, Medikamente, Drogen) zeigten, als auch bei den Patientinnen der § 64 StGB Gruppe psychische Störungen vorlagen, ohne dass diese im Ausmaß als krankheitswertig eingestuft wurden und diagnostisch als Krankheit Einzug in die Akten fanden. Vielmehr entstand beim Studium der Patientinnenakten der Eindruck, als habe sich der „Besserungsschwerpunkt" zufällig gebildet, in einem Fall zu Lasten der psychischen Störung, im anderen zu Lasten einer Sucht.[364]

Deutliche Unterschiede zwischen den nach § 63 StGB und nach § 64 StGB untergebrachten Frauen fanden sich in den Bereichen der besuchten Schulform, des Intelligenzquotienten, der stationären Vorbehandlung, der Suizide, der Vordelinquenz, des Orts der Gutachtenerstattung, des Gutachtentatbestandsmerkmals, des Spruchkörpers, der Schuldfähigkeit, der gleichzeitig verhängten Haftstrafe, der Unterbringungszeiten in Untersuchungs-

---

[364] Experimentell wäre nach der Erfassung der Patientinnendaten unter Berücksichtigung der Lebens-, Krankheits- und Deliktsgeschichte von Patientinnen mit psychischen Problemen einerseits und einem starken Suchtmittelgebrauch auf der anderen Seite unter hypothetischer Unkenntnis der Unterbringungsnorm eine Zuordnung zu einer solchen nicht definitiv möglich gewesen.

haft und der einstweiligen Unterbringung, der Unterbringungsdelikte, der Unterbringungsprimärdiagnosen, der medikamentösen Behandlung, der Arbeits- und Beschäftigungsmaßnahmen und der Unterbringungszeiten zum Zeitpunkt der Untersuchung. Die ebenfalls vorliegenden Unterschiede der Unterbringungseinrichtung ergeben sich zwangsläufig aus der Unterbringungsnorm und sind daher nicht einzubeziehen.

Die Anzahl der relevanten Unterschiede läßt zwar erneut vermuten, dass es sich um sehr unterschiedliche Patientinnengruppen handelt. Betrachtet man die Unterschiede jedoch genauer, ist zum einen festzustellen, dass diese sich zum Großteil wechselseitig bedingten, so dass bereits das Vorliegen von nur einem Unterschied Folgen für alle anderen Ergebnisse hatte.

So fanden sich zum Beispiel im Bereich der Primärdiagnosen bei den nach § 63 StGB untergebrachten Patientinnen 12,0% Frauen mit einer geistigen Behinderung, während sich eine solche Diagnose bei keiner der § 64 StGB Patientinnen fand. Die geistig behinderten Patientinnen zeigten folglich ihre Wirkung auch im Bereich der besuchten Schulform, des Intelligenzquotienten, der Schuldfähigkeit und damit einhergehend im Bereich des Orts der Gutachtenerstattung, der einstweiligen Unterbringung in Untersuchungshaft bzw. nach § 126a StPO und bei der gleichzeitigen Verhängung einer Haftstrafe.

Ebenso bedingten sich Exkulpationsgrad, gleichzeitig verhängte Haftstrafe und Unterbringungsdauer.

Zum anderen ergaben sich Unterschiede dieser beiden Gruppen auch aus dem Sachzusammenhang.

Naturgemäß lag bei den in einer Entziehungsanstalt untergebrachten Patientinnen eine höhere Anzahl von primären Suchterkrankungen vor, als es bei den § 63 StGB Patientinnen der Fall war. Ebenso erklärt sich die Abweichung bei den Vor- und Unterbringungsdelikten, diese wiesen eine höhere Anzahl von Verstößen gegen das Betäubungsmittelgesetz und typischen Beschaffungskriminalitätstaten auf.

Vor diesem Hintergrund ist die Anzahl der Unterschiede zu sehen. Der große Unterschied innerhalb der Patientinnengruppen relativiert sich und erfährt durch die Vielzahl der übrigen Ergebnisse der Untersuchung, welche keine bedeutenden Abweichungen aufweisen, Unterstützung. Daher ist zusammenfassend festzustellen, dass es den Typus einer „typischen § 63 StGB Patientin“ oder den einer „typischen § 64 StGB Patientin“ nicht gibt. Neben einigen Besonderheiten besteht vor allem eine große Schnittmenge zwischen diesen beiden Patientinnengruppen.

2. Unterschiede zwischen nach § 63 StGB untergebrachten Frauen und Männern

Der Vergleich zwischen männlichen und weiblichen Maßregelpatientinnen fällt deutlicher aus. Hier kann von tatsächlichen Unterschieden der Gruppen gesprochen werden.

Im einzelnen lassen sich Unterschiede zwischen diesen beiden Gruppen vor allem im Bereich des Familienstandes, der Kinderanzahl, der Sozialschicht, der Schulbildung, der ambulanten Vorbehandlung, der Vordelikte, der Aussetzung zur Bewährung zugleich mit der Anordnung der Maßregel, der Unterbringungsdelikte - besonders der Sexualdelikte - , der Tötungsdelikte im sozialen Nahraum, der medikamentösen Behandlung, der gewährten Vollzugslockerung sowie der Dauer der aktuellen Unterbringung feststellen.

Die ebenfalls deutlichen Unterschiede im Bereich der Unterbringungssituation sowie der Arbeits- und Beschäftigungsmöglichkeiten sind nicht auf eine Unterschiedlichkeit der beiden Gruppen zurückzuführen. Die für die Patientinnen bedeutsamen Unterschiede - teilweise katastrophale Unterbringungssituation, auf männliche Patienten zugeschnittene Aus- und Fortbildungsmöglichkeiten - sind vielmehr die Folge der Nichtwahrnehmung der Unterschiedlichkeit dieser Gruppe.

Zusammenfassend kann festgestellt werden, dass die Patientinnen insgesamt seltener ledig sind, mehr Kinder haben, eine höhere Schulbildung besitzen und einer höheren Sozialschicht entstammen als die männlichen Patienten. Zwar ist deren Situation lange nicht mit der der weiblichen Allgemeinbevölkerung zu vergleichen, entfernt sich jedoch von der extremen Randständigkeit der männlichen Patienten.

Auch die Behandlung erfolgt in einer anderen Weise. Zunächst ist eine verstärkte ambulante Behandlung bei Patientinnen zu finden. Während der Unterbringung selbst wird im Vergleich zur männlichen Kontrollgruppe verstärkt mit Psychopharmaka gearbeitet. Auffällig erscheinen zudem die Unterschiede in Bereichen, in denen Sicherheitsaspekte berührt sind, Bereiche, die etwas zur Gefährlichkeit der Maßregelpatientinnen für die Allgemeinheit aussagen. Hier sind sowohl die Vordelikte, die gleichzeitige Aussetzung der Maßregel zur Bewährung zugleich mit der Anordnung, die Unterbringungsdelikte, die Tatumstände von Tötungsdelikten, die Zahl der Vollzugslockerungen sowie die durchschnittliche, bisherige Unterbringungszeit zu nennen. Diese Bereiche sind als wesentlich – gerade im Hinblick auf die Öffentlichkeit – anzusehen und weichen von den männlichen Patienten deutlich ab.

Anders als bei dem Vergleich der § 63 und § 64 StGB Patientinnen liegt bei diesen Vergleichsgruppen jedoch eine Abweichung aufgrund des Sachzusammenhangs, d.h. die einer notwendigen Folge aufgrund unterschiedlicher

Unterbringungsnormen nicht vor. Auch ein sich notwendigerweise aus dem Geschlechtsunterschied ergebender Grund für die Unterschiede ist nicht ersichtlich.

Trotz der Gefahr der Verallgemeinerung und der Notwendigkeit sorgfältiger Prüfung im Einzelfall ist zusammenfassend doch eine sich deutlich von der männlichen Klientel zu unterscheidende Gruppe festzustellen. Insbesondere konnte anhand der Untersuchungsergebnisse die von den psychisch kranken Straftäterinnen ausgehende Gefahr für die Allgemeinheit in der Gesamtheit als geringer eingestuft werden. Eine unterschiedliche Betrachtung, insbesondere in Sicherheitsfragen, erfolgt jedoch nicht. Im Gegenteil mußte festgestellt werden, dass Frauen aufgrund ihrer Minderzahl und den undifferenzierten Sicherungsmaßnahmen teilweise schwere Nachteile erleiden.

II. Versuch einer Zusammenfassung der Gesamtsituation

Eine einheitliche Bewertung der Situation der in der Bundesrepublik Deutschland im Maßregelvollzug untergebrachten psychisch kranken Straftäterinnen ist nicht möglich. Zu vielschichtig sind die gewonnenen Erkenntnisse. Zu einseitig wäre eine Beschreibung, die als Ergebnis ein „gut" oder „schlecht", ein „rechtmäßig" oder „rechtswidrig", eben ein „schwarz" oder „weiß" der Maßregelunterbringung präsentieren würde. Die Gesamtsituation in einer solchen Weise darzustellen hieße entweder die positiven Ansätze in Behandlung und Unterbringung, insbesondere das hohe Engagements vieler im Maßregelvollzug tätigen Personen und deren tägliche Bemühungen, überzubewerten oder herunterzuspielen und gleiches mit den vorgefundenen Mißständen zu tun. Die Situation, über die sich durch den Besuch der 35 - unterschiedlichsten - Unterbringungseinrichtungen sowie der Aktenanalyse ein Bild gemacht werden konnte, stellt sich weder durchgehend als katastrophal noch als in irgendeiner Weise rosig dar.

Festgestellt werden kann indes, dass in manchen Bereichen höchster Handlungsbedarf besteht. Dieser besteht im Bereich der Unterbringung im Maßregelvollzug generell (Frauen und Männer). Anhand der Untersuchung konnte jedoch festgestellt werden, dass insbesondere auf die Unterbringung weiblicher Patientinnen der Blick verstärkt gerichtet werden muß. Die Notwendigkeit einer differenzierten Betrachtung dieser Minderheit wird aus der vorliegenden Arbeit deutlich. Die geringe Anzahl der Patientinnen darf nicht dazu führen, dass diese in der Summe der männlichen Patienten aufgehen. Es geht nicht an, dass alle für männliche Patienten getroffenen Regelungen zwangsläufig auch für weibliche Patienten Geltung finden. Vielmehr bedürfen die psychisch kranken Straftäterinnen einer eigenständigen Betrachtung, die ihrem nachgewiesenermaßen gegenüber Männern geringerem Sicherheitsrisiko Rechnung trägt und die auch den sich aus der Minderheit der Patientinnen ergebenden Besonderheiten gerecht wird.

Die aus diesen Feststellungen resultierenden Forderungen finden sich am Ende der Arbeit.

III. Stellungnahme zur Zweispurigkeit

Anhand der gefundenen Ergebnisse wurde über die Darstellung und Analyse hinaus ein Überdenken des zur Zeit in der Bundesrepublik bestehenden Systems von Strafen auf der einen und Maßregel auf der anderen Seite notwendig.

1. Zweispurigkeit im weiteren Sinn

In unterschiedlichen Zusammenhängen wurden die im geltenden Reaktionssystem bestehenden Probleme deutlich. Festzustellen ist, dass die für die Patientinnen zur Zeit bestehende Situation in einem einspurigen Behandlungssystem der sozialen Hilfen, also in einem einspurigen Maßregelsystem, nicht bestehen würden. Teilweise entspringen die bei den Patientinnen festgestellten Schwierigkeiten dem bestehenden Recht, teilweise sind sie jedoch nur Ausfluß der geringen Anzahl von Patientinnen. Ganz gleich welchen Ursprungs, eine für alle Frauen (und Männer) gleichermaßen geltende helfende Reaktion würde sowohl die aus dem Problem von Strafe und Maßregel als auch - durch die Zusammenfassung aller Frauen mit kriminellen Handlungen - die der aus der Minderheit der Patientinnen resultierenden Probleme lösen. Die in der vorliegenden Arbeit angesprochenen Probleme der:

- möglichen Versagung des Heilzwecks einer Maßregel nach § 64 StGB aufgrund einer zum Zeitpunkt der Hauptverhandlung angenommenen „nicht hinreichend konkreten Erfolgsaussicht“[365],
- eines möglichen „Übersehens“ der Behandlungsbedürftigkeit von Ausländerinnen[366],
- die Patienten durch die der Anordnung einer Maßregel (allein oder neben einer Strafe) innewohnenden Stigmatisierung[367],
- Ausgrenzung durch Mitpatienten und deren Angehörigen in der Allgemeinpsychiatrie[368],
- dauerhaften Unterbringung auf Akutstationen der Allgemeinpsychiatrie mit unterschiedlichsten Folgen[369],

---

[365] Siehe oben, S. 13.
[366] Siehe oben, S. 35.
[367] Siehe oben, S. 62.
[368] Siehe oben, S. 79.
[369] Siehe oben, S. 83.

- Einzelunterbringung von Maßregelpatientinnen auf reinen Männerstationen[370],
- Behandlungsbeginn und Behandlungsmethoden bei kombinierter Anordnung von Strafe und Maßregel[371],
- Therapiemotivation bei gemeinsamer Anordnung von Strafe und Maßregel[372].

Nicht zuletzt das immer wieder auftauchende Problem der:

- fehlerhaften öffentlichen Diskussion aufgrund fehlender Differenzierung zwischen Maßregel- und dem Strafvollzug mit der Folge falscher und kontraproduktiver Forderungen und Umsetzungen,

bestünden in einem einspurigen Maßregelsystem nicht.

Natürlich wären im Zusammenhang mit der Befürwortung eines einspurigen Systems der sozialen Hilfen noch ein Fülle rechtssystematischer Grundpositionen zu klären und Kritikpunkte zu überdenken. So müßte sich unter anderem mit der Frage auseinandergesetzt werden, in welcher Art und Weise sozialen Hilfen für unterschiedliche Personen- und Tätergruppen ausfallen sollten. Da nicht jeder Täter einer Therapie im klassischen Sinn bedarf und unter dem als einspurigem Maßregelvollzug beschriebenen Behandlungsvollzug auch keine totalitäre Einheits-Zwangstherapie verstanden werden darf, müßte dieses System eine Vielzahl von darüber hinaus bestehenden Hilfsmöglichkeiten zur Verfügung stellen.

Weiterhin wäre die Frage der zeitlichen Begrenzung der einheitlichen Maßregellösung zu erörtern, da die Begrenzung der Dauer durch die Schuld entfiele und eine ausreichende Begrenzungsfunktion durch die Verhältnismäßigkeit als zu schwach erscheint.

Auch die Frage der durch ein System der sozialen Hilfen entstehenden Kosten, aufgrund des erhöhten Aufwands für alle Täter und Täterinnen wird eine Kostenerhöhung vermutet, müßte näher erörtert werden.

Doch erscheint die Forderung nach einem einheitlichen Behandlungssystem, d.h. die Abkehr von dem bestehenden System hin zu einem System der sozialen Hilfen, unrealistisch.

Im Gegenteil scheint sich statt einer Humanisierung eine Verschärfung abzuzeichnen. Medienwirksame Einzelfälle verstärken die öffentliche Diskussion und damit den Druck auf Politik und Gesetzgebung. Diese reagieren zugunsten der Sicherheit und zu Lasten des Gedankens der Besserung, was sich z.B. in der

---

[370] Siehe oben, S. 85.
[371] Siehe oben, S. 84.
[372] Siehe oben, S. 108.

Verschärfung durch das 6. StrRG und das Gesetz zur Bekämpfung von Sexualdelikten und anderen gefährlichen Straftaten von 1998 und auch in Bestrebungen der Landesgesetzgeber bezüglich einer Verschärfung der Maßregelvollzugsgesetze[373] dokumentiert.

Wie sich aus der vorliegenden Arbeit ergibt, besteht für eine generelle undifferenzierte Verschärfung kein Anlaß, insbesondere stellen die untergebrachten Frauen kein großes Gefährdungspotential dar, sind aber dennoch von den verschärften Regelungen betroffen.

Vor dem Hintergrund der finanziellen, vor allem aber politischen Situation erübrigt sich eine eingehenden Erörterung eines einspurigen Reaktionssystems der Behandlung. Die intensive Bearbeitung dieser Möglichkeit hätte allenfalls theoretischen Nutzen und ist zur Zeit eher als Vision oder Utopie zu bezeichnen.

2. Zweispurigkeit im engeren Sinn

Daher wird im Folgenden versucht, die in der eigenen Untersuchung auffällig gewordenen Probleme und Schwierigkeiten im bestehenden System von Strafe und Maßregel einer Veränderung zuzuführen. Hierbei wird der Schwerpunkt auf das Problem der kombinierten Anordnung von Maßregel und Strafe (Zweispurigkeit im engeren Sinn) gelegt. Die ebenfalls bestehende Problematik der Minderheit von Maßregelpatientinnen könnte im bestehenden System durch eine - optionale (!) - Zentralisierung weiblicher Patientinnen erfolgen, diese Möglichkeit wurde jedoch bereits an anderer Stelle erörtert.[374]

In der vorliegenden Untersuchung führte die gleichzeitige Anordnung von Maßregel und Strafe insbesondere in den Bereichen der Unterbringung und der Behandlung von psychisch kranken Straftäterinnen zu Schwierigkeiten.

---

[373] So berichtet die Frankfurter Allgemeine Zeitung von Bestrebungen der CDU-Fraktion in NRW, das Maßregelgesetz dahingehend zu verändern, dass dem Sicherungsaspekt vor dem Behandlungsaspekt Rechnung getragen werde soll, indem vor jeder therapeutisch begründeten Lockerung, die Begutachtung durch einen Zweitgutachter gesetzlich vorgeschrieben sein soll. FAZ vom 17.01.2001, S. 4. Diese, unabhängig von der Anlaßtat, allgemeine und undifferenzierte Vorgehensweise hat nach eigener Ansicht den Zusammenbruch des gesamten – notwendigen ! –Lockerungssystems zur Folge. Eine für alle Täter und Täterinnen geltende Zweitbegutachtung macht das System derart schwerfällig, dass eine dem Unterbringungszweck der Besserung angemessene Behandlung (denn als Behandlungsmaßnahmen müssen Lockerungen verstanden werden) nicht mehr möglich ist, die Maßregelunterbringung ausschließlich - und damit rechtswidrig – nur noch der Sicherung dient.

[374] Siehe oben, S. 88.

a) Unterbringungssituation bei gleichzeitig angeordneter Strafe und Maßregel

Für den Bereich der Unterbringung bestand das Problem der Patientinnen vor allem in der dauerhaft hohen Sicherheitsanforderung. Die hohe Sicherheitsanforderung war das Resultat der nach der Maßregel noch zur Vollstreckung anstehenden Strafe, die drohende Strafe – und das fand sich insbesondere bei langen, neben der Maßregel angeordneten Haftstrafen – machte eine Verlegung von hoch gesicherten Stationen auf weniger gesicherte Stationen unmöglich. Die Folgen dieser dauerhaften Höchstsicherung wurden bereits im Detail aufgeführt und werden daher nur schlagwortartig mit Lebensbedingungen auf Akutstationen der Allgemeinpsychiatrien, Isolation, Frustration, fehlenden Arbeits-Fortbildungs- und Beschäftigungsbedingungen umrissen.

Diese Folgen könnten schon durch eine Verlegung innerhalb der Klinik abgemildert werden. Auf diesen Stationen könnten die Patientinnen unter weniger einschneidenden Unterbringungsbedingungen[375] als auf einer Akutstation leben, sie könnten dauerhafte Kontakte zu Mitpatienten knüpfen und an den weniger gesicherten Aus- Weiterbildungs- und Beschäftigungsprogrammen teilnehmen. Kurzum, eine Verlegung auf eine weniger gesicherte Station würde eine bedeutende Verbesserung der Situation der Patientinnen insbesondere auch im Hinblick auf das Maßregelvollzugsziel der Besserung bewirken. In Anbetracht des sich aus der vorliegenden Arbeit ergebenden Maßes der von diesen Patientinnen ausgehenden Gefährlichkeit[376] wäre auch nicht von einer Gefährdung des zweiten Vollzugsziels (Sicherung der Allgemeinheit) auszugehen.

Die in diesem Zusammenhang noch möglichen Forderung, strafgerichtlich entweder nur eine Maßregel oder nur eine Strafe aussprechen zu können (Einspurigkeit im engeren Sinn), wird kurz aufgegriffen. Dieser Forderung wird sich jedich nicht angeschlossen. Sie würde nämlich in der Praxis unter anderem dazu führen, die schuldfähigen Personen im Justizvollzug zu bestrafen, die vermindert schuldfähigen ebenfalls im Justizvollzug, aber unter Umständen milder zu bestrafen und nur die schuldunfähigen im Maßregelvollzug unterzubringen. Vom rein Therapeutischen gesehen wäre bei verminderter Schuldfähigkeit ein Verzicht auf Strafe neben der Unterbringung wünschenswert; wäre aber weder dogmatisch begründbar noch politisch erreichbar. Die zuerst genannte Methode hätte jedoch zum einen eine noch geringere Patientinnenanzahl in der Maßregelunterbringung und damit eine weitere Verschlechterung der aufgezeigten Situationen zur Folge, darüber

---

375 Siehe zu den Bedingungen auf Akutstationen oben, S. 83.

376 Siehe hierzu die Ausführungen zu den Unterbringungsdelikten (insbesondere zu Sexualdelikten, Tötungsdelikten und dem sozialen Nahraum), den Lockerungsbedingungen, den bisherigen Unterbringungszeiten, und den Widerrufsunterbringungen.

hinaus implizierte eine solche Vorgehensweise eine Beschränkung therapeutischer und sonstiger behandlerischer Angebote für vermindert schuldfähige Personen. Dieses Ziel halte ich nicht für verfolgungswürdig.

b) Behandlung bei gleichzeitig angeordneter Strafe und Maßregel

Die gleichzeitige Anordnung von Strafe und Maßregel stellte auch eines der zentralen Probleme der Behandlung dar. Einerseits waren bestimmte Therapieansätze in der Maßregelunterbringung aufgrund einer nachfolgend drohenden Haftstrafe nicht möglich, andererseits bedingte eine zusätzlich angeordnete lange Haftstrafe einen reinen Verwahrvollzug in den ersten Jahren der Unterbringung. Darüber hinaus konnte auch fehlende Therapiemotivation bei Patientinnen aufgrund der Bürde von Maßregel und langer Haftstrafe, also eine Resignation aufgrund der eigenen Perspektiven beobachtet werden.

Diese Probleme bestünden bei der Einspurigkeit im engeren Sinn, d.h. bei nur Strafe bzw. nur Maßregel nicht. Diese Möglichkeit wird jedoch aus den oben genannten Gründen nicht für sinnvoll gehalten.

Es verbleibt eine Änderung der Behandlungssituation trotz gleichzeitig angeordneter Strafe und Maßregel.

Zunächst müßte eine Bewußtmachung der praktischen Probleme der Zweispurigkeit im engeren Sinn erfolgen. Dem anordnenden Gericht müßte bewußt werden, dass die neben der Sicherung der Allgemeinheit vorrangig als Hilfsmaßnahmen (Besserung) angelegten Maßregeln ihren Zweck bei gleichzeitig angeordneter langer Strafe kaum erfüllen können. Es müßte klar werden, dass hieran auch das Prinzip des Vikariierens keine Abhilfe schafft, da zum Zeitpunkt der Maßregelunterbringung noch nicht absehbar ist, ob (beispielsweise bei einer gleichzeitigen Anordnung einer Haftstrafe von 9 Jahren) das Restdrittel der Strafe (im Beispiel also 3 Jahre) zur Bewährung ausgesetzt oder vollzogen werden wird und damit in der Praxis die genannten schweren Probleme auftreten.

Die Bewußtmachung der Folgen einer gleichzeitigen Anordnung von Strafe und Maßregel wird jedoch nicht als ausreichend angesehen. Neben der Regulierung durch das erkennende Gericht müßte eine gesetzliche Regelung geschaffen werden. Diese hätte die Aufgabe, zumindest die Voraussetzungen für eine bestmögliche Behandlung zu schaffen und nicht - wie zur Zeit - den Besserungszweck der Maßregelunterbringung faktisch zugunsten der Ermöglichung einer zusätzlich ausgesprochenen langen Haftstrafe zu opfern.

Hier ist der Gesetzgeber gefordert. Um die schweren Folgen der Anordnung von Strafe und Maßregel bei vermindert Schuldfähigen zu verhindern, erscheinen folgende Ansätze überdenkenswert:

1. Begrenzung der Höhe der verhängten Strafe bei gleichzeitiger Anordnung der Maßregeln der §§ 63, 64 StGB (z.B. maximal 4-5 Jahre).

2. Zudem regelmäßige Aussetzung der - begrenzten - Strafe zum Zweidrittelzeitpunkt durch die Unterbringungseinrichtungen, d.h. eine Aussetzungsbefugnis der Maßregelkliniken, nur begrenzt durch die üblichen Voraussetzungen einer Aussetzung bei schuldunfähigen Maßregelpatienten.

E. Forderungen

Im Folgenden werden lediglich die sich aus der eigenen Untersuchung für den Maßregelvollzug als dringend anzusehenden Forderungen gestellt. Eventuell darüber hinaus für den Maßregelvollzug bestehende Forderungen werden nicht berührt. Selbstverständlichkeiten wie die sorgfältige Auswahl von Gutachtern sowie die der Erstellung von Urteilen und Gutachten anhand der fachlich anerkannten Regeln werden vorausgesetzt.

I. Maßregelvollzug allgemein

Obwohl sich die vorliegende Arbeit mit der Unterbringung von psychisch kranken Straftäterinnen beschäftigt, fand sich notwendiger Handlungsbedarf auch in Bereichen, die nicht nur die Maßregelpatientinnen, sondern auch die im Maßregelvollzug untergebrachten Männer betreffen. Die folgenden Forderungen sind daher nicht als Exklusivergebnis der weiblichen Unterbringung zu sehen, sondern wurden lediglich auch bei der Untersuchung der Unterbringung von Patientinnen deutlich.

Dringende Veränderungen des Maßregelvollzugs sind auf folgenden Gebieten zu vollziehen:

1. Zeitliche Beschränkung der Unterbringungsdauer nach § 126a StPO.

2. Veränderung der gleichzeitigen Anordnungsmöglichkeit einer langen Haftstrafe neben einer Maßregel unter besonderer Berücksichtigung der sich für die Patientinnen ergebenden Besonderheiten.

3. Gewährung von frühestmöglichen[377] Lockerungen und Beurlaubungen von Maßregelpatienten zur Vermeidung von Hospitalisierungsschäden.

4. Schaffung der generellen Möglichkeit einer ambulanten (Akut-)Nachsorge für ehemalige Patienten durch Therapeuten der früheren Maßregelvollzugseinrichtung zur Vermeidung von Rückfällen.

5. Schaffung von Fortbildungsmöglichkeiten für Strafvollstreckungskammern und Rechtsanwälte.

6. Pflichtverteidigung im Anhörungstermin der Strafvollstreckungskammer.

---

[377] Natürlich unter verantwortungsvoller Beachtung des berechtigten Sicherungsbedürfnisses der Allgemeinheit im Einzelfall.

II. Frauenspezifische Forderungen

Oberste Forderung ist die Bewußtmachung der für psychisch kranke Straftäterinnen bestehenden Sondersituation der Unterbringung im Maßregelvollzug der Bundesrepublik Deutschland. Die Untersuchung hat deutlich gezeigt, dass diese Patientinnen nicht als Teil einer einheitlichen Gruppe von Maßregelpatienten gesehen werden dürfen, sondern eine Sonderstellung innerhalb dieses Systems einnehmen. Die Sonderstellung ergibt sich zum einen aus der Unterschiedlichkeit der Patientinnengruppe im Vergleich zu den männlichen Patienten, zum anderen aber auch aus der Minderzahl der untergebrachten Frauen und muß bei Anordnung der Maßregel, Vollzug, Entscheidungen während des Vollzugs und Entlassung Berücksichtigung finden. In der vorliegenden Arbeit konnten die Folgen der fehlenden Bewußtmachung der Sondersituation weiblicher Untergebrachter beobachtet werden. Daher dürfen diese in Zukunft nicht in der Menge der männlichen Patienten untergehen, es muß sich mit deren Spezialität auseinandergesetzt werden.

Im einzelnen ergeben sich daraus folgende Forderungen:

1. Möglichkeit der Zusammenlegung von Maßregelpatientinnen innerhalb eines oder mehrerer Bundesländer, zusätzlich zur optionalen wohnortnahen Unterbringung.

2. Differenzierte Anordnungen für Patientinnen bei Restriktionen aufgrund von spektakulären Einzelfällen (i.d.R. Sexual- und Tötungsdelikten), insbesondere vor dem Hintergrund unterschiedlicher Deliktsstrukturen und der geringen Allgemeingefährlichkeit psychisch kranker Straftäterinnen.

3. Schaffung von auch für weibliche Maßregelpatienten attraktiven beruflichen Aus- und Fortbildungsmöglichkeiten.

4. Überdenken der medikamentösen Behandlung mit Psychopharmaka bei nach § 63 StGB untergebrachten Patientinnen.

F. Literaturverzeichnis

Adler, Freda, Sisters in crime, New York 1975.

Albrecht, Peter-Alexis, Aspekte des Maßregelvollzugs im psychiatrischen Krankenhaus, MSchrKrim 61, 1978, 104.

Athen, Dieter, Zur gegenwärtigen Situation psychisch kranker Rechtsbrecher, MSchrKrim 68, 1985, 34.

Bachelard, Gaston, Psychoanalyse des Feuers, Frankfurt 1990.

Barnett, W., Zur Psychologie und Psychopathologie der Brandstiftung 1955 bis 1991 – eine Übersicht, Fortschritte der Neurologie, Psychiatrie und ihrer Grenzgebiete 60, 1992, 274.

Baumann, Jürgen, Strafrechtsreform ohne Gesamtparlament?, ZRP 1974, 77.

Baur, Fritz Rolf, Anmerkungen zum gegenwärtigen Zustand des Maßregelvollzugs, in: Blau, Günter/Kammeier, Heinz (Hrsg.), Straftäter in der Psychiatrie, Stuttgart 1984, S. 42.

Baur, Fritz Rolf, Besserung und Sicherung – Zur Problematik des Vollzugs der Maßregeln, StV 1982, 33.

Baur, Fritz Rolf, Der Vollzug der Maßregeln der Besserung und Sicherung nach §§ 63 und 64 StGB in einem psychiatrischen Krankenhaus und einer Entziehungsanstalt, Amsterdam 1988.

Bergener, Manfred, Zur künftigen Versorgung psychisch kranker Rechtsbrecher, Psychiatrische Praxis 1974, 231.

Bien, S., Häufigkeit, Motivation und Durchführung des erweiterten Suicids bei psychiatrischen Patienten, in: Pohlmeier, Hermann/Schmidtke, Armin/Welz, Rainer (Hrsg.), Suizidales Verhalten, Regensburg 1983, S. 57.

Binsack, Hansjörg, Längsschnittuntersuchungen bei nach § 42b StGB untergebrachten männlichen Anstaltspatienten, Frankfurt 1973.

Bischof, H.-L., Behandlungsdauer strafrechtlich Untergebrachter im psychiatrischen Krankenhaus, MSchrKrim 68, 1985, 85.

Blau, Günter, Schuld und Gefährlichkeit des psychisch abnormen Täters, in: Blau, Günter/Kammeier, Heinz (Hrsg.), Straftäter in der Psychiatrie, Stuttgart 1984, S. 1.

Bochnik, Hans J./Gärtner, Helmut J./Richtberg, Werner, Zerstörung des Vertrauensverhältnisses Patient/Arzt durch Verrechtlichung, in: Bergener (Hrsg.), Psychiatrie und Rechtssaat, Neuwied 1981, S. 31.

Boor de, W., Zur Psychologie und Psychopathologie der Brandstiftung, (1917 – 1955), Fortschritte der Neurologie, Psychiatrie und ihrer Grenzgebiete 8, 1955, 367.

Bröckling, Elsbeth, Frauenkriminalität, Stuttgart 1980.

Bronisch, Thomas, Der Suizid, München 1995.

Ciompi, Luc, Affektlogik, Stuttgart 1998.

Creutz, W., Psychiatrische Erfahrungen mit §§ 42b und 42c des Gesetzes gegen gefährliche Gewohnheitsverbrecher und über Maßregeln der Sicherung und Besserung vom 24.11.1933, Allgemeine Zeitschrift für Psychiatrie 111, 137.

Dimmek, Bernd /Bargfrede, Hartmut, Modellprojekt, Ambulante Nachsorge für forensisch-psychiatrische Patienten im Rahmen der Beurlaubung und Entlassung auf Bewährung, Modellverbund Psychiatrie 49, Schriftenreihe des Bundesministeriums für Gesundheit 1996.

Dimmek, Bernd/Duncker, Heinfried, Zur Rückfallgefährdung durch Patienten des Maßregelvollzugs, R&P 1996, 50.

Donalies, Gustav, Selbstmord und Brandstiftung, Der Nervenarzt 20, 1949, 133.

Dreher, Eduard, Die Vereinheitlichung von Strafen und sichernden Maßregeln, ZStW 65, 1953, 481.

Dulz, Birger/Schneider, Angela, Borderline-Störungen, 2. Aufl. Stuttgart, 1999.

Dünnebier, Hanns, Die Durchführung der Zweispurigkeit bei den freiheitsentziehenden Maßregeln im Entwurf 1960 eines Strafgesetzbuchs, ZStW 72, 1960, 32.

Eickmann, Friedhelm, Psychologisch-pädagogische Behandlungskonzepte bei psychisch kranken Straftätern, in: Blau, Günter/Kammeier, Heinz (Hrsg.), Straftäter in der Psychiatrie, Stuttgart 1984, S. 58.

Einsele, Helga, Weibliche Kriminalität und Frauenstrafvollzug, in: Sieverts, Rudolf/Schneider, Hans Joachim (Hrsg.), Handwörterbuch der Kriminologie, Bd. III, Berlin 1975, S. 608.

Eisenberg, Ulrich, Jugendgerichtsgesetz, 6. Auflage, München 1995.

Etzel, Matthias, Die Aufhebung von nationalsozialistischen Gesetzen durch den Alliierten Kontrollrat 1945-1948, Tübingen 1992.

Fabricius, Dirk/Wulff, Erich Der Fall Paul L. Stein – Psychiatrisches Lebenslänglich nach einem Pelzdiebstahl, R&P 1984, 15.

Fischer, Thomas, in: Tröndle, Herbert/Fischer, Thomas (Hrsg.), Strafgesetzbuch, 49. Auflage, München 1999.

Fischer-Jehle, Petra, Frauen im Strafvollzug, Stuttgart 1991.

Gebauer, Michael, Entwicklung und Struktur der strafrechtlichen Unterbringungspraxis, in: Gebauer, Michael/Jehle, Jörg-Martin (Hrsg.), Die strafrechtliche Unterbringung in einem psychiatrischen Krankenhaus, Wiesbaden 1993, S. 30.

Geiger, Dietmar Walter, Erweiterter Suizid, Tübingen 1991.

Gipser, Dietlinde, Frauen und Kriminalität, in: Gipser, Dietlinde/Stein-Hilbers, Marlene (Hrsg.), Wenn Frauen aus der Rolle fallen, 2. Auflage, Basel 1987, S. 169.

Gipser, Dietlinde/Stein-Hilbers, Marlene, Soziale Grundlagen weiblicher Konflikte und Konfliktbewältigungen, in: Gipser, Dietlinde/Stein-Hilbers, Marlene (Hrsg.), Wenn Frauen aus der Rolle fallen, 2. Auflage, Basel 1987, S. 11.

Göppinger, Hans, Kriminologie, 5. Auflage, München 1997.

Gores, Rolf, Suizid als Problemlösung, Düsseldorf 1981.

Gottfredson, Michael, Der Generalfaktor der Intelligenz, Spektrum der Wissenschaft Spezial 3, 1999, 24.

Gretenkord, Lutz/Lietz, Jürgen, Zur Entwicklung des Maßregelvollzugs (§ 63 StGB) in Hessen, MSchrKrim 66, 1983, 376.

Groß, Axel, Statistische Untersuchung an langjährig nach § 42b StGB untergebrachten Schizophrenen, Göttingen 1969.

Hanack, Ernst-Walter, Leipziger Kommentar, Jescheck, Hans-Heinrich/Ruß, Wolfgang/Willms, Günther (Hrsg.), Band III, 10. Auflage, Berlin 1985.

Heinitz, Ernst, Der Entwurf des Allgemeinen Teils des StGB vom kriminalpolitischen Standpunkt aus, ZStW 70, 1958, 1.

Heinmüller, Doris, Katamnestische Untersuchungen an Patienten im psychiatrischen Maßregelvollzug, Göttingen 1982.

Hennicke, Angelika, Schulische und berufliche Bildung von Patienten in der forensischen Psychiatrie, R&P 1999, 65.

Hensler, H./Marten, R.F./Sodemann, U., Kriterienliste als screening-Instrument zur Erfassung chronischer Suizidalität, Der Nervenarzt 54, 1983, 33.

Henting v., Hans, Das Verbrechen III, Berlin 1963.

Hippel v., Reinhard, Reform der Strafrechtsreform, Berlin 1976.

Hohlfeld, Wolfgang, Zur faktischen Lage des Rechtsschutzes im Maßregelvollzug, KrimJ 1985, 83.

Horstkotte, Hartmuth/Kaiser, Günter/Sarstedt, Werner, Tendenzen in der Entwicklung des heutigen Strafrechts, Frankfurt 1973.

Hügel, Claus-Michael/Hupe, Martin, Probleme und Perspektiven der Sozialarbeit in der forensischen Psychiatrie, in: Blau, Günter/Kammeier, Heinz (Hrsg.), Straftäter in der Psychiatrie, S. 77.

Hürten, Ferdinand, Die ersten Hundert auf Grund des Gesetzes vom 24.11.1933 in der Westfälischen Provinzial-Heilanstalt Eickelborn untergebrachten geistig abnormen Rechtsbrecher, Allgemeine Zeitschrift für Psychiatrie 106, 255.

Hüttner, Andrea, Deswegen soll ich nun verrückt sein, in: Schneider, Doris/Tergeist, Gabriele (Hrsg.), Bonn 1993, S. 15.

Ilg, Siegfried, Über die Bedeutung von Geschlecht und Lebensalter für den Selbstmordversuch, Frankfurt 1969.

Jabel, Hans-Peter, Die vorläufige Unterbringung nach § 126a StPO, in: Gebauer, Michael/Jehle, Jörg-Martin (Hrsg.), Die strafrechtliche Unterbringung in einem psychiatrischen Krankenhaus, Wiesbaden 1993, S. 59.

Jescheck, Hans-Heinrich/Weigend, Thomas, Lehrbuch des Strafrechts, Allgemeiner Teil, 5. Auflage, Berlin 1996.

Kammeier, Heinz, Maßregelrecht, Berlin 1996.

Kammeier, Heinz, Schöner Sichern = sicher Bessern?, R&P 1990, 2.

Kästle, Hans, Brandstiftung, Stuttgart 1992.

Keller, Urban, Praxis und Erfolg seelisch gestörter Delinquenten nach §§ 42b und 42c StGB, Freiburg 1969.

Kernberg, Otto F./Dulz, Birger/Sachsse, Ulrich, Handbuch der Borderlinestörungen, Stuttgart 2000.

Klatt, Franz, Der Maßregelvollzug im Nervenkrankenhaus Bayreuth unter besonderer Berücksichtigung der an Schizophrenie erkrankten Rechtsbrecher, Erlangen 1982.

Kneissl, Marikka, Suizidversuche bei Frauen, Marburg 1984.

Kobbé, Ulrich, Die Prognoseberatende Fachgruppe im Westf. Zentrum für Forensische Psychiatrie Lippstadt: Eine deskriptiv-statistische Zwischenbilanz, R&P 1997, 95.

Kohlrausch, E. Sicherungshaft, Eine Besinnung auf den Streitstand, ZStW 44, 1924, 21.

Konrad, Norbert, Vom Umgang mit der sogenannten Symptomatizität, in: Leygraf, Norbert/ Volbert, Renate/Horstkotte, Hartmut/Fried, Sybilla (Hrsg.), Festschrift für Wilfried Rasch, Die Sprache des Verbrechens, Stuttgart 1993, S. 148.

Kreitman, N., Die Epidemiologie von Suizid und Parasuizid, Der Nervenarzt 51, 1980, 131.

Kruis, Konrad, Die Vollstreckung freiheitsentziehender Maßregeln und die Verhältnismäßigkeit, StV 1998, 94.

Lackner, Karl, Strafgesetzbuch mit Erläuterungen, 22. Auflage, München 1997.

Lammel, Matthias, Ausgangspunkt und Praxis der Rückkehr zum Maßregelvollzug, in: Leygraf, Norbert/ Volbert, Renate/Horstkotte, Hartmut/Fried, Sybilla (Hrsg.), Festschrift für Wilfried Rasch, Die Sprache des Verbrechens, Stuttgart 1993, S. 245.

Langelüddeke, Albrecht/Bresser, Paul, Gerichtliche Psychiatrie, 4. Auflage, Berlin 1976.

Leonhardt, Martin /Foerster, Klaus, Forensische Psychiatrie im Nationalsozialismus, R&P 1996, 163.

Leygraf, Norbert, Psychisch kranke Straftäter, Berlin 1988.

Leygraf, Norbert, Rehabilitative Maßnahmen: Grenzen und Chancen aus der Sicht des Gutachters, in: Weigand, Wolfgang (Hrsg.), Der Maßregelvollzug in der öffentlichen Diskussion, Münster 1999, S. 62.

Leygraf, Norbert, Zur aktuellen Praxis des psychiatrischen Maßregelvollzugs am Beispiel des Bundeslandes Hessen, Forensia 1984, 89.

Lombroso, Cesare/Ferrero, Guglielmo, Das Weib als Verbrecherin und Prostituierte, Hamburg 1894.

Lüttge, Dieter, Der Psychologe als Sachverständiger im Strafprozeß: Hilfe oder Alibi, in: Kury, Helmut (Hrsg.), Ausgewählte Fragen und Probleme forensischer Begutachtung, Köln 1987, S. 97.

Mahler, John/Pokorny, Dan/Pfäfflin, Friedemann, Wie groß ist die Gefährdung der öffentlichen Sicherheit bei Entweichungen aus dem Maßregelvollzug, R&P 2000, 3.

Marquardt, Helmut, Dogmatische und kriminologische Aspekte des Vikariierens von Strafe und Maßregel, Berlin 1972.

Mayer, Hellmuth, Strafrechtsreform für heute und morgen, Berlin 1962.

Meier, Ulrike, Der (mißlungene) erweiterte Selbstmord aus forensisch-psychiatrischer Sicht, Forensia 5, 1984, 61.

Melzer, Michael, Die neue Sozialverteidigung, Tübingen 1970.

Merton, Robert, Sozialstruktur und Anomie, in: Sack, Fritz/König, Réne (Hrsg.), Kriminalsoziologie, 2. Auflage, Frankfurt 1974, S. 283.

Meyer-Goßner, Lutz, in: Kleinknecht, Theodor/Meyer-Goßner, Lutz (Hrsg.), Strafprozeßordnung, 44. Auflage, München 1999.

Missenhardt, Heiner, Psychisch kranke Straftäter im Maßregelvollzug, Ulm 1990.

Möbius, P.J., Über den physiologischen Schwachsinn des Weibes, Halle a. d. Saale 1908.

Moore, Harriett/Kleining, Gerhard, Das soziale Selbstbild der Gesellschaftsschichten in Deutschland, Kölner Zeitschrift für Soziologie und Sozialpsychologie 20, 1960, 61.

Müller, Christian, Das Gewohnheitsverbrechergesetz vom 24. November 1933, Baden-Baden 1997.

Müller, H.-W./Hadamik, W., Die Unterbringung psychisch abnormer Rechtsbrecher, Der Nervenarzt 37, 1966, 6.

Müller-Christmann, Bernd, Die Maßregeln der Besserung und Sicherung, JuS 1990, 801.

Müller-Dietz, Heinz, Grundfragen des staatlichen Reaktionssystems, Heidelberg 1979.

Naucke, Wolfgang, Gesetzlichkeit und Kriminalpolitik, JuS 1989, 862.

Naucke, Wolfgang, Tendenzen in der Strafrechtsentwicklung, Karlsruhe 1975.

Naucke, Wolfgang, Strafrecht, Eine Einführung, 9. Auflage, Neuwied 2000.

Nowara, Sabine, Gefährlichkeitsprognose bei psychisch kranken Straftätern, München 1995.

Nowara, Sabine, Psychisch kranke Straftäterinnen, in: Leygraf, Norbert/ Volbert, Renate/Horstkotte, Hartmut/Fried, Sybilla (Hrsg.), Festschrift für Wilfried Rasch, Die Sprache des Verbrechens, Stuttgart 1993, S. 266.

Pelzer W./Hourtz, M./Schleef, D., Modellprojekt, Erprobung eines neues Versorgungskonzepts durch eine mobile forensische Ambulanz, Modellverbund Psychiatrie 50, Baden-Baden 1993.

Peters, Uwe Henrik, Wörterbuch der Psychiatrie, Psychotherapie und medizinischen Psychologie, 5. Auflage, München 1999.

Pickl, Viktor, Geschlechtsspezifische kriminogene Faktoren, in: Heasler, Walter T. (Hrsg.), Weibliche und männliche Kriminalität, Diessenhofen 1982, S. 17.

Pollähne, Helmut, Fernsehverbot als therapeutische Maßnahme, R&P 1992, 47.

Pollähne, Helmut, Maßregelvollzug zwischen Psychiatrie und Strafvollzug, in: Weigand, Wolfgang (Hrsg.), Der Maßregelvollzug in der öffentlichen Diskussion, Münster 1999, S. 37.

Pollak, Otto, The criminality of woman, New York, 1961.

Popitz, Heinrich, Der Begriff der sozialen Rolle als Element der soziologischen Theorie, Tübingen 1967.

Pozsàr, Christine /Heinz, Gunter, Schulische und berufliche Ausbildung in der Maßregelbehandlung, in: Leygraf, Norbert/ Volbert, Renate/Horstkotte, Hartmut/Fried, Sybilla (Hrsg.), Festschrift für Wilfried Rasch, Die Sprache des Verbrechens, Stuttgart 1993, S. 276.

Rachor, Christina, Selbstmordversuche von Frauen, Frankfurt 1995.

Rasch, Wilfried, Die Auswahl des richtigen Psycho-Sachverständigen im Strafverfahren, NStZ 1992, 257.

Rasch, Wilfried, Die Prognose im Maßregelvollzug als kalkulierbares Risiko, in: Schwind, Hans-Dieter (Hrsg.), Festschrift für G. Blau, Berlin 1985, S. 309.

Rasch, Wilfried, Forensische Psychiatrie, 2. Auflage, Stuttgart 1999.

Rasch, Wilfried, Voraussetzungen der Unterbringung nach § 64 StGB aus psychiatrischer Sicht, Gründe für die Bestimmung der Vollstreckungsreihenfolge gemäß § 67 StGB; § 67d Abs.5 StGB, R&P 1991, 109.

Rechlin, T./Weis, M., Empirische Befunde bei Brandstiftern, Der Nervenarzt 63, 1992, 683.

Reckless, Walter, Halttheorie, MSchrKrim 61, 1978, 1.

Ritzel, Günther, Stand und Entwicklung des Maßregelvollzugs in Niedersachsen, MSchrKrim 72, 1989, 123.

Ritzel, Günther, Unterbringung und Wiedereingliederung psychisch kranker Rechtsbrecher, Göttingen 1978.

Rode, Irmgard/Scheld, Siegfried, Sozialprognose bei Tötungsdelikten, Berlin 1986.

Roehrich, Roswitha, Zur Problematik der motivisch unklaren Brandstiftung, Kiel 1973.

Rotthaus, Karl-Peter, in: Schwind, Hans-Dieter/Böhm, Alexander (Hrsg.), Strafvollzugsgesetz, 3. Auflage, Berlin 1999.

Roxin, Claus, Strafrecht, Allgemeiner Teil, Band I, 3. Auflage, München 1997.

Roxin, Claus, Strafverfahrensrecht, 25. Auflage, München 1998.

Scheuble, Barbara, Der Begriff der Erheblichkeit als Voraussetzung der freiheitsentziehenden Maßregeln der Besserung und Sicherung der §§ 63, 64, 66 StGB, Mannheim 1996.

Schmidt, Werner, Das Prinzip der Zweispurigkeit und seine teilweise Durchbrechung im Entwurf 1962, München 1964.

Schottky, Johannes, Psychiatrische und kriminalbiologische Fragen bei der Unterbringung in einer Heil- oder Pflegeanstalt nach § 42b und c des Strafgesetzbuchs, Allgemeine Zeitschrift für Psychiatrie 117, 287.

Schreiber, Hans-Ludwig, Der Sachverständige im Verfahren und in der Verhandlung, in: Venzlaff, Ulrich/Foerster, Klaus (Hrsg.), Psychiatrische Begutachtung, 3. Auflage, München 2000, S. 55.

Schreiber, Hans-Ludwig, Rechtliche Grundlagen der psychiatrischen Begutachtung, in: Venzlaff, Ulrich/Foerster, Klaus, Psychiatrische Begutachtung, 3. Auflage, München 2000, S. 1.

Schultz, Hans, Das Erbe Franz von Listzs und die gegenwärtige Reformsituation in der Schweiz, ZStW 81, 1969, 787.

Schumann, Vera, Lockerungen, Entlassungsvorbereitungen und –hindernisse aus therapeutischer Sicht, in: Gebauer, Michael/Jehle, Jörg-Martin (Hrsg.), Die strafrechtliche Unterbringung in einem psychiatrischen Krankenhaus, Wiesbaden 1993, S. 131.

Schumann, Vera, Psychisch kranke Rechtsbrecher, Stuttgart 1987.

Schwind, Hans-Dieter, Kriminologie, 8. Auflage, Heidelberg 1997.

Seifert, Dieter/Leygraf, Norbert, Die Entwicklung des psychiatrischen Maßregelvollzugs (§63 StGB) in Nordrhein-Westfalen, Psychiatrische Praxis 24, 1997, 237.

Seligman, Martin, Erlernte Hilflosigkeit, 3. Auflage, München 1986.

Simon, Rita James, Women and crime, Lexington, 1975.

Spöhr, Manfred, Brandstifter und ihre Motive, Heidelberg 1980.

Steinböck, Herbert, Das Problem schwerer Gewalttaten und deren Prognostizierbarkeit, R&P 1997, 67.

Steinböck, Herbert, Veränderungen der forensisch-psychiatrischen Versorgung in Oberbayern, R&P 1999, 16.

Stengel, Erwin, Selbstmord und Selbstmordversuch, in:Gruhle, H.W./Jung, R./Mayer-Groß, W./Müller, M.(Hrsg.), Psychiatrie der Gegenwart, Bd. III, Soziale und angewandte Psychiatrie, Berlin 1961.

Stengel, Erwin, Selbstmord und Selbstmordversuch, Stuttgart 1969.

Sutherland, Edwin, Die Theorie der differentiellen Kontakte, in: Sack, Fritz/König, Réne (Hrsg.), Kriminalsoziologie, 2. Auflage, Frankfurt 1974, S. 395.

Täschner, Karl-Ludwig, Bemerkung zur „richtigen Psycho-Sachverständigenauswahl im Strafverfahren“, NStZ 1994, 221.

Tölle, Rainer, Psychiatrie, 12. Auflage, Berlin 1999.

Tondorf, Günter, Möglichkeiten und Schwierigkeiten anwaltlicher Vertretung von Mandanten im Maßregelvollzug, in: Blau, Günter/Kammeier, Heinz (Hrsg.), Straftäter in der Psychiatrie, Stuttgart 1984, S. 121.

Tröndle, Herbert, in: Tröndle, Herbert/Fischer, Thomas (Hrsg.), Strafgesetzbuch, 49. Auflage, München 1999.

Venzlaff, Ulrich /Schreiber, Hans-Ludwig, Der Maßregelvollzug – Stiefkind der Strafrechtsreform?, in: Bergener (Hrsg.), Psychiatrie und Rechtsstaat, Neuwied 1981.

Venzlaff, Ulrich, Fehler und Irrtümer in psychiatrischen Gutachten, NStZ 1983, 199.

Volckart, Bernd, Maßregelvollzug, 5. Auflage, Neuwied, 1999.

Volckart, Bernd, Werden die Konsequenzen des Sachverständigengutachtens vom Gutachter ausreichend berücksichtigt?, in: Kury, Helmut (Hrsg.), Ausgewählte Fragen und Probleme forensischer Begutachtung, Köln 1987 , S. 267.

Warmuth, Manfred, Die Prognose von Urlaub und Ausgang – ein Vergleich zwischen Maßregelpatienten und Strafgefangenen, R&P 1995, 15.

Warmuth, Manfred, Drei Jahre forensisch-psychiatrische Ambulanz in West-Berlin, R&P 1990, 109.

Watzlawick, P./Beavin, J.H./Jackson, D.D, Menschliche Kommunikation, 6. Auflage, Bern 1982.

Wedler, H.L., Krisenintervention, Diagnostik 13, 1980, 178.

Wycisk, P./Noeres, P., Strafvollzug als Therapieziel, R&P 1991, 114.

Danksagung

Zuvorderst gilt mein Dank allen **Patientinnen, Kliniken** und **Behandlern,** ohne deren Mithilfe die Untersuchung nicht möglich gewesen wäre. Ich hoffe, diesen durch die vorliegende Arbeit etwas zurückgeben zu können.

Herrn Professor Fabricius danke ich für die hervorragende und außergewöhnliche Betreuung und Unterstützung während der gesamten Zeit der Datenerhebung und Auswertung.

Herrn Professor Naucke danke ich für die Ermutigung zur Aufnahme dieser Arbeit und die freundliche Übernahme der Zweitbegutachtung.

Weiterhin danke ich **Frau Ingrid Scheuermann** für die Eingruppierung der Diagnosen und **Herrn Olaf Hars** für die Unterstützung bei statistischen und allen computertechnischen Fragestellungen.

Auch möchte ich mich bei **Herrn Dr. Heiner Mückenberger** für seine stets konstruktive Kritik und bei meiner Schwester **Frau Monika Melzer-Hadji** für ihre Korrekturarbeit bedanken.

Liebevoller Dank gilt auch **Herrn Ole Mückenberger**, der zu jedem Zeitpunkt mentale Stütze meiner Arbeit war.

Der größte Dank aber gilt meinen Eltern **Ella** und **Gerhard Melzer**, ohne deren Unterstützung und Hilfe diese Arbeit nie entstanden wäre.

Katja Melzer, März 2001

FRANKFURTER KRIMINALWISSENSCHAFTLICHE STUDIEN

Band 1 Peter Böning: Die Lehre vom Unrechtsbewußtsein in der Rechtsphilosophie Hegels 100 S., 1978.

Band 2 Wolfgang Schneider: Kriminelle Straßenverkehrsgefährdung (§ 315c Abs. 1 Ziff. 2, Abs. 3 StGB). Eine kriminologische und strafrechtliche Untersuchung zur Problematik dieser Verkehrsstraftaten unter Berücksichtigung ausländischer Rechte. 342 S., 1978.

Band 3 Lothar Kuhlen: Die Objektivität von Rechtsnormen. Zur Kritik des radikalen labeling approach in der Kriminalsoziologie. 178 S., 1978.

Band 4 Günther Grewe: Straßenverkehrsdelinquenz und Marginalität. Untersuchungen zur institutionellen Regelung von Verhalten. 148 S., 1978.

Band 5 Dieter Haberstroh: Strafverfahren und Resozialisierung. Eine Studie über Verstehen und Nicht-Verstehen, über Verstanden-Werden und Nicht-Verstanden-Werden und deren Bedingungen in der Hauptverhandlung. 202 S., 1979.

Band 6 Thomas Vogt: Die Forderungen der psychoanalytischen Schulrichtungen für die Interpretation der Merkmale der Schuldunfähigkeit und der verminderten Schuldfähigkeit (§§ 51 a.F., 20, 21 StGB). 182 S., 1979.

Band 7 Andreas Michael: Der Grundsatz in dubio pro reo im Strafverfahrensrecht. Zugleich ein Beitrag über das Verhältnis von materiellem Recht und Prozeßrecht. 214 S., 1981.

Band 8 Ilias G. Anagnostopoulos: Haftgründe der Tatschwere und der Wiederholungsgefahr (§§ 112 Abs. 3, 112 a StPO). Kriminalpolitische und rechtssystematische Aspekte der Ausweitung des Haftrechts. 1984.

Band 9 Helga Müller: Der Begriff der Generalprävention im 19. Jahrhundert. Von P.J.A. Feuerbach bis Franz v. Liszt. 1984.

Band 10 Frowin Jörg Kurth: Das Mitverschulden des Opfers beim Betrug. 1984.

Band 11 Martin J. Worms: Die Bekenntnisbeschimpfung im Sinne des § 166 Abs. 1 StGB und die Lehre vom Rechtsgut. 1984.

Band 12 Jong-Dae Bae: Der Grundsatz der Verhältnismäßigkeit im Maßregelrecht des StGB. 1985.

Band 13 Helmut Fünfsinn: Der Aufbau des fahrlässigen Verletzungsdelikts durch Unterlassen im Strafrecht. 1985.

Band 14 Christoph Krehl: Die Ermittlung der Tatsachengrundlage zur Bemessung der Tagessatzhöhe bei der Geldstrafe. 1985.

Band 15 Walter-Hermann Kiehl: Strafrechtliche Toleranz wechselseitiger Ehrverletzungen - Zur ratio legis der §§ 199, 233 Strafgesetzbuch -. 1986.

Band 16 Matthias Krahl: Die Rechtsprechung des Bundesverfassungsgerichts und des Bundesgerichtshof zum Bestimmtheitsgrundsatz im Strafrecht (Art. 103 Abs. 2 GG). 1986.

Band 17 Patrick Carroll Campbell: § 220a StGB. Der richtige Weg zur Verhütung und Bestrafung von Genozid? 1986.

Band 18 Winfried Hassemer (Hrsg.): Strafrechtspolitik. Bedingungen der Strafrechtsreform. 1987.

Band 19 Felix Herzog: Prävention des Unrechts oder Manifestation des Rechts. Bausteine zur Überwindung des heteronom-präventiven Denkens in der Strafrechtstheorie der Moderne. 1987.

Band 20 Astrid Michalke-Detmering: Die Mindestanforderungen an die rechtliche Begründung des erstinstanzlichen Strafurteils. Zur Auslegung des § 267 StPO. 1987.

Band 21 Lothar Kuhlen: Die Unterscheidung von vorsatzausschließendem und nichtvorsatzausschließendem Irrtum. 1987.

Band 22 Michael Buttel: Kritik der Figur des Aufklärungsgehilfen im Betäubungsmittelstrafrecht (§ 31 BtMG). 1988.

Band 23 Matthias Kögler: Die zeitliche Unbestimmtheit freiheitsentziehender Sanktionen des Strafrechts. Eine vergleichende Untersuchung zur Rechtslage und Strafvollstreckungspraxis in der Bundesrepublik Deutschland und den USA. 1988.

Band 24 Klaus Lüderssen/Cornelius Nestler-Tremel/Ewa Weigend(Hrsg.): Modernes Strafrecht und ultima-ratio-Prinzip. 1990.

Band 25 Jürgen Taschke: Die behördliche Zurückhaltung von Beweismitteln im Strafprozeß. 1989.

Band 26 Daniela Westphalen: Karl Binding (1841-1920). Materialien zur Biographie eines Strafrechtsgelehrten. 1989.

Band 27 Sigrid Jans: Die Aushöhlung des Klageerzwingungsverfahrens. 1990.

Band 28 Dimitris Spirakos: Folter als Problem des Strafrechts. Kriminologische, kriminalsoziologische und (straf-)rechtsdogmatische Aspekte unter besonderer Berücksichtigung der Folterschutzkonvention und der Pönalisierung der Folter in Griechenland. 1990.

Band 29 Stephan Moll: Strafrechtliche Aspekte der Behandlung Opiatabhängiger mit Methadon und Codein. 1990.

Band 30 Stefan Werner: Wirtschaftsordnung und Wirtschaftsstrafrecht im Nationalsozialismus. 1991.

Band 31 Xanthi Bassakou: Beiträge zur Analyse und Reform des Absehens von Strafe nach § 60 StGB. 1991.

Band 32 Rainer Runte: Die Veränderung von Rechtfertigungsgründen durch Rechtsprechung und Lehre. Moderne Strafrechtsdogmatik zwischen Rechtsstaatsprinzip und Kriminalpolitik. 1991.

Band 33 Olaf Hohmann: Das Rechtsgut der Umweltdelikte. Grenzen des strafrechtlichen Umweltschutzes. 1991.

Band 34 Klaus Jochen Müller: Das Strafbefehlsverfahren (§§ 407 ff. StPO). Eine dogmatisch-kriminalpolitische Studie zu dieser Form des schriftlichen Verfahrens unter besonderer Berücksichtigung der geschichtlichen Entwicklung – zugleich ein Beitrag zum StVÄG 1987. 1993

Band 35 Sang-Don Yi: Wortlautgrenze, Intersubjektivität und Kontexteinbettung. Das strafrechtliche Analogieverbot. 1991.

Band 36 Birgit Malsack: Die Stellung der Verteidigung im reformierten Strafprozeß. Eine rechtshistorische Studie anhand der Schriften von C. J. A. Mittermaier. 1992.

Band 37 Rüdiger Schäfer: Die Privilegierung des "freiwillig-positiven" Verhaltens des Delinquenten nach formell vollendeter Straftat. Zugleich ein Beitrag zum Grundgedanken des Rücktritts vom Versuch und zu den Straftheorien. 1992.

Band 38 Cornelius Nestler-Tremel: AIDS und Strafzumessung. 1992.

Band 39 Christine Gutmann: Freiwilligkeit und (Sozio-)Therapie – notwendige Verknüpfung oder Widerspruch? 1993.

Band 40 Walter Kargl: Der strafrechtliche Vorsatz auf der Basis der kognitiven Handlungstheorie. 1993.

Band 41 Jürgen Rath: Zur strafrechtlichen Behandlung der aberratio ictus und des error in objecto des Täters. 1993.

Band 42 Martin Fischer: Wille und Wirksamkeit. Eine Untersuchung zum Problem des *dolus alternativus*. 1993.

Band 43 Regina Harzer: Der Naturzustand als Denkfigur moderner praktischer Vernunft. Zugleich ein Beitrag zur Staats- und Rechtsphilosophie von Hobbes und Kant. 1994.

Band 44 Helmut Pollähne: Lockerungen im Maßregelvollzug. Eine Untersuchung am Beispiel der Anwendung des nordrhein-westfälischen Maßregelvollzugsgesetzes im Westfälischen Zentrum für Forensische Psychiatrie (Lippstadt). 1994.

Band 45 Hans-Joachim Leonhardt: Rechtsmittelermessen der Staatsanwaltschaft. Eine Gegenüberstellung von § 296 StPO mit Nummern 147 und 148 Richtlinien für das Strafverfahren und das Bußgeldverfahren (RiStBV). 1994.

Band 46 Rolf Grünebaum: Zur Strafbarkeit des Therapeuten im Maßregelvollzug bei fehlgeschlagenen Lockerungen. 1996.

Band 47 Barbara Bialas: Promille-Grenzen, Vorsatz und Fahrlässigkeit. 1996.

Band 48 Christine Pott: Die Außerkraftsetzung der Legalität durch das Opportunitätsdenken in den Vorschriften der §§ 154, 154a StPO. Zugleich ein Beitrag zu einer kritischen Strafverfahrensrechtstheorie. 1996.

Band 49 Wolfgang Köberer: *Iudex non calculat.* Über die Unmöglichkeit, Strafzumessung sozialwissenschaftlich-mathematisch zu rationalisieren. 1996.

Band 50 Institut für Kriminalwissenschaften Frankfurt a.M. (Hrsg.): Vom unmöglichen Zustand des Strafrechts. 1995.

Band 51 Petra Kamberger: Treu und Glauben (§ 242 BGB) als Garantenstellung im Strafrecht? 1996.

Band 52 Anastassios Triantafyllou: Das Delikt der gefährlichen Körperverletzung (§ 223a StGB) als Gefährdungsdelikt. (Zugleich ein Beitrag zur Dogmatik der Gefährdungsdelikte). 1996.

Band 53 Norbert Kissel: Aufrufe zum Ungehorsam und § 111 StGB. Grundrechtlicher Einfluß bei der Feststellung strafbaren Unrechts. 1996.

Band 54 Susanne Ehret: Franz von Liszt und das Gesetzlichkeitsprinzip. Zugleich ein Beitrag wider die Gleichsetzung von Magna-charta-Formel und Nullum-crimen-Grundsatz. 1996.

Band 55 Stefan Braum: Geschichte der Revision im Strafverfahren von 1877 bis zur Gegenwart. Zugleich eine Kritik der Kontinuität politischer Macht im Recht. 1996.

Band 56 Katja Diel: Das Regreßverbot als allgemeine Tatbestandsgrenze im Strafrecht. 1997.

Band 57 Christoph Koller: Die Staatsanwaltschaft – Organ der Judikative oder Exekutivbehörde? Die Stellung der Anklagebehörde und die Gewaltenteilung des Grundgesetzes. 1997.

Band 58 Frank Schößler: Anerkennung und Beleidigung. Rechtsgut und Strafzweck des § 185 StGB. 1997.

Band 59 Regina Engelstädter: Der Begriff des Unfallbeteiligten in § 142 Abs. 4 StGB. Zugleich eine Kritik an aktuellen Zurechnungslehren. 1997.

Band 60 Jörg Reinhardt: Der Ausschluß und die Ablehnung des befangen erscheinenden Staatsanwaltes. 1997.

Band 61 Jens Christian Müller-Tuckfeld: Integrationsprävention. Studien zu einer Theorie der gesellschaftlichen Funktion des Strafrechts. 1998.

Band 62 Peter Maria Rohe: Verdeckte Informationsgewinnung mit technischen Hilfsmitteln zur Bekämpfung der Organisierten Kriminalität. Zugleich eine rechtsvergleichende Analyse der polizeilichen Abhörbefugnisse in den U.S.A. 1998.

Band 63 Dirk Fabricius: Was ein Lehrbuch lehrt ... Eine exemplarische Untersuchung von Jakobs *Strafrecht – Allgemeiner Teil*. 1998.

Band 64 Stefan Sinner: Der Vertragsgedanke im Strafprozeßrecht. 1999.

Band 65 Sebastian Schattenfroh: Die Staatsphilosophie Giovanni Gentiles und die Versuche ihrer Verwirklichung im faschistischen Italien. 1999.

Band 66 Athanassia Dionyssopoulou: Der Tatbestand der Geldwäsche. Eine Analyse der dogmatischen Grundlagen des § 261 StGB. 1999.

Band 67 Klaus von Lampe: *Organized Crime*. Begriff und Theorie organisierter Kriminalität in den USA. 1999.

Band 68 Christian Hanssen: "Trennung der Märkte". Rechtsdogmatische und rechtspolitische Probleme einer Liberalisierung des Drogenstrafrechts. 1999.

Band 69 Institut für Kriminalwissenschaften und Rechtsphilosophie Frankfurt a.M. (Hrsg.): Irrwege der Strafgesetzgebung. 1999.

Band 70 Konstantinos Chatzikostas: Die Disponibilität des Rechtsgutes Leben in ihrer Bedeutung für die Probleme von Suizid und Euthanasie. 2000.

Band 71 Bettina Wirmer-Donos: Die Strafrechtstheorie Karl Christian Friedrich Krauses als theoretische Grundlage des spanischen Korrektionalismus. 2001.

Band 72 Christine Löw: Die Erkundigungspflicht beim Verbotsirrtum nach § 17 StGB. 2001.

Band 74 Katja Melzer: Psychisch kranke Straftäterinnen. Frauen im Maßregelvollzug. 2001.

Peter Lang · Europäischer Verlag der Wissenschaften

Institut für Kriminalwissenschaften und Rechtsphilosophie
Frankfurt a. M. (Hrsg.)

Irrwege der Strafgesetzgebung

Frankfurt/M., Berlin, Bern, Bruxelles, New York, Wien, 1999. 407 S.
Frankfurter kriminalwissenschaftliche Studien. Bd. 69
Verantwortlicher Herausgeber: Ulfrid Neumann
ISBN 3-631-35392-8 br. DM 98.– / € 50.10*

Strafgesetzgebung und Strafrechtswissenschaft gehen derzeit getrennte Wege. Jüngstes und augenfälligstes Beispiel ist das am 01.04.1998 in Kraft getretene 6. Gesetz zur Reform des Strafrechts. Die Chancen für eine Annäherung stehen dabei nicht zum besten. Während die Strafgesetzgebung zunehmend den Verführungen einer populistischen Politik erliegt, erschweren Selbstzweifel der Strafrechtswissenschaft ihr Ringen um eine neue Standortbestimmung. Vor diesem Hintergrund formulieren die in diesem Band gesammelten Beiträge dogmatische, empirische und prinzipielle Einwände vor allem gegen das 6. Gesetz zur Reform des Strafrechts. Eingeklagt wird ein rationaler Diskurs um die Verantwortbarkeit von modernem Strafrecht in seiner alltäglichen Praxis. Er soll dazu beitragen, das Risiko für künftige Irrwege der Strafgesetzgebung zu verringern.

www.ingramcontent.com/pod-product-compliance
Ingram Content Group UK Ltd.
Pitfield, Milton Keynes, MK11 3LW, UK
UKHW021905290926
8980IPUK00015B/1061

9 783631 383100